U0510046

NAES
中国社会科学院财经战略研究院报告
National Academy of Economic Strategy Report Series

中国服务业发展报告2015

Annual Report on China's Service Industry(2015)

——迈向“十三五”的中国服务业

夏杰长 / 主编

姚战琪 刘 奕 李勇坚 / 副主编

经济管理出版社

ECONOMY & MANAGEMENT PUBLISHING HOUSE

图书在版编目（CIP）数据

中国服务业发展报告. 2015：迈向“十三五”的中国服务业/夏杰长主编.
—北京：经济管理出版社，2015.12
ISBN 978-7-5096-4061-6

Ⅰ. ①中…　Ⅱ. ①夏…　Ⅲ. ①服务业—经济发展—研究报告—中国—2015
Ⅳ. ①F719

中国版本图书馆 CIP 数据核字（2015）第 284136 号

组稿编辑：申桂萍
责任编辑：申桂萍　高　娅
责任印制：黄章平
责任校对：赵天宇

出版发行：经济管理出版社
（北京市海淀区北蜂窝 8 号中雅大厦 A 座 11 层　100038）
网　　址：www. E-mp. com. cn
电　　话：(010) 51915602
印　　刷：三河市延风印装厂
经　　销：新华书店
开　　本：720mm×1000mm/16
印　　张：16
字　　数：313 千字
版　　次：2015 年 12 月第 1 版　2015 年 12 月第 1 次印刷
书　　号：ISBN 978-7-5096-4061-6
定　　价：78.00 元

出版前言

中国社会科学院财经战略研究院始终提倡“研以致用”，坚持以“将思想付诸实践”作为立院的根本。按照“国家级学术型智库”的定位，从党和国家的工作大局出发，致力于全局性、战略性、前瞻性、应急性、综合性和长期性经济问题的研究，提供科学、及时、系统和可持续的研究成果，当为中国社会科学院财经战略研究院科研工作的重中之重。

为了全面展示中国社会科学院财经战略研究院的学术影响力和决策影响力，着力推出经得起实践和历史检验的优秀成果，服务于党和国家的科学决策以及经济社会的发展，我们决定出版“中国社会科学院财经战略研究院报告”。

中国社会科学院财经战略研究院报告，由若干类专题报告组成。拟分别按年度出版发行，形成可持续的系列，力求达到中国财经战略研究的最高水平。

我们和经济学界以及广大的读者朋友一起盼望着中国经济改革与发展未来的美好图景！

中国社会科学院财经战略研究院

学术委员会

2013年6月

《中国服务业发展报告 2015》编写组名单

主　编　夏杰长

副主编　姚战琪　刘　奕　李勇坚

成　员　(按拼音或者姓氏笔画排序)

王朝阳　李勇坚　李秋正　曾世宏　徐应超　高亚林
黄　浩　赵京桥　宋　瑞　马聪玲　窦　群　戴学锋
张颖熙　宋　洋　霍景东　黄群慧　倪红福

摘 要

服务业在稳增长、促就业、优结构中正发挥着越来越重要的作用，服务经济在国民经济体系中的主导地位正在逐渐确定。“十二五”时期中国服务业快速发展，服务业预期目标有望超额完成，但也面临着附加值率低、结构不合理和体制机制亟待完善等问题。中国经济已经进入转型发展的新阶段，服务业成为国民经济的主导产业不是偶然的，更不是昙花一现的，而是全球化、市场化、城镇化、信息化的必然结果。本书根据国内外服务业发展经验和一般规律，利用“服务业使用法”预测了“十三五”期间的主要指标：到 2020 年，中国服务业增加值比重和就业比重将分别达到 55.0%和 45.3%；与 2015 年相比，分别提高 5.67 个和 5.05 个百分点，年均分别增加 1.14 个和 1.01 个百分点。中国正迈入服务业快速发展的“窗口期”，服务业主导地位将进一步巩固，有望迎来“服务经济时代”。未来应以“创新发展，融合发展，集聚发展，双向开放”的战略思路引领中国服务业的发展。

然而，服务业改革长期滞后的格局仍然没有实质性改变。“十三五”时期推进服务业改革任重而道远。当前，中国服务业改革面临着诸多挑战：体制机制僵化、市场化程度不高；社会分工程度较低；政府规制不到位，公平竞争机制缺失；等等。要积极有序推进服务业改革，使服务业改革在“十三五”时期有实质性的突破，就必须打破服务业行业垄断和行政垄断，鼓励公平竞争，改革市场准入机制，提高政府规制水平，建立社会征信制度，加强市场监管等。

以中国产业国际竞争力进一步提升为核心和不断促进服务贸易与货物贸易的互动发展，推动中国服务业更好地“走出去”，服务业利用外资的质量和水平逐步提升，是中国服务业对外开放的重要目标。提升中国服务业的国际竞争力，既需要更大力度的对外开放，也需转向促进内资服务业快速发展，特别是生产性服务业快速发展。“十三五”期间，要大力推动服务贸易出口增长以及减少服务贸易逆差，不断优化服务业对外投资结构，紧密结合“一带一路”战略和全球经济治理新体系更加科学务实地实施服务业开放，提高服务业开放水平。

“十三五”时期，中国服务业发展依托的基本区域背景预期将有重大转变，并将引发服务业空间格局的相应调整。为促进服务业尽快形成布局科学、分工合理的区域空间发展格局，应以整合区域空间和创新区域一体化政策为前提，以都市区空间协调管制和战略性服务设施布局为抓手，积极推进以都市圈、城市带为依托的区域服务业发展格局；改革完善服务业用地管理制度，推动土地差别化管理与引导服务业供给结构调整相结合；研究制定挖潜盘活的城镇存量土地和城乡建设用地的政策措施；编制和调整土地利用总体规划和城乡规划时，应充分考虑相关服务业项目、设施的建设用地需求。

目　录

总报告

行业报告

专题报告

总报告

迈向“十三五”的中国服务业：发展趋势与政策建议

夏杰长　倪红福*

摘　要：中国服务业保持着良好的发展态势，服务业预期目标有望超额完成，但也面临着附加值率低、结构不合理和体制机制亟待完善等问题。根据国内外服务业发展经验，利用服务业使用法预测结果表明：到 2020 年，中国服务业增加值比重和就业比重将分别达到 55.00%和 45.39%；“十三五”时期末，服务业增加值比重和就业比重将分别增加 5.67 个和 5.05 个百分点，年均分别增加 1.134 个和 1.011 个百分点。服务业主导地位将进一步巩固，有望迎来“服务经济时代”。“十三五”时期是中国服务业跨越发展的重要机遇期，我们必须充分发挥市场和政府的双重作用，通过激励服务创新、提倡跨界融合、引导空间集聚，培育市场主体、坚持双向开放等政策措施，推进中国服务业大发展。

关键词：服务业　服务业预测　市场竞争　产业政策

现代服务业是国民经济的重要组成部分，也是现代产业体系的重要内容。发达的服务业是推进结构转型升级、经济高速增长的重要动力，也是全面建成小康社会的重要保障。十八届五中全会通过的《中共中央关于制定国民经济和社会发展第十三个五年规划建议》对现代服务业发展问题非常重视，第一次提出了“开展加快发展现代服务业行动”。还提出要“放宽市场准入，促进服务业优质高效发展。推动生产性服务业向专业化和价值链高端延伸、生活性服务业向精细和高品质转变，推动制造业由生产型向生产服务型转变”。这些意见为中国“十三五”时期加快服务业转型升级，开创现代服务业发展新格局指明了方向和思路，是“十三五”时期发展现代服务业的行动纲领。

---

* 夏杰长，中国社会科学院财经战略研究院副院长、研究员，研究方向为服务经济理论与政策。倪红福，中国社会科学院财经战略研究院助理研究员，研究方向为服务经济与服务创新。

一、发展现状

“十二五”时期以来，中国服务业发展水平进一步提高，取得了可喜的成绩，完成预期目标指日可待，甚至某些指标可超额完成。

（一）“十二五”期间中国服务业发展成绩斐然

1. 服务业成为新常态下中国经济增长的新动力

根据《2014 年中华人民共和国国民经济和社会发展统计公报》和国家统计局 2015 年 9 月 8 日发布的《2014 年 GDP 初步核实公告》的有关数据：2014 年 GDP 现价总量为 636139 亿元，按不变价格计算的增长速度为 7.3%。其中，第一产业增加值为 58336 亿元，增长速度为 4.1%。第二产业增加值为 271764 亿元，增长速度为 7.3%。第三产业增加值为 306038 亿元，增长速度为 7.8%。按初步核实数计算的三次产业结构为 9.2：42.7：48.1。2014 年，第三产业的贡献率为 52.81%，高于第二产业的 42.11%和第一产业的 5.08%；第三产业对 GDP 的拉动达 3.8 个百分点，高于第二产业的 3.1 个百分点和第一产业的 0.4 个百分点。中国经济由工业主导向服务业主导加快转变，服务业将成为新常态下中国经济增长的新动力（见表 1）。

表 1　2010~2014 年三次产业对 GDP 增长的贡献

单位：%

年份	GDP 增长率	三次产业对 GDP 增长的拉动		
		第一产业	第二产业	第三产业
2010	10.6	0.4	6.1	4.2
2011	9.5	0.4	4.9	4.2
2012	7.7	0.4	3.8	3.5
2013	7.7	0.3	3.7	3.7
2014	7.3	0.4	3.1	3.8
年份	三次产业贡献率	三次产业对 GDP 的贡献率		
		第一产业	第二产业	第三产业
2010	100.0	3.6	57.2	39.2
2011	100.0	4.2	51.5	44.3
2012	100.0	5.3	49.3	45.4
2013	100.0	4.4	48.0	47.6
2014	100.0	5.1	42.1	52.8

资料来源：2014 年的数据根据《2014 年 GDP 初步核实公告》推算而得，其他数据来自统计局网站。

2. 服务业规模和增加值比重不断扩大

根据国家统计局的初步核算，2014 年服务业增加值 30.60 万亿元，同比增长 7.8%。按现值计算，服务业增加值占国内生产总值比重达到 48.1%，比 2013 年提高了 2 个百分点，超过“十二五”规划确定的 47%的预期目标。而 2014 年第二产业的增加值为 27.17 万亿元，同比增长 7.3%，第二产业占 GDP 的比重为 42.7%，比第三产业的比重低 5.4 个百分点（见表 2）。

表 2　2010~2014 年服务业增加值占国内生产总值的比重

单位：%

年份	第三产业增加值占 GDP 比重	第二产业增加值占 GDP 比重
2010	43.2	46.7
2011	43.4	46.6
2012	44.6	45.3
2013	46.1	43.9
2014	48.1	42.7

资料来源：2014 年的数据根据《2014 年 GDP 初步核实公告》推算而得，其他数据来自统计局网站。

3. 服务业固定资产投资快速增长

2011~2014 年，中国服务业全社会固定资产投资年均增速为 17.6%，比全社会固定资产投资和第二产业固定资产投资的年均增速高 0.5 个和 1.6 个百分点。从各年份来看，除 2011 年外，其他年份的服务固定资产投资增速均高于全社会固定资产投资和第二产业固定资产投资增速，而且与第二产业固定资产投资增速差距有越拉越大之趋势，服务业固定资产投资快速增长格局已经形成。

4. 服务业实际使用外资保持快速增长，利用外资进入名副其实的“服务经济时代”

随着全球经济一体化不断加强，中国对外开放水平的不断提高，再加上中国巨大的市场空间和良好的政策环境，以及越来越成熟的产业配套，中国吸收利用外商投资的规模不断扩大，领域也在不断拓宽。从外资利用的规模看，2014 年中国实际利用外商直接投资规模已经超越美国，成为世界上最大的 FDI（外商直接投资）流入国。利用外资，我们不仅要看到它总量上的急剧增长，更要看到结构上的喜人变化。2011 年，中国服务业利用外资首次超过第二产业（见表 3）。2014 年，制造业实际使用外资金额 2452.5 亿元人民币（399.4 亿美元），同比下降 12.3%，在全国总量中的比重为 33.4%；服务业实际使用外资金额 4068.1 亿元人民币（662.4 亿美元），同比增长 12.5%，在总量中的比重为 53.9%。全国设立非金融外商投资企业 23778 家，比上年增长 4.4%，其中，设立非金融服务业外商投资企业达 13925 家，增速为 11.12%，占全部设立的非金融外商投资企业的比重达 58.56%，这意味着中国吸引外资以制造业为主的格局向以服务业为主转变，可以说，利用外资进入名副其实的“服务经济时代”。

表 3　2010~2014 年中国实际使用外资金额

单位：亿美元

年份	实际利用外商直接投资金额	第一产业	第二产业	第三产业中的制造业	第三产业	第三产业（除金融业）	非金融领域实际利用外资投资金额
2010	1057.4	19.1	538.6	495.9	499.7	387.3	1046.1
2011	1160.1	20.1	557.5	521.0	582.5	391.6	1141.0
2012	1117.2	20.6	524.6	488.7	572.0	360.0	1096.0
2013	1175.9	18.0	543.4	455.5	614.5	429.1	1152.6
2014	1195.6	15.2	518.0	399.4	662.4	645.2	1195.6

资料来源：2014 年数据来自《统计公报》，其他数据来自国家统计局网站。

中国利用外资逐步转向服务业为主，原因有二：一是从中国的情况看，我国是全球第一人口大国，第二大经济体，第一大制造业国，无论是生活性服务业，还是生产性服务业，都有着巨大的市场需求。这一点，正是中国吸引服务业 FDI 的最重要的优势，因此，以市场开放引进服务业 FDI，是中国服务业 FDI 战略的一个重要组成部分。二是服务业跨境配置成本下降，可交易性增强，使服务业 FDI 成为一种合意的成本追求型投资行为。随着国际交通时间与通信成本的急剧下降，全球高效交通网络与通信系统的建立，大量以人员流动与信息沟通为特征的现代化服务业能够以极低成本在全球配置。同时，信息交换成本的下降，使服务业不再需要在本地生产与本地消费，而可以在一个成本最低的地点生产，而在全球进行消费。这种服务业的“可交易性革命”，使服务业生产能够集中于一个成本最低的地点，尤其是高素质人力资本最低的地点。这导致了服务生产的全球配置，而中国的巨大人口规模、新型城镇化引起人口密度不断强化、人力资本素质提升和人均收入快速增长、庞大的制造业及其转型升级的需求、产业政策激励服务业发展的导向，正好契合了服务业 FDI 的大规模发生且流向中国的强烈意愿。

5. 服务贸易规模迅速扩大，“走出去”步伐明显加快

根据《2014 年商务工作年终综述之二十二：创新支持政策，推动服务贸易实现新突破》、《中国统计年鉴（2011~2014）》及《2014 年中华人民共和国国民经济和社会发展统计公报》有关数据，2014 年中国进出口总额 4.3 万亿美元，全年进

出口增长 6.1%。2014 年服务贸易全年服务进出口总额超过 6043 亿美元，增长 12.6%以上，其中出口 2222 亿美元，增长 7.6%；进口 3821 亿美元，增长 15.8%（见表 4）。2010 年以来，中国服务贸易快速发展，服务贸易在对外贸易中的比重持续攀升，2011 年、2012 年、2013 年和 2014 年占比分别为 10.3%、10.8%、11.5%和 12.3%。但必须看到，服务贸易逆差也在进一步扩大，2014 年达 1599 亿美元，逆差增长率为 35%。服务外包保持高速发展是中国服务业开放的另一个成就。2014 年，中国承接国际服务外包合同金额和执行金额分别为 718.3 亿美元和 559.2 亿美元，同比分别增长 15.1%和 23.1%。对外直接投资首次突破千亿美元，达到 1029 亿美元，增长 14.1%，而服务业投资增长 27.1%，占比达到 64.6%。

表 4　2010~2014 年中国服务贸易进出口情况

年份	进出口总额			出口总额			进口总额		
	金额（亿美元）	同比增长（%）	占世界比重（%）	金额（亿美元）	同比增长（%）	占世界比重（%）	金额（亿美元）	同比增长（%）	占世界比重（%）
2010	3624	26.4	5.1	1702	32.4	4.6	1922	21.5	5.5
2011	4191	15.6	5.2	1821	7.0	4.4	2370	23.3	6.1
2012	4706	12.3	5.6	1905	4.6	4.4	2801	18.2	6.8
2013	5396	14.7	6.0	2106	10.6	4.6	3290	17.5	7.6
2014	6043	12.6	—	2222	7.6	—	3821	15.8	—

注：遵循 WTO 有关服务贸易的定义，服务进出口数据不含政府服务。2014 年数据来自商务部公布的《2014 年商务工作年终综述之二十二：创新支持政策，推动服务贸易实现新突破》，其他数据来自《中国服务贸易统计 2014》。

6. 服务业吸纳就业能力进一步增强

早在 2011 年，中国服务业劳动就业占比就超过农业，成为第一大就业部门。近些年，中国经济增长速度呈阶梯式下降，但城镇登记失业率并没有随经济增长速度下降而提升，这在很大程度上得益于服务业的较快增长。服务业的劳动就业弹性系数远高于工业，正是服务业的较快增长，吸纳了工业、农业转移出来的劳动力以及主要的新增劳动力。根据《2014 年度人力资源和社会保障事业发展统计公报》提供的数据，2014 年服务业就业继续保持良好态势。2014 年，新登记注册企业 323.51 万户，同比增长 48.76%，新登记注册服务业企业 287.4 万户，同比增长 50%。服务业个体私营经济从业人员达到 1.78 亿人，较上年增加 2503.9 万人。截至 2014 年底，服务外包产业吸纳就业 607.2 万人，其中大学（含大专）以上学历 404.7 万人，占从业人员的 66.7%，是中国高学历劳动力就业的主渠道，是缓解大学生就业难的主力军。

（二）正视中国服务业发展中存在的问题

1. 服务业附加值率比较低

附加值率（或增加值率）指在一定时期内单位产值的增加值。附加值率（增加值率）越高，说明该产业的创造价值的比重越高，相应生产中的中间消耗越低，属于高附加值产业。由于中国服务业以劳动密集型行业为主，且劳动报酬水平低，从而在一定程度上导致了中国服务业整体增加值率相对较低。从 WIOT 中有关国外国家增加值率来看，美国、法国、德国、日本等发达国家的服务业增加值率基本上处于 60%以上，“金砖国家”中的巴西、印度、俄罗斯国家的服务业增加值率也在 60%左右，而中国服务业增加值率的最高水平（2010 年）也只有 55%。

2. 服务业结构不尽合理

（1）地区服务业发展水平差距大。近年来，中国各地区的服务业增长较快，但受地区经济发展水平、自然禀赋、人口和环境的影响，服务业发展水平的差距较大。地区间人均服务产品差距明显大于地区间的 GDP 差距。根据相关省市《2014 年国民经济发展和社会发展统计公报》计算，2014 年，人均服务业产品水平最高的北京达 7.73 万元/人，是最低的甘肃（1.16 万元/人）的 6.67 倍，而相应的北京地区的人均 GDP 水平（9.99 万元/人）是甘肃的人均 GDP（2.64 万元/人）的 3.78 倍。从地区三次产业结构来看，2012 年第三产业的增加值占比最高的北京地区达 77.90%，是最低的安徽（34.80%）的 2.24 倍，服务业发展的地区差距显而易见。

（2）传统服务业比重较高，现代服务业发展滞后。传统服务业比重较高，而现代服务业发展滞后，是中国服务业发展中面临的行业结构问题。当前服务业主要集中在商贸、餐饮、仓储、邮政等传统服务业上，金融、电信、信息服务、商务服务和租赁服务、科学研究等现代服务业发展不足，服务业仍处于低层次结构水平。尽管近几年服务业内部结构有所改善，新兴产业有一定的上升趋势，但还没有成为产业增长的主体，传统部门和一般产业仍是带动服务业增长的主要力量。根据《中国第三产业年鉴（2013）》和《国际统计年鉴（2013）》有关数据计算：2012 年，交通运输仓储和邮政业、批发和零售业、住宿和餐饮业三大传统服务业增加值比重为 36.65%，而金融保险、商务服务、科技信息等具有在中心城市高度聚集、需求潜力巨大的现代服务业发展不够充分，比重明显偏低的特点，如金融业增加值占全部服务业的 12.41%左右，信息传输、计算机服务和软件业占比还不到 5%。从国外主要国家的服务业细分行业的比较来看，中国传统服务业（零售、批发、交通、运输、住宿和餐饮行业）的增加值占第三产业增加值的比重过大，达 36.65%。除俄罗斯和印度外，中国传统服务业比重明显高于其他国外主要国家，如比美国（23.41%）高 13.24 个百分点，比日本（28.20%）高 8.45 个百分点（均为 2012 年数）。

（3）生产性服务业产值规模小，发展水平较低。生产性服务业在众多发达国家和地区已经获得了长足的发展，在许多新兴经济体，现代生产性服务业正处在蓬勃发展时期。生产性服务业有利于促进一国产业结构升级，促进就业和地区经济发展，生产性服务业发展水平的高低体现了一国的经济发展程度。近年来，中国政府部门对生产性服务业发展高度重视，2014 年 8 月，国务院出台了《关于加快发展生产性服务业　促进产业结构调整升级的指导意见》，这是国务院首次对生产性服务业发展作出的全面部署，给生产性服务业发展带来了难得的发展机遇。但是，中国生产性服务业发展水平低，对制造业的支撑作用远没有发挥出来。由于现代服务业中大部分行业属于生产性服务业，因此，从现代服务业和行业角度来看，中国生产性服务业发展规模和水平严重滞后。若从中间投入角度来看，中国作为中间投入的服务产品占 GDP 的比重也显著低于西方主要发达国家，如 2010 年，美国作为中间投入的中间服务产品占 GDP 的比重为 47.54%，法国为 54.42%，韩国为 45.47%。而中国作为中间投入的中间服务产品占 GDP 的比重为 43.27%。值得注意的是，与巴西、印度、日本等国家相比，中国作为中间投入的服务产品占 GDP 的比重与这些国家相当，甚至好于这些国家，且占比的增长速度快于这些国家。

3. 体制和机制障碍制约了服务业发展

服务业体制机制改革滞后已经成为制约中国服务业大发展最重要的因素之一。我国服务业发展面临着以下几个体制障碍：一是部分服务业垄断严重。如金融、电信、铁路、民航、教育、新闻出版传媒等就是典型的行政垄断行业。这些行业找各种借口排斥相关竞争者公平进入，影响了服务供给和效率。二是市场准入的门槛还比较高。如银行业、保险业的经营牌照基本上靠政策分配，即便其他拟投资者条件成熟了也很难拿到牌照，这客观上妨碍了市场有效竞争原则。三是缺乏可真正落实和可操作性的服务业发展支持政策。长期以来，我们的财税金融政策主要是针对工业部门而出台的，许多政策对于服务业并不适合。如银行贷款一般要求资产抵押，而服务业是典型“轻资产”行业，且以知识产权、品牌等无形资产为主导，这导致了许多服务业企业融资难。“营改增”本意在促进服务业发展，但在具体实施过程中，也有部分服务业税负不降反增，违背了税改的初衷。

二、发展预测

做好服务业发展规划与战略研究，需要对服务业的发展趋势和前景进行科学预测。一般意义下的预测，是指人们根据所获得的信息，对某种情况在特定条件下将会发生什么变化所作的推断。任何预测的目的都是为了合理规划未来行动。对于服务业发展的预测，一般都是根据时间序列数据进行简单外推方法获取。李勇坚、夏杰长（2009）构建了服务业总生产函数，对服务业的规模、服务业增长速度、服务业占 GDP 比重等变量进行了预测，但是该方法从总量生产函数进行预测，无法了解服务业内部结构的变化。因此，本文将从服务业的需求（使用）角度出发，考察服务业作为中间使用、最终使用（居民消费、政府消费和投资）的比重的国际变化趋势，进而来预测中国服务业的发展趋势。

（一）服务业使用法预测理论和假设

从服务业使用角度来看，服务产品可以分为中间使用和最终使用，中间使用也就是经常说的生产性服务，未来几年是中国生产性服务业发展的关键时期，合理预测出生产性服务业的发展趋势具有重要决策参考意义。服务业最终使用主要包括居民服务消费、政府服务消费、固定资本形成总额中服务部分以及服务净出口。除在投入产出表中有服务产品的使用的结构数据，国家统计局没有公布每年生产性服务业、居民服务消费、政府服务消费、固定资本形成总额中服务部分以及服务净出口等具体数据，故本研究利用投入产出表中有关的结构数据并结合国外的演变历史，来推算“十三五”时期，中国生产性服务业、居民服务消费和政府服务消费等数据，进而预测中国服务业增加值比重、就业比重、服务贸易规模、生产性服务业发展水平等。

本研究中利用对服务业结构数据变化来预测中国服务业的发展趋势具有一定的科学性。这是因为：第一，充分考虑到了中国经济结构的变化。中国经济发展正处于结构转型时期，不符合经典宏观经济模型中有关稳定状态的假设，计量预测方法中一般也要求假设经济中没有结构变化。第二，本研究在分析国外主要国家的服务业的发展结构变化趋势下，对中国经济发展中服务业使用结构参数进行合理的假设。

接下来，主要从服务业使用法预测理论、预测假设的国际经验依据、服务业使用法预测结果三个方面展开。

1. 服务业使用法预测理论

从服务业总产出的使用角度来看，服务产出作为中间使用（生产性服务）、最终使用——居民消费、政府消费和资本形成（包括存货）。在开放经济下，应增加一项净出口（出口减去进口）。于是我们可以得到以下关系式：

$$Y_{serv} = Int_{serv} + C_{serv} + G_{serv} + Inv_{serv} + EX_{serv} - Im_{serv} \tag{1}$$

式（1）中，Y_{serv} 为服务业总产出；Int_{serv} 为中间使用的服务产品；C_{serv} 为居民消费的服务产品；G_{serv} 为政府消费的服务产品；Inv_{serv} 为资本形成中的服务产品；EX_{serv} 为服务产品出口；Im_{serv} 为服务产品进口。

从国民经济核算角度来看，服务业的总产出等于总投入，总投入由中间投入和增加值两部分组成，于是我们可以得到：

$$Va_{serv} = Y_{serv} \cdot Rva_{serv} \tag{2}$$

其中，Va_{serv} 为服务业增加值；Rva_{serv} 为服务业增加值率。

由式（1）可以变形得到：

$$Y_{serv} = \left(\frac{Int_{serv}}{GDP} + \frac{C_{serv}}{GDP} + \frac{G_{serv}}{GDP} + \frac{Inv_{serv}}{GDP} + \frac{EX_{serv}}{GDP} - \frac{Im_{serv}}{GDP}\right) \cdot GDP \tag{3}$$

记 $Rint_{serv} \equiv \frac{Int_{serv}}{GDP}$，$Rc_{serv} \equiv \frac{C_{serv}}{GDP}$，$Rg_{serv} \equiv \frac{G_{serv}}{GDP}$，$Rinv_{serv} \equiv \frac{Inv_{serv}}{GDP}$，$Rex_{serv} \equiv \frac{EX_{serv}}{GDP}$，$Rim_{serv} \equiv \frac{Im_{serv}}{GDP}$，可以得到：

$$Y_{serv} = (Rint_{serv} + Rc_{serv} + Rg_{serv} + Rinv_{serv} + Rex_{serv} - Rim_{serv}) \cdot GDP \tag{4}$$

由式（2）和式（4）可以得到：

$$Va_{serv} = (Rint_{serv} + Rc_{serv} + Rg_{serv} + Rinv_{serv} + Rex_{serv} - Rim_{serv}) \cdot GDP \cdot Rva_{serv} \tag{5}$$

从而可以得到服务业增加值占 GDP 的比重，记 $Rvatgdp \equiv \frac{Va_{serv}}{GDP}$，可得：

$$Rvatgdp = \frac{Va_{serv}}{GDP} = (Rint_{serv} + Rc_{serv} + Rg_{serv} + Rinv_{serv} + Rex_{serv} - Rim_{serv}) \cdot Rva_{serv} \tag{6}$$

根据以上公式，如果能够预测 $Rint_{serv}$、Rc_{serv}、Rg_{serv}、Rim_{serv}、Rva_{serv} 就可以预测服务业增加值占 GDP 的比重，如果能进一步预测 GDP 值，还可以进一步预测生产性服务业、服务业出口、服务进口、服务业贸易规模等变量水平值。

2. 国际服务业的发展趋势及结构参数假设

从以上的预测理论来看，为了预测中国服务业发展趋势，需要对 2014 年后服务业使用结构参数做出合理假设。因此，为了科学论证结构参数的这种变化趋势，本文根据 WIOD 项目的全球投入产出表数据，分析世界主要国家服务业变化趋势及相关结构参数变化，来为本文预测假设提供经验证据支持。由于篇幅限制，表 5 只列出了相关分析结果。

表 5 国外主要国家/地区服务业使用结构变化及比较

结构参数	国外变化趋势	中外比较	对中国变化趋势的研判
服务业增加值占GDP比重	1995~2010年，全球投入产出表中39个国家/地区（不包括中国）服务业增加值占GDP比重都呈现上升趋势，其平均值从1995年的62.34%上升到2010年的69.01%，每年增加了近0.45个百分点	中国的服务业增加值占GDP比重处于低水平。2010年占比为43.23%（按全球投入产出表计算），比美国的79.95%低36.72个百分点，甚至比印度的55.47%还低12.24个百分点	中国服务业增加值占GDP比重上升空间非常大
服务业增加值率	收入水平越高，服务业增加值率水平越高。如2010年，美国和日本分别为62.26%和64.86%，而韩国和印度尼西亚分别为56.61%和56.46%。各国的服务业增加值率水平相对较稳定，波动幅度不大。1995~2010年，39个国家/地区的平均值为58%~61%	中国服务业增加值率（56%以下）明显低于国外发达国家的水平，甚至比印度、印度尼西亚的服务业增加值率水平还要低	“十三五”期间，中国服务业增加值率不会出现大的增长，可能略有上升，基本维持在56.5%左右
中间服务产品消费占GDP比重	中间服务产品消费占GDP的比重呈上升趋势。39个国家的平均水平从1995年的42.86%上升到2010年的54.48%，增加了11.62个百分点	近年来，中国中间服务业产品消费占GDP的比重逐年提高，从1995年的35.01%上升到2010年的43.27%，但远低于全球投入产出表中39个国家/地区的平均水平	未来10年，中国生产性服务将会得到快速发展，中间服务产品消费占GDP的比重将逐步提升，年均增加1个百分点
居民服务产品消费占GDP比重	随着经济发展水平的提高，各国居民服务产品消费占GDP的比重也在逐步上升。39个国家/地区的平均水平从1995年的33.78%上升到2010年的36.65%	中国居民服务产品消费占GDP的比重严重低于西方主要发达国家的水平，甚至比一些新兴发展中国家/地区的比重也低很多。如2010年，印度、巴西的居民服务产品消费占GDP比重分别为28.39%和37.81%，比中国分别高10.23个和19.65个百分点	随着居民收入的增加，中国居民服务产品消费占GDP的比重将会稳步提高。“十三五”期间，该比重的年均增长可达0.4个百分点以上
政府服务产品消费占GDP比重	世界各国的政府服务产品消费占GDP的比重略有上升，但变化幅度较小。39个国家/地区的政府服务产品消费占GDP比重的平均水平从1995年的20.17%上升到2010年的22.31%，仅提高了2.14个百分点	中国的政府服务产品消费占GDP的比重低于西方主要发达国家的水平，但略高于印度、印度尼西亚和中国台湾。2010年，中国该比重（13.09%）比美国（17.18%）低4.09个百分点，比印度（10.33%）高2.76个百分点	“十三五”期间，中国政府服务产品消费占GDP的比重仍将保持小幅上升，年均增加0.4个百分点左右
资本形成中服务产品投入占GDP比重	资本形成中服务产品投入占GDP的比重非常少，39个国家/地区的平均水平也只有4.05%。从时间变化趋势来看，各国的资本形成中服务产品投入占GDP的比重相对稳定，变化幅度不大，有升有降	中国的资本形成中服务产品的投入占GDP的比重略低于39个国家/地区的平均水平和西方主要发达国家水平。2010年，中国该参数为3.99%，比39个国家/地区平均水平（4.05%）低0.06个百分点	“十三五”期间，中国资本形成中服务产品投入占GDP的比重将略有上升，年均增加0.1个百分点左右

续表

结构参数	国外变化趋势	中外比较	对中国变化趋势的研判
服务产品出口占 GDP 比重	各国服务产品出口占 GDP 的比重总体上呈逐步上升趋势，但上升幅度不大。39 个国家/地区的平均水平从 1995 年的 9.33%上升到 2010 年的 15.07%	中国服务产品出口占 GDP 比重低于 39 个国家/地区平均水平，2010 年，中国该比重为 4%，比 39 个国家/地区平均水平低 11 个百分点	“十三五”期间，中国服务产品出口占 GDP 的比重将略有上升，但幅度不会很大
服务产品进口占 GDP 比重	各国服务产品进口占 GDP 的比重总体上略呈逐步上升趋势，但上升幅度都不大。39 个国家/地区的平均水平从 1995 年的 7.33%上升到 2010 年的 11.5%。其中，2010 年欧盟欧元区的服务产品进口占 GDP 比重最高（17.7%），远高于北美地区（3.09%）	中国服务产品进口占 GDP 的比重（2010 年为 2.49%）处于中间水平，略高于同期的俄罗斯（1.39%），但远低于欧盟欧元区国家的水平（德国，5.45%）	“十三五”期间，中国服务产品出口占 GDP 的比重略有上升，但幅度不会很大

3. *参数假设和校准*

根据中国历年的投入产出表①，计算了相关结构参数值。基于前面对国际服务业发展的相关结构参数的比较分析，假设 2011~2020 年的相应结构参数的变化幅度与以前年份的平均增长幅度相同。具体估算的结构参数如表 6 所示。

表 6　结构参数的假设

年份	$Rint_{serv}$	Rc_{serv}	Rg_{serv}	$Rinv_{serv}$	Rex_{serv}	Rim_{serv}
1990	0.2041	0.1066	0.0937	0.0119	—	—
1992	0.3583	0.1041	0.1457	0.0238	—	—
1995	0.2952	0.0912	0.1125	0.0180	—	—
1997	0.2921	0.1158	0.1152	0.0114	0.0357	0.0081
2000	0.3391	0.1324	0.1268	0.0102	0.0362	0.0108
2002	0.3782	0.1901	0.1556	0.0214	0.0539	0.0156
2005	0.3837	0.1861	0.1423	0.0420	0.0596	0.0311
2007	0.3579	0.1723	0.1310	0.0272	0.0499	0.0219
2010	0.3901	0.1723	0.1275	0.0374	0.0427	0.0182
2011	0.4013	0.1764	0.1304	0.0385	0.0434	0.0187
2012	0.4125	0.1805	0.1334	0.0396	0.0441	0.0192
2013	0.4236	0.1846	0.1363	0.0406	0.0449	0.0198
2014	0.4348	0.1888	0.1392	0.0417	0.0456	0.0203
2015	0.4460	0.1929	0.1421	0.0428	0.0463	0.0208
2016	0.4572	0.1970	0.1450	0.0439	0.0471	0.0213
2017	0.4683	0.2011	0.1479	0.0450	0.0478	0.0219

① 中国投入产出表的年份包括：1990 年、1992 年、1995 年、1997 年、2000 年、2002 年、2005 年、2007 年和 2010 年。

续表

年份	$Rint_{Serv}$	Rc_{Serv}	Rg_{serv}	$Rinv_{serv}$	Rex_{serv}	Rim_{serv}
2018	0.4795	0.2052	0.1509	0.0461	0.0485	0.0224
2019	0.4907	0.2093	0.1538	0.0472	0.0493	0.0229
2020	0.5018	0.2134	0.1567	0.0483	0.0500	0.0234

注：根据历年投入产出表数据计算得到，“—”表示无法获得该数据。1990年、1992年和1995年的投入产出表没有区分出口和进口，只有一栏净出口。2011年后的数据为根据之前数据的变化趋势预估。

由于投入产出数据与GDP核算之间存在一定误差，尤其是在2000年以前，投入产出表中的数据与GDP核算中对应数据差别相对较大。为了与历年GDP核算数据保持一致，本文通过校准服务增加值率，以使本文推算的结构数据与已公布的历年GDP保持一致。校准结果表明，中国服务业增加价值率大多数年份在56%左右。在预测2014~2020年的服务增加值占GDP比重、生产性服务业等变量时，本文取服务业增加值率0.5808。

利用以上比例结构数据，就可以预测服务增加值占GDP的比重。若需要进一步预测生产性服务业、服务业进出口等水平数据，还需要进一步假设整个经济的GDP增长情况。因此，综合考虑各种因素以及相关著名研究机构对中国未来经济增长速度的预测数据，本文在具体假设未来GDP实际增长率在2014年7.3%的条件下，每年递减0.2%，到2020年GDP增长率为6.1%左右。同时，考虑价格指数变化，假设在2015~2020年的GDP缩减指数年均为2.28%（2010~2014年的GDP缩减指数的平均值为3.38%，考虑到“十三五”期间经济增速下降，通货膨胀也将随之下降，故假设比2010~2014年的平均值低1个百分点），此外，我们也对相关参数的假设进行了敏感性分析。

（二）服务业增加值占GDP比重及相关变量的预测

根据以上理论模型和假设，可以预测“十三五”时期服务业发展主要经济变量。表7列出了一些主要预测结果。

表7　2015~2020年服务业占GDP比重预测

年份	服务业增加值（亿元）	GDP（亿元）	服务业增加值占GDP比重（%）
2015	347605.49	704695.29	49.33
2016	380123.46	753319.26	50.46
2017	414696.65	803791.65	51.59
2018	451348.67	856038.11	52.73
2019	490091.26	909968.51	53.86
2020	530923.22	965411.59	55.00

从表 7 可以看出，在本文的假设条件下，2020 年，中国服务业增加值占 GDP 的比重能够提升到约 55.00%。服务业增加值比重较 2015 年（49.33%）提升 5.67 个百分点，年均提高 1. 14 个百分点。

表 8 显示了中国服务业各具体使用项目的变化情况。根据国外的经验，在经济水平迈入中等收入水平后，经济进一步发展，生产性服务业将加速发展。“十三五”期间中国生产性服务业将得到快速发展，到 2020 年，中国生产性服务业产出将达到 48.45 万亿元，比 2015 年（31.43 万亿元）多 17.02 万亿元，年均增长率达 9.04%。随着收入水平的提高、消费结构的升级，居民对服务产品的需求进一步增加，到 2020 年，居民服务产品消费将达 20.61 万亿元，比 2015 年多 7.01 万亿元，年均增长率为 8.68%。随着人口老龄化的加强，2020 年政府服务产品消费达 15.13 万亿元，比 2015 年多 5.12 万亿元，年均增长率为 8.60%。固定资本形成中服务产品也进一步增多，到 2020 年将达到 4.66 万亿元，比 2015 年多 1.64 亿元，年均增长率为 9.08%。生产性服务业、居民服务消费、政府服务消费和资本形成中服务产品的增长速度都明显高于该期间的 GDP 增长速度（6.50%），“十三五”期间，中国经济将进一步服务化，生产性服务将加速发展，各类最终服务需求也将得到大幅提高。

表 8 中国服务业使用情况

单位：亿元

年份	生产性服务消费	居民服务消费	政府服务消费	固定资产形成中服务部分（含存活）	服务净出口	服务业出口	服务业进口	服务总产出
2010	156631.55	69182.16	51201.94	15006.57	9830.53	17134.86	7304.33	301852.75
2011	189846.30	83462.96	61711.69	18198.63	11681.81	20536.71	8854.90	362074.48
2012	214256.87	93778.67	69275.20	20549.10	12934.78	22930.01	9995.23	410794.62
2013	240978.40	105031.28	77519.31	23123.09	14282.60	25526.27	11243.67	457895.75
2014	276735.38	120133.26	88590.76	26566.31	16112.80	29026.87	12914.07	528138.51
2015	314277.62	135909.84	100144.07	30183.45	17986.83	32655.04	14668.21	598501.81
2016	344380.84	148385.19	109251.78	33088.25	19384.70	35460.19	16075.49	654490.76
2017	376436.42	161632.11	118916.66	36182.40	20850.75	38424.96	17574.21	714018.34
2018	410470.69	175658.15	129143.69	39468.50	22384.20	41549.80	19165.60	777125.23
2019	446498.90	190466.31	139934.52	42948.13	23983.77	44834.16	20850.39	843831.63
2020	484524.17	206054.70	151287.25	46621.65	25647.71	48276.45	22628.74	914135.48

随着中国经济的进一步开放，全球产业结构的调整，全球价值链的深入发展，服务外包方兴未艾，信息技术的发展和贸易投资自由化继续推进，降低服务

贸易成本，这些因素将推动世界服务贸易稳定增长。预计“十三五”期间，中国服务贸易将保持较快的增长。到 2020 年，中国服务贸易的进出口总额将达到 7.09 万亿元，比 2015 年多 2.36 万亿元，年均增长率达 8.4%。中国的服务出口到 2020 年将达 4.83 万亿元，比 2015 年多 1.56 万亿元，年均增长率为 8.13%。服务进口到 2020 年将达 2.26 万亿元，比 2015 年多 0.91 万亿元，年均增长率为 9.06%。

从生产性服务业、居民消费服务、政府消费服务和服务净出口对服务业总产出的贡献来看，中国服务业产出增长的主要动力来自生产性服务业发展。2015~2020 年，服务业总产出的增加中，生产性服务业的贡献率为 53.94%，居民服务消费贡献率为 22.22%，政府服务消费贡献率为 16.20%，资本形成中服务产品需求的贡献率为 5.22%，服务净出口贡献率为 2.43%。

（三）服务业就业占全社会就业比重的预测

关于服务业就业人数的估计，本文使用劳动力需求弹性进行估计。分别估算整体经济的劳动力需求弹性和服务业需求弹性，然后利用 GDP 和服务业增加值增长率推算整体经济和服务业就业人员，从而可以计算服务业就业占全社会的就业比重。劳动力的需求弹性定义：

$$\eta = \frac{\Delta l/l}{\Delta y/y} \tag{7}$$

式（7）中，η 为（服务业）劳动力需求弹性，l 为（服务业）就业人员，y 为（服务业增加值）国内生产总值，Δ 表示变化量。

1. 就业弹性

自改革开放以来，中国的就业弹性总体上呈现下降趋势，且波动性较大。服务业就业弹性明显高于整个经济的就业弹性。1979~2013 年，服务业就业弹性平均为 0.6696（剔除 1990 年奇异值，0.4717），比整个经济的平均就业弹性（0.2856，剔除 1990 年奇异值后为 0.1622）高 0.3840（0.3095）。进入 21 世纪后，中国就业弹性大幅下降，2006~2010 年服务业平均就业弹性仅为 0.2114，整个经济的就业弹性为 0.0348。到 2010 年后，就业弹性略有回升，呈现出一定的稳定性。

鉴于就业弹性变化趋势，服务业的资本密集化程度加深，假设自 2014 年后，服务业的就业弹性为 0.3，整个经济的就业弹性为 0.04。根据服务业和整个经济的就业弹性，推算出服务业就业比重。

2.“十三五”服务业就业比重估计

由于服务业的就业弹性和增加值增长率都高于整个经济的就业弹性和增长率，服务业的就业比重稳步上升，到 2020 年，服务业就业比重达 45.39%，比

2015 年提高 5.05 个百分点。服务业新增就业岗位远远大于全社会的新增就业岗位，也就是农业或工业在未来可能出现就业负增长。“十三五”时期服务就业比重预测结果如表 9 所示。

表 9　2015~2020 年服务就业比重预测

单位：万人

年份	全社会就业人数	服务业就业人数	服务业就业比重（%）	服务业新增就业人数	全社会新增就业人数
2015	77424	31232.14	40.34	878.89	219
2016	77638	32108.65	41.36	879.58	214
2017	77846	32984.76	42.37	879.17	208
2018	78048	33859.35	43.38	877.64	202
2019	78245	34731.26	44.39	874.96	197
2020	78436	35599.36	45.39	871.12	191

三、政策建议

《中国共产党第十八届中央委员会第五次全体会议公报》提出全面建成小康社会新的目标要求：“经济保持中高速增长，在提高发展平衡性、包容性、可持续性的基础上，到二〇二〇年国内生产总值和城乡居民人均收入比二〇一〇年翻一番，产业迈向中高端水平。”要实现这个宏伟的目标，“十三五”期间经济增长速度不能低于 6.53%。在农业增长速度相对较低、制造业双重挤压（高端制造业向发达国家回流、中低端制造业向发展中国家分流）的背景下，大力发展服务业特别是生产性服务业就成为极为重要的替代性战略选择。切实有效的政策措施是服务业快速高效发展的重要保证，我们可以把握以下政策着力点：

（一）激励服务创新

走创新驱动之道路是改变中国经济增长动力的重要方面，服务业发展尤为如此。中国过去讲创新，主要集中在工业领域。其实，目前国内外发生的重大创新，主要集中在服务业领域了。可以讲，创新是提升服务业生产率和提高服务质量的关键要素。服务业领域的创新包括制度创新与技术创新两个方面，抓住了这两个方面的创新，就把准了服务业发展的原动力。服务业创新是一种高风险行为，我们固然要激励创新创业者，但也要包容创新失败者，要建立起创新失败还有再发展空间与能力的机制。近期，服务业创新要着力做好以下三方面工作：一是创新人才政策，鼓励服务业产学研联合发展。建立健全服务业人才信息库和人才服务机构，为高端服务业人才创新创业提供必要的资金支持，对其房租和办公用房予以适当补贴。允许政府创业扶持资金作为高层次人才创办企业的注册资金。鼓励企业与服务咨询机构、科研院校等进行多种形式的资本与技术融合，充分发挥社会各种资源优势，实现服务业的产学研联合发展。二是支持金融创新，充分发挥金融的支撑作用。鼓励商业银行、信托公司、证券公司等金融机构为高端服务业提供个性化金融服务。积极建立科技型中小企业贷款风险补偿机制，完善融资担保体系，支持开展股权质押、知识产权质押等融资服务；争取设立农村金融改革试验区，积极推动农村金融服务方式和经营模式的转型升级。三是实施“互联网+”行动计划。鼓励利用“互联网+”创新服务业发展，推动互联网、物联网、云计算、大数据等信息技术与服务业相结合，创造服务业新领域、新业态，引领服务业新模式，培育服务业新增长点。

（二）提倡跨界融合

跨界融合已成为现代产业发展的一个重要特征。当今世界，服务业与制造业、农业之间关系越来越密切，彼此跨界与融合互动发展是大势所趋。走跨界融合发展道路，意味着要在制造业和农业中注入更多更高质量的“服务元素”。这样做，既为服务业本身发展赢得了更大的市场空间，也为制造业升级、农业现代化提供了强有力的支撑。强大的工业是强国的基础。我们正在致力于打造“中国制造 2025”。这一宏伟目标的实现，固然要工业自身的努力，但更需要“研发设计、软件与信息服务、质量控制、现代物流、营销渠道”等“知识密集型服务业”与制造业的深度融合与互动，以助推传统制造业走向“中国智造”。第一产业和第三产业的有机融合是助推农业现代化的新途径。在第一产业的土地上做好第三产业的文章，是一个全新的命题。服务资源大多集聚在城市，面对分散的农户，服务供应商不愿意“下沉”农村。这就需要政府这只“有形的手”，采取政府购买、政府补贴或者信贷优惠等方式，力推“服务下乡”，将信息（电商）、金融、地理标识和品牌建设、物流、农业技术、农村劳动力培训等生产性服务业与传统农业相融合，把这些服务要素扎根到农村农业中，为农业现代化奠定重要基石。

（三）引导空间集聚

服务业集聚，指服务业在特定地域空间的聚集现象。近年来，在中国服务业迅速发展的同时，服务业集聚发展的趋势日趋显著，成为多数服务业发展的主导方式与重要特征及趋势。服务业集聚区是服务业集群的空间载体，它是相互联系的一群服务企业及其相关机构在一定地域范围内的集聚，进而形成具有较强创新能力和竞争力并根植于当地社会文化环境中的社会经济综合体。

服务业空间上的集聚是规模经济和范围经济的必然选择，服务业集聚发展是提升区域竞争力和产业竞争的重要手段，也是实施新型城镇化道路、走产城镇融合的有力支撑。顺应集聚发展的趋势，鼓励服务业园区自然形成和有机成长，是“十三五”时期服务业发展的重点任务之一。我们过去习惯于由政府主导“拉郎配”的方式人为地形成服务业园区或集聚区。这种做法，必须扭转。要发挥市场主导服务业集聚区的决定性作用。政府的责任是搭平台、优环境、聚人才，而不是插手集聚区具体的建设事务。平台建设是发展服务业集聚区的重要支撑点。对政府而言，不仅要抓项目、抓集聚区，更要致力于平台建设。只有抓好平台，才能切实提升服务业辐射力、影响力和凝聚力，才能有效降低服务要素的交易和使用成本。要在已有的制造业产业集群内部或者附近，建立起各种为其服务的公共平台，如包括研发设计、试验验证等公共技术支撑平台，咨询、评估、交易、转化、托管、投融资等知识产权应用服务平台，集交易、物流、支付等于一体的综合电子商务服务平台等，以降低制造业集群的交易成本，优化投资环境。

（四）培育市场主体

企业是市场主体。激活服务业主体，才能切实做大做强服务业。目前重点要研究制定服务业大企业大集团动态培育目录和方案。鼓励服务业企业专业化发展，推动优势服务企业跨地区、跨行业、跨所有制兼并重组，打造跨界融合的产业集团和产业联盟，培育若干有特点、有品牌、有控制力的服务业龙头企业或企业集团。落实对认定的服务业龙头企业的政策支持。优先推荐龙头或品牌服务企业申报国家相关扶持项目，优先推荐其列入国家服务业改革试点。引导金融机构加大对符合条件的服务业龙头和品牌企业授信额度。积极发展服务业中小企业。完善社会化服务体系，推进中小企业公共服务平台建设。建立健全各种类型的中小企业信用担保机构，降低银行风险，鼓励金融机构向中小企业增加贷款，缓解中小企业融资难问题。减少行政审批环节，加强和改进市场监管，创造有利于中小服务业企业发展的宽松环境。

（五）坚持双向开放

“双向开放”意味着服务业的开放战略，不应厚此薄彼，而应双向互动、内外兼顾。服务业对外开放是提升中国服务业素质和国际竞争力的必由之路。服务业将是中国下一步对外开放的重中之重。要按照准入前国民待遇加负面清单的管理模式，着力推进金融、教育、医疗、文化、体育等领域的对外开放。通过积极参与 TPP（跨太平洋伙伴关系协议）等自由贸易协议努力放宽服务贸易的准入和投资限制，实现服务要素在全国、全球范围内的互联互通。服务业对内开放同样重要。要切实破除行政壁垒和画地为牢的桎梏，力争服务要素在全国范围内无障碍流动和服务资源的最优配置，从而提高服务资源的配置效率，各地把自己的服务业优势充分发挥出来，又能吸引其他地区的服务要素进入，弥补自己的短板。

参考文献

[1] 夏杰长:《利用外资进入“服务经济时代”》,《经济参考报》2015 年 5 月 4 日。

[2] 人力资源和社会保障部:《2014 年度人力资源和社会保障事业发展统计公报》，人民网，2015 年 5 月 28 日。

[3] 程大中、程卓:《中国出口贸易中的服务含量分析》,《统计研究》2015 年第 3 期。

[4] 魏作磊、陈丽娴:《中国服务业发展物化消耗的国际比较——基于 1995—2011 年间的投入产出分析》,《经济学家》2014 年第 9 期。

[5] 李勇坚、夏杰长:《我国经济服务化的演变与判断——基于相关国际经验的分析》,《财贸经济》2009 年第 11 期。

[6] 习近平:《关于中共中央关于制定国民经济和社会发展第十三个五年规划的建议的说明》，人民网，2015 年 11 月 4 日。

[7] 夏杰长:《打破垄断和完善规制：深化现代服务业改革的关键所在》,《北京工商大学学报》2013 年第 3 期。

[8] 姜长云等:《服务业集聚发展方式及推进措施研究》，研究报告，2014 年。

行业报告

迈向“十三五”的中国金融业：发展趋势与政策建议

王朝阳　李勇坚*

摘　要：从功能和产业的双重属性来看待金融发展，“十三五”期间中国需要构建更加成熟定型的现代金融体制，实现由金融大国向金融强国的转变。金融服务业增加值比重在“十三五”期间保持在7.5%左右，直接融资在社会融资规模中的比重到“十三五”期末达到25%以上。金融发展的主要任务包括完善利率和汇率机制，使市场在资源配置中发挥决定性作用；守住不发生系统性和区域性风险的底线，更好地发挥政府作用；金融改革与开放相互促进，共同致力于金融强国建设；大力发展多种金融形态，更好地服务于实体经济发展需要。为此，需要促进经济政策之间的协调，继续推进金融机构改革，继续推动多层次资本市场发展，强化金融安全网建设并预设金融危机的应对方案。

关键词：金融服务业　社会融资规模　人民币国际化　金融危机

“十三五”时期是中国经济顺利转型升级、实现全面建设小康社会目标、迈向高收入国家的关键时期，这一时期的中国经济将更加强调发展方式调整、经济结构转变、创新发展驱动。按照金融服务于实体经济的要求，金融业发展既是总体规划的一部分，又要为总体规划的顺利实现提供支撑。作为现代经济的核心，应该从功能和产业的双重属性来看待金融发展，明确“十三五”时期中国金融服务业的发展目标、思路和任务。

---

* 王朝阳，中国社会科学院财经战略研究院《财贸经济》编辑部副主任、副研究员，研究方向为金融服务。李勇坚，中国社会科学院财经战略研究院互联网经济研究室主任、副研究员，研究方向为服务经济与服务创新。

一、发展现状

（一）基于金融功能视角的考察

从金融功能的视角来看金融服务业发展，主要体现在体制机制层面，核心要点包括货币与货币政策、利率机制、汇率机制、资本项目开放、人民币国际化以及与这些要点相关的配套措施和制度安排，在量化层面上则集中体现为货币供应量、存贷款规模、利率与汇率水平、资本流入流出、人民币跨境使用指标，其中部分指标可以在社会融资规模的变动中得到反映。“十二五”时期，中国金融业在体制机制方面的建设取得重要进展，主要成绩包括：

第一，利率市场化取得实质进展，存款保险制度正式启动。进入 2015 年以来，中国利率市场化改革大步迈进。人民银行先后宣布，自 2015 年 5 月 11 日起，将金融机构存款利率浮动区间的上限由存款基准利率的 1.3 倍调整为 1.5 倍；自 2015 年 8 月 26 日起，放开一年期以上（不含一年期）定期存款的利率浮动上限，活期存款以及一年期以下定期存款的利率浮动上限不变，这意味着名义上的利率市场化已基本实现。与此同时，2015 年 5 月 1 日起存款保险制度正式实施，按照最高偿付限额为 50 万元人民币的标准实行限额偿付。

第二，汇率机制建设取得新进展。自 2005 年 7 月 21 日发布的汇率形成机制改革方案以来，此后 10 年间较显著的变化是两次扩大汇率浮动区间，即 2012 年 4 月和 2014 年 3 月，即期外汇市场人民币兑美元交易价的日浮动幅度先是由 0.5%扩大至 1%，然后又进一步由 1%扩大至 2%。2015 年 8 月 11 日，人民银行宣布进一步完善人民币兑美元汇率中间价报价机制，“做市商在每日银行间外汇市场开盘前，参考上日银行间外汇市场收盘汇率，综合考虑外汇供求情况以及国际主要货币汇率变化向中国外汇交易中心提供中间价报价”，使人民币兑美元汇率中间价的市场化程度和基准性得到进一步加强。

第三，资本项目开放与人民币国际化稳步推进。2014 年，管理当局顺利推出沪港股票市场交易互联互通机制，便于境外机构在境内发行人民币债券，进一步简化资本项目外汇管理，人民币资本项目可兑换继续稳步推进。2015 年 6 月 11 日，人民银行首次对外发布《人民币国际化报告（2015）》，强调人民币国际化和人民币资本项目可兑换是金融改革的重点内容。自 2009 年 7 月跨境贸易人民币结算试点以来，跨境人民币业务从无到有，规模从小到大，企业用本币计价结算节约了汇兑成本、降低了汇率风险。人民币国际使用在跨境贸易、投融资和资产负债管理等方面为中国各类市场主体带来更多的便利和机遇。特别是2013年9月18日，国务院批准并印发了《中国（上海）自由贸易试验区总体方案》（以下简称《方案》），强调建立“中国（上海）自由贸易试验区”（以下简称自贸区），自贸区随后推出的各项配套政策为金融开放积累了新的经验。

第四，多层次资本市场建设取得新进展。经过多年的发展，中国的多层次资本市场已初步形成。目前主要分为这样几个层次：主板市场、中小板和创业板市场、全国中小企业股份转让系统（以下简称新三板市场）和地方股权交易市场（以下简称四板市场）。以新三板市场和四板市场为主体的场外市场主要服务于成长初期的小微企业。新三板市场建设在“十二五”时期取得了突破性进展。2013年国务院发布了《关于全国中小企业股份转让系统有关问题的决定》，新三板市场建设进入了一个新阶段。2015年9月24日，国务院办公厅印发《深化科技体制改革实施方案》，提出强化新三板融资、并购、交易等功能，规范发展服务小微企业的区域性股权市场，加强不同层次资本市场的有机联系；2015年9月26日，国务院办公厅印发的《关于加快构建大众创业万众创新支撑平台的指导意见》明确支持符合条件的企业在创业板、新三板等上市挂牌。目前，新三板市场已挂牌企业超过3500家，已与券商签约、正在改制、完成股改、通过券商内核的拟挂牌企业共有6000家左右，新三板已形成中国目前最大的基础性证券市场，为中国多层次资本市场建设打下了良好的基础。

从量化指标来看，一组指标是货币供应量的变化（见表1），受2008年美国金融危机以及此后中国政府推出“4万亿投资”的影响，2009年货币供应量M2增速一度高达27.6%，此后开始逐年下降；但与此同时，M2相对于GDP的比值却一路走高，在15年的时间里提高了43%，从2000年的1.35增加至2014年的1.93。另一组指标是社会融资规模及其结构的变化（见表2），一方面，社会融资规模存量增速与货币供应量表现出相似的走势，其2009年增速高达34.8%；另一方面，间接融资占比与直接融资占比表现出此消彼长的趋势，到2014年直接融资占比已经达到17.38%，但仍远低于银行贷款主导的间接融资占比（79.19%），反映出大力发展直接融资仍然任务艰巨。

表1　货币供应量与国内生产总值（2000~2014年）

单位：亿元

年份	M0	M1	M2	GDP	M2增速（%）	M2/GDP
2000	14652.7	53147.2	134610.3	99776.3	—	1.35
2001	15688.8	59871.6	158301.9	110270.4	17.6	1.44
2002	17278.0	70881.8	185007.0	121002.0	16.9	1.53
2003	19745.9	84118.6	221222.8	136564.6	19.6	1.62
2004	21468.3	95969.7	254107.0	160714.4	14.9	1.58

续表

年份	M0	M1	M2	GDP	M2 增速（%）	M2/GDP
2005	24031.7	107278.8	298755.7	185895.8	17.6	1.61
2006	27072.6	126035.1	345603.6	217656.6	15.7	1.59
2007	30375.2	152560.1	403442.2	268019.4	16.7	1.51
2008	34219.0	166217.1	475166.6	316751.7	17.8	1.50
2009	38246.0	220001.5	606225.0	345629.2	27.6	1.75
2010	44628.2	266621.5	725774.1	408903.0	19.7	1.77
2011	50748.5	289847.7	851590.9	484123.5	17.3	1.76
2012	54659.8	308664.2	974148.8	534123.0	14.4	1.82
2013	58574.4	337291.1	1106525.0	588018.8	13.6	1.88
2014	60259.5	348056.4	1228374.8	636138.7	11.0	1.93

资料来源：国家统计局。

表 2　社会融资规模及其结构变化（2002~2014 年）

单位：亿元、%

年份	社会融资规模	间接融资占比	新增人民币贷款	新增委托贷款	直接融资占比	企业债券融资	非金融企业境内股票融资	社会融资规模存量	存量同比增长
2002	20112	93.20	91.90	1.00	4.90	1.80	3.10	148532	—
2003	34113	96.10	81.10	2.00	3.10	1.50	1.60	181655	22.3
2004	28629	94.20	79.20	10.90	4.00	1.60	2.40	204143	14.9
2005	30008	89.90	78.50	6.50	7.80	6.70	1.10	224265	13.5
2006	42696	88.90	73.80	6.30	9.00	5.40	3.60	264500	18.1
2007	59663	87.20	60.90	5.70	11.10	3.80	7.30	321326	21.5
2008	69802	85.20	70.30	6.10	12.70	7.90	4.80	379765	20.5
2009	139104	87.00	69.00	4.90	11.30	8.90	2.40	511835	34.8
2010	140191	85.90	56.70	6.20	12.00	7.90	4.10	649869	27.0
2011	128286	82.40	58.20	10.10	14.00	10.60	3.40	767478	18.2
2012	157631	80.80	52.10	8.10	15.90	14.30	1.60	914186	19.1
2013	173169	84.55	51.35	14.71	11.74	10.46	1.28	1074575	17.5
2014	164571	79.19	59.44	15.23	17.38	14.74	2.64	1228591	14.3

注：①社会融资规模存量是指一定时期期末实体经济从金融体系获得的资金余额。②社会融资规模存量=人民币贷款+外币贷款+委托贷款+信托贷款+未贴现的银行承兑汇票+企业债券+非金融企业境内股票+投资性房地产+其他。

资料来源：中国人民银行、WIND 数据库。

人民币国际化可以通过国际支付和结算、国际金融市场交易等指标进行观察。2013 年底，环球同业银行金融电讯协会（SWIFT）的报告显示，人民币取代欧元成为世界第二大常用贸易融资货币。在以信用证和托收为工具的贸易融资方面，人民币的市场占有率由 2012 年 1 月的 1.89%增至 2013 年 10 月的 8.66%，成为仅次于美元的最常用贸易货币，但美元的市场占有率高达 81.08%。在人民币作为世界支付货币（流入量+流出量，按照价值计算）方面，SWIFT 在 2015 年 4 月的跟踪数据显示，人民币排在第 5 位，占比为 2.07%，排在前 4 位的恰好是特别提款权（SDR）“篮子货币”中的美元（45.14%）、欧元（27.36%）、英镑（7.96%）和日元（2.73%）。根据国际清算银行（BIS）的统计，从全球外汇市场交易额的货币分布来看，到 2013 年 4 月排名前 5 的货币依次是美元（43.5%）、欧元（16.7%）、日元（11.5%）、英镑（5.9%）和澳元（4.3%），人民币排在第 9 位（1.1%），排在第 6 位至第 8 位的货币分别是瑞士法郎（2.6%）、加元（2.3%）和墨西哥比索（1.25%）。在国际债券和票据方面，BIS 的数据显示，到 2015 年 3 月以人民币计值的国际债券所占比重排在第 8 位，所占份额为 0.49%，排在前面的依然是美元（43.17%）、欧元（38.84%）、英镑（9.26%）和日元（2.07%）等。

（二）基于金融机构视角的考察

从金融机构视角描述金融服务业作为一种产业的发展趋势，要点在于金融机构、金融市场、金融监管以及金融基础设施建设等，其最为直观的量化指标是金融业增加值（见表 3），此外还值得关注的指标包括金融机构资本充足率、资产规模、不良贷款比率、金融市场规模等。一方面，“十二五”期间，中国金融服务业增加值占比进一步提高，从 2010 年的 6.3%上升至 2014 年的 7.4%；另一方面，值得关注的是商业银行不良贷款规模与比例的双升，特别是 2014 年下半年以来，商业银行不良贷款率连续上升，从 2014 年 6 月末的 1.08%上升至 2015 年 6 月末的 1.50%，反映出实体经济增长的困难。

表 3　中国金融业增加值变动（2000~2014 年）

年份	国内生产总值（亿元）	第三产业占比（%）	金融业增加值（亿元）	金融业占比（%）	金融业占第三产业比重（%）	金融业增加值指数（上年=100）（%）	金融业增加值名义增速（%）
2000	99776.3	39.8	4836.1	4.8	12.2	107.0	8.0
2001	110270.4	41.3	5195.1	4.7	11.4	107.0	7.4
2002	121002.0	42.3	5546.5	4.6	10.8	107.5	6.8
2003	136564.6	42.1	6034.6	4.4	10.5	107.4	8.8
2004	160714.4	41.2	6586.6	4.1	9.9	104.7	9.1
2005	185895.8	41.4	7469.3	4.0	9.7	114.1	13.4
2006	217656.6	41.9	9951.4	4.6	10.9	123.7	33.2
2007	268019.4	42.9	15173.3	5.7	13.2	125.8	52.5
2008	316751.7	42.9	18312.9	5.8	13.5	112.1	20.7
2009	345629.2	44.4	21797.4	6.3	14.2	116.4	19.0

续表

年份	国内生产总值（亿元）	第三产业占比（%）	金融业增加值（亿元）	金融业占比（%）	金融业占第三产业比重（%）	金融业增加值指数（上年=100）（%）	金融业增加值名义增速（%）
2010	408903.0	44.2	25679.7	6.3	14.2	108.9	17.8
2011	484123.5	44.3	30678.2	6.3	14.3	107.7	19.5
2012	534123.0	45.5	35187.7	6.6	14.5	109.4	14.7
2013	588018.8	46.9	41190.5	7.0	14.9	110.6	17.1
2014	636462.7	48.2	46953.6	7.4	15.3	110.2	14.0

注：2014 年 GDP 为调整前数据，与调整后相比高出 324 亿元。
资料来源：国家统计局、WIND 数据库。

从产业角度来看，特别需要提及的是 2013 年以来互联网金融的快速发展以及对传统金融的冲击。由于多种新兴金融现象的涌现和爆炸式增长，2013 年被称作中国互联网金融的元年。此后的两年多来，在互联网技术发展特别是移动互联、4G、云计算等关键词汇的渲染下，互联网金融高速增长。例如，作为互联网金融的一种重要创新业态的 P2P 网贷行业，近几年保持了年 300%的增长态势，截至 2015 年上半年底，中国 P2P 网贷行业的累计成交量已经超过了 6835 亿元，网贷正常运营平台数量上升至 2028 家，相对 2014 年底增加了 28.76%。上半年累计成交量达到了 3006.19 亿元，预计全年成交量将突破 8000 亿元。

互联网金融引起了学术界、实践部门以及决策部门的广泛关注。在学术界，对互联网金融也形成了三种比较鲜明的观点。第一种观点如谢平、邹传伟（2012）认为，以互联网为代表的现代信息科技将对人类金融模式产生根本影响，由此可能出现既不同于商业银行间接融资，也不同于资本市场直接融资的“互联网金融模式”。第二种观点如吴晓求（2014）认为互联网与金融具有基因契合的特点，未来互联网金融与传统金融将在竞争中共存、在共存中竞争。第三种观点如王国刚、张扬（2015）认为，互联网金融在概念上有着明显的局限性，在功能上并无颠覆金融的可能，在机制上更多的是利用了中国金融体制机制的缺陷所进行的监管套利，在发展上具有查漏补缺的作用，但难以成为金融的主流运作方式；在互联网金融发展的热潮中，应特别注意防止新一轮金融泡沫的产生。2015 年 7 月，人民银行等十部门发布了《关于促进互联网金融健康发展的指导意见》，把互联网金融定义为“传统金融机构与互联网企业利用互联网技术和信息通信技术实现资金融通、支付、投资和信息中介服务的新型金融业务模式”。这个概念把互联网金融界定为两类主体、四类功能的范畴，同时也揭示了互联网与金融深度融合的大趋势。可以预期，“十三五”时期，互联网金融仍将保持高速增长，但其在金融业的总体占比仍较低。

毫无疑问，功能视角与产业视角相互之间是密切联系的，正可谓是金融这枚“硬币”的正反两面。一方面，金融功能的有效发挥依赖于高效运行的金融机构与金融市场，同时辅之以必要的金融监管和良好的金融基础设施；另一方面，如果缺乏了适量的货币供应，则无论机构还是市场都将成为无源之水。构造 2002~2014 年金融业增加值与社会融资规模的散点图可以看出（见图 1），二者在数量关系上具有显著的相关性，这也揭示了金融的双重属性及其发展的双重过程。

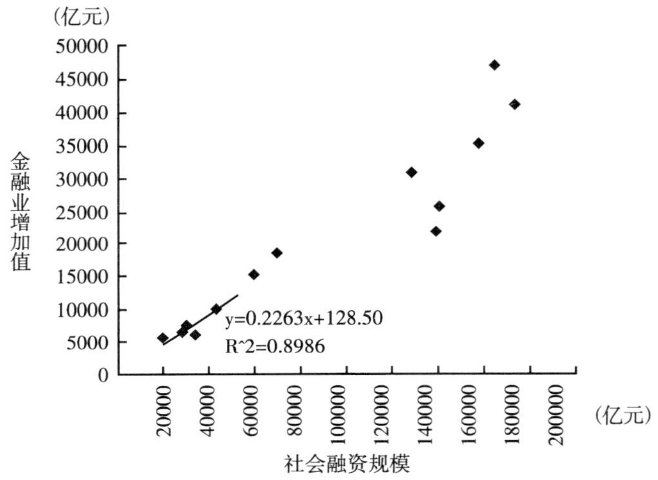

图 1 金融业发展双重性散点图（2002~2014 年）

资料来源：根据相关数据绘制。

二、趋势与目标

（一）发展趋势

中共十八大以来，中国金融体制改革按照充分市场化和稳步国际化的原则不断推进，形成了较为清晰的路线图（王朝阳、汪川，2013）。基于经济发展的上述目标，从金融服务实体经济的根本原则出发，可以预判未来金融业发展将呈现出更加市场化、更加国际化和更加多样化的趋势。

第一，市场化方面，价格机制将发挥关键作用，金融市场竞争将更加充分。随着金融领域资金价格形成机制改革的推进，实际利率、汇率将能够真实反映资本和外汇的稀缺程度，充分体现出供求均衡水平，从而推动利润在实体经济和金融领域的平均化，使金融资本、产业资本之间能够实现合理配置和协调发展。与此同时，民间资本进入金融业的限制将得到进一步放宽，中、小、微型金融机构得到快速发展，金融市场参与主体将更加丰富，并进而推动市场充分竞争格局的形成。

第二，国际化方面，资本项目开放进一步放宽，人民币国际化水平将得到显著提高。一方面，个人跨境投资渠道将得到拓宽，如合格境内个人投资者（QDII2）可直接进行境外投资；非居民在境内发行金融产品的范围得到扩大，与国际资本市场的联系更加紧密；通过建立有效的事后监测和宏观审慎管理制度，大部分外汇管理的事前审批将被取消。另一方面，随着人民币跨境支付系统（CIPS）的建设，人民币国际化程度将得到进一步提高，包括经常项目人民币跨境使用进一步扩大，人民币跨境投融资渠道进一步拓宽，与相关中央银行货币互换规模和范围进一步扩大，人民币作为储备货币的规模进一步增加等。

第三，多样化方面，多层次资本市场建设加快推进，金融服务方式和金融形态更加多元。长期以来，中国重间接融资、轻直接融资，重股市、轻债市，重国债、轻企业债的发展思路扭曲了社会资金分配运用结构，降低了金融资源合理配置的效率，同时也阻碍了市场风险的有效分散。在多层次资本市场建设中，股票发行注册制将正式出台，这将持续推进监管转型，事中事后监管新机制将得以初步建立；债券市场建设将得到显著改善，相关交易工具及其期限更加多样化，从而满足经济转型的多元金融需求。基于互联网和新型信息通信技术的金融服务更加便利，互联网金融、普惠金融、绿色金融等新兴的金融形态将得到快速发展。

（二）发展目标

“十三五”期间，中国金融业发展的总体目标是：构建更加成熟定型的现代金融体制，实现由金融大国向金融强国的转变。具体目标是：市场在金融资源配置中的决定性作用得到充分体现，金融机构运行效率和国际竞争力得到显著提高，金融服务对不同人群、不同地区、不同领域实现全部覆盖；中央层面、中央与地方以及地方层面上的金融监管协调形成明确机制和制度安排，金融基础设施与信用环境得到显著改善，政府在危机时刻的市场干预更具针对性和前瞻性；通过金融改革与金融开放的相互促进，人民币国际地位和影响力得到显著提高，中国金融以更有担当、更富建设性的姿态参与国际事务，更加积极地引导并推动全球金融治理结构的完善。

量化目标方面，一是金融总量实现平稳增长，货币供应量与社会融资规模保持适度增长，金融服务业增加值占国内生产总值比重保持在 7.5%左右；二是金融结构得到显著优化，银行、证券、保险等主要金融业态的行业结构更加合理，非金融企业直接融资占社会融资规模比重提高至 25%以上。

金融总量之所以需要保持平稳增长，一方面是服务于实体经济的需要，另一方面是因为金融业的过快增长往往意味着泡沫的生成。从各国经验来看，金融服务业增加值占国内生产总值比重并非呈现出明显的上升态势。如表 4 所示，1990~2014 年美国金融服务业增加值比重大多数年份在 6%~7%；英国金融服务业增加值虽然整体上由 6%的台阶上升到 8%，但中间年份也有明显的往复；日本金融服务业增加值则表现出下降态势，从 6%以上逐渐下降到 6%以下；德国金融服务业增加值比重长期保持在 4%~5%，在各国中表现最为稳定；其他如巴西、俄罗斯等新兴经济体的该比重也都在往复中保持相对稳定。

与此同时，应该注意到金融业增加值比重如果有明显提高，可能意味着风险的集聚甚至是危机的前兆。例如，日本金融业比重在 1990 年达到 7.41%，此后则连续下降形成了“失去的十年”，在 2003 年突破 7%之后再次出现了“失去的十余年”；美国金融业在 2001 年“互联网泡沫”破裂前夕和 2007 年次贷危机前夕都表现出较高的增加值比重。究其原因，一方面是金融业的投资属性，使其绝大部分属于虚拟经济，受预期、心理乃至“动物精神”等因素的影响十分显著，很容易因为其短期高额利润的“诱惑”而冲击实体经济；另一方面，金融业具有明显的杠杆属性，由于“加杠杆”和“去杠杆”而形成的“金融加速器”效应可能在真实经济周期之外形成金融经济周期，使实体经济的修复难度加大。

表 4 1990~2014 年部分代表性国家金融服务业增加值比重

单位：%

年份	美国	英国	日本	德国	巴西	俄罗斯
1990	6.00	6.05	7.41	—	—	—
1991	6.40	6.04	6.90	4.50	—	—
1992	6.50	6.05	6.65	4.40	—	—
1993	6.60	6.89	6.70	4.90	—	—
1994	6.40	6.52	6.91	4.90	—	—
1995	6.60	6.89	6.89	4.70	7.88	—
1996	6.70	6.65	6.65	5.00	8.09	—
1997	6.70	6.56	6.66	5.10	7.74	—
1998	7.00	6.33	6.29	4.70	7.92	—
1999	7.00	5.89	6.51	5.50	7.20	—
2000	7.30	5.60	6.50	4.40	5.87	—
2001	7.70	5.59	6.35	4.20	6.08	—
2002	7.60	5.72	6.79	4.50	6.75	2.93
2003	7.50	6.25	7.01	4.90	6.37	3.34
2004	7.30	7.06	6.84	5.20	5.53	3.19
2005	7.60	8.03	6.91	4.90	6.05	3.79

续表

年份	美国	英国	日本	德国	巴西	俄罗斯
2006	7.60	8.28	6.75	4.70	6.13	4.25
2007	7.20	9.02	6.79	4.20	6.27	4.40
2008	6.20	7.92	5.69	3.80	5.51	4.37
2009	6.70	9.35	5.75	4.70	5.64	5.05
2010	6.70	8.57	5.59	4.60	5.78	4.43
2011	6.70	8.24	5.41	4.10	5.35	4.10
2012	7.00	8.11	5.17	4.10	5.44	4.53
2013	7.20	8.17	5.10	4.10	5.25	5.00
2014	7.20	8.35	—	4.00	5.71	5.31

资料来源：WIND 数据库。

反观中国金融服务业增加值比重，在“十五”、“十一五”和“十二五”期间的平均水平分别达到 4.36%、5.74%和 6.83%，可谓一步一个台阶；其总体水平到 2014 年达到 7.4%，即便与发达国家相比也不算低甚至还偏高。2015 年上半年，中国金融业增加值为 2.78 万亿元，占 GDP 比重 7.4%，金融在经济增长中甚至直接扮演了重要角色。统计数据表明，2015 年上半年中国金融业产值同比增长 17.4%，增速高于第一季度的 15.9%，比国内生产总值的增长率高了 1 倍有余。但好景不长，2015 年 6 月 15 日以来，中国股市出现一轮快速下跌，上证指数在短短 17 个交易日从 5176 点下跌到 3507 点，跌幅超过 30%，并且跌幅超过 50%的个股比比皆是，成为一场名副其实的股灾。虽然在多种救市手段的支撑下，市场基本实现稳定，但金融机构高收入的局面难以复现。因此，综合国际经验和中国经济发展对金融的需求来看，“十三五”期间中国金融业增加值比重保持在 7.5%左右的水平是合适的。

在金融结构方面，直接融资比重在“十五”、“十一五”和“十二五”期间的平均水平分别达到 4.95%、11.22%和 14.76%，上升势头明显，与“大力发展直接融资”的要求是相匹配的。特别是企业债券融资，近年来占有相对较高的比重，2014 年已达到 14.74%。结合上述对金融业发展趋势的分析以及经济发展对股票、债券等直接融资工具的需求，“十三五”期间非金融企业股票和债券融资占社会融资规模比重将有明显提高，25%的占比水平是相对稳健的估计。

从发展思路来看，要实现上述目标，关键是处理好两组关系，一是市场与政府的关系，二是改革与开放的关系。一方面，让市场机制发挥决定性作用的同时更好发挥政府作用，也就是让市场支配更多资源，但政府保留在危机时刻干预市场的机制；另一方面，通过内外互动，实现改革与开放的相互促进。在全面深化改革的背景下，应树立底线思维的方式，充分考虑到世界经济金融风险和金融战争的风险，协调推进各项金融改革；在苦练和提高内功的同时实现对外影响，通过积极介入国际金融治理而扮演好金融大国角色，在有担当、负责任的原则下逐步升格建设成为金融强国。

三、重点任务

构建和完善更加成熟定型的现代金融体制，需要在金融领域践行“使市场在资源配置中起决定性作用和更好发挥政府作用”的要求，妥善处理金融改革与金融开放的关系，大力发展直接金融、普惠金融、绿色金融和互联网金融等新的金融形态。

（一）完善利率和汇率机制，使市场在资源配置中发挥决定性作用

利率和汇率是金融领域最重要的两个价格机制，是实现资源优化配置的关键抓手。利率与汇率的市场化改革绝不仅仅是指放开管制和自由浮动，而是需要在交易主体、交易工具和交易制度等方面形成一系列与之相配套的较为完善的措施。

第一，利率市场化改革需要配套完善基准利率形成机制、利率传导机制和利率调控机制。当前，利率市场化领域仍存在诸多问题，比如商业银行特别是中小金融机构定价能力和风险管理能力偏弱，货币政策传导渠道不够通畅，短期利率的变动未能充分传导到长期利率，货币市场利率的变动未能充分传导到存贷款利率，从而难以充分影响到实体经济。对此，既要从改善期限结构、增加交易主体、丰富交易品种等方面完善国债市场和国债收益率曲线，为进一步健全基准利率的形成与传导机制打牢基础；又要认识到无论价格调控还是数量调控，都是宏观调控的手段和方式，在不同经济环境下有不同的适用范围。因此，对货币供应量、社会融资规模等数量指标的调控不能轻言放弃，而应与利率调控结合相机使用。

第二，汇率市场化推进需要汇率形成机制改革与外汇市场建设相结合。汇率机制改革对外汇市场的广度和深度提出了更高要求，在交易主体方面应鼓励非银行金融机构进入银行间外汇市场，吸引更多符合条件的境外机构参与银行间外汇市场交易，放宽境内金融机构参与境外人民币外汇市场的限制；在交易品种方面要加快在岸市场人民币外汇衍生品的发展，不断丰富和增加外汇交易币种，扩大外汇市场规模。以此为基础，可以进一步扩大汇率浮动区间，减少外汇市场干预，让市场形成更为均衡、长期短期相对一致、在岸离岸大致相当的汇率格局，从而维护人民币汇率的基本稳定。

（二）守住不发生系统性风险和区域性风险的底线，更好发挥政府作用

第一，在中央、地方以及中央与地方三个层面分别完善金融监管协调机制，推动信息、资源与数据的交换共享。2013年8月国务院批复建立金融监管协调部际联席会议制度以来，中央部委层面金融监管协调效率有所提升，但在金融业综合经营不断深化的环境下，面对突如其来的金融风险，现行分业监管框架虽然能够“收之桑榆”，却往往以“失之东隅”为代价，因此需要在组织结构上有新的突破，形成统一的监管框架和政策安排，既避免重复监管又防范监管死角。在地方政府层面，金融管理职能分散、条块分割、越位和缺位并存的现象更为突出，在防范化解地方金融风险和维护地方金融秩序方面的挑战更为严峻，也更加需要构建合理高效的沟通协调机制。在各自协调的基础上，还有必要完善中央和地方金融管理部门之间的信息共享机制，建立健全中央对地方金融监管的指导和协调机制，有效弥补金融监管的真空地带。无论监管协调还是政策协调，说到底是部门利益协调，这就要求各部门能够树立全局意识、大局意识，树立不发生系统性风险和区域性风险的底线思维。

第二，加强金融基础设施与信用环境建设，为金融市场安全高效运行和整体稳定提供保障。金融法制体系、支付清算体系、信息技术系统是金融基础设施最重要的组成部分，应顺应金融发展潮流并跟上金融创新步伐，适时修订相关法律法规，健全仲裁机制、退出机制等配套措施；结合信息通信技术进步特征，及时更新升级包括人民币跨境支付系统在内的支付清算体系，在确保安全的基础上进一步提升交易效率；加大金融科技信息的自主研发力度，尽快扭转金融机构核心技术系统大多来自国外供应商的格局，坚决不让信息系统成为中国金融安全的“阿喀琉斯之踵”。同时，完善社会征信制度，推进征信机构多元化发展，改变中国征信业过度依赖人民银行征信体系的局面；解决不同行业、部门之间信用信息相互割据、不能共享的问题，建立信用信息的大数据系统；规范评级机构的行为准则和内控标准，提高评级机构的透明度和可信度。无论金融基础设施的建设还是信用环境的完善，都不能忽视广大农村和偏远地区。

（三）金融改革与开放相互促进，共同致力建设金融强国

第一，以人民币国际化为目标，协调推进资本项目开放和人民币国际使用。人民币国际化是建设金融强国的目标和保障，它是人民币在地域上从区域到全球以及在功能上从结算货币到储备货币逐步拓展的长期过程。人民币国际化需要与金融市场的培育、监管体系和调控体系的完善相结合，需要与资本流动渠道、汇率形成机制和经济增长方式的转变相适应。特别是人民币流出和回流渠道的建设

需要在与资本项目逐步开放进程相适应的条件下逐步完善，如国际板的建设、国际投资者准入等配套措施。积极推广人民币的国际使用，其内容包括进一步扩大经常项下人民币跨境使用，稳步放宽人民币跨境投融资业务，继续开展与其他国家的货币互换和国际合作等；同时，以推动人民币在国际大宗商品定价和结算中的使用为切入点，拓展人民币国际使用的新途径。在复杂诡谲的世界政治经济环境下，对人民币国际化进程的长期性和艰巨性应有充分认识，站在国家战略的高度去推动并努力使之实现。

第二，改造旧体系与发展新体系相结合，共同促进国际金融治理结构的完善。“二战”后形成的以国际货币基金组织、世界银行和亚洲开发银行为代表的国际金融治理架构与当前世界经济格局已经不相适应，但由于国家利益博弈和美国等主要国家掣肘，对其进行合理化改造困难重重。一方面，作为发展中大国的代表，中国应更有担当、更加积极主动地参与到当前治理架构的改革中，引导更多发展中国家去争取共同的利益；从改革国际货币基金组织内部治理的权力架构入手，改变现行体系受个别国家限制的现状，使其更好地适应和反映当前世界经济结构的变化。另一方面，积极顺应亚洲以及发展中国家对基础设施建设融资不断增长的需求，在“一带一路”的战略框架下，以“金砖国家”开发银行和亚洲基础设施投资银行为抓手，为多边金融格局的拓展贡献新力量。

（四）大力发展多种金融形态，更好地服务于实体经济需要

历史经验证明，任何时候实体经济都是第一位的，金融发展的规律就是按照实体经济的规律发展金融；一旦本末倒置地把金融放在第一位，必然导致泡沫乃至危机。随着中国经济进入新常态，面对新的阶段和新的任务，需要大力发展多种金融形态。

第一，发展直接金融，服务于“大众创业、万众创新”。由于创业创新具有高度的不确定性，以商业银行为代表的间接金融在提供服务和金融支持上存在诸多局限。构建有利于创业创新的投融资体系，需更进一步拓宽直接融资渠道，不断完善多层次资本市场建设，包括发展股票市场为企业提供权益资金，发展债券市场为企业提供长期和短期的债务性资金，发展商业票据市场为企业提供短期流动资金等；需要促进风险投资的发展，扩大创业投资规模，引导创业投资向创业企业起步成长的前端延伸。与此同时，应确保资本市场的稳定发展，严格防范暴涨暴跌，既要防止资本泡沫的形成与累积，又要避免虚拟经济领域“快钱”效应挤出实体经济领域的有效投资。

第二，发展普惠金融，服务于广大农村和亿万农民。当前中国农村金融市场仍处于卖方市场状态，广大农户和小微企业难以被正规金融体系覆盖，农村和农民的金融需求巨大而又迫切。虽然部分金融机构近年来在组织架构创新、机构网点布局、业务操作模式等方面进行了一些有益探索，但总体上，有资金实力和技术能力的大型金融机构对创新开展普惠金融的动力仍显不足，而有动力的小微金融机构和农村信用社又面临许多约束。打破这种局面，需要在理念上重新认识普惠金融，不要误把普惠金融简单等价于政策补贴、金融救助、扶贫贷款、小额贷款等形式，而是以公平、高效的法律体系和信用体系为基础，从调整现行金融制度、引入新的供给主体、提升风险管理水平和提高市场竞争程度等方面入手，全方位拓展金融的包容性和覆盖面（何德旭、苗文龙，2015）。

第三，发展绿色金融，服务于经济转型和生态文明。把环境保护作为一项基本政策，在投融资决策中考虑潜在的环境影响，并把与环境条件相关的潜在收益、成本和风险融入金融机构日常业务中，绿色金融更加注重对生态环境的保护和对环境污染的治理，有利于推动经济发展方式向绿色发展转变（张承惠等，2015）。一方面，要完善绿色金融的政策支持体系，在引导金融机构加快绿色产品创新、引导投资者“绿化”投资组合、建设绿色金融基础设施等方面下功夫，为绿色行业提供更有效的金融服务；另一方面，要促进信息共享和深化部门合作，形成类似碳排放交易这样的金融机制和交易手段，推动社会各界更加关注并全面参与环境保护和绿色经济发展。

第四，发展互联网金融，服务于金融业的自我革命。作为一种新型的金融业务模式，互联网金融的主体包括传统金融机构和新兴的互联网企业。就功能和体量而言，后者与前者显然不能相提并论，但其却通过自身不断创新而对金融市场形成了显著的“鲶鱼效应”，在资金融通、支付、投资和信息中介服务等方面给前者造成极大冲击，迫使传统金融机构自我革命。要进一步激发市场活力，鼓励互联网金融在平台、产品和服务方面的创新，鼓励金融企业与互联网企业通过合作实现互利共赢；采取适度宽松的监管政策，让金融创新和监管形成螺旋上升的有利格局，让互联网的思维和理念融入实体经济；通过规范市场秩序、强化信息披露、加强行业自律，有效保护消费者与投资者的合法权益。

四、政策建议

（一）完善宏观调控机制，加强货币政策与其他经济政策的协调配合

货币政策目标包括促进经济增长、低水平的通货膨胀、相对较高的就业率以及保持国际收支平衡，但在实际操作中还同时要兼顾发展方式转型、经济结构调整等任务。为此，一方面需要通过数量工具和价格工具的协调配合，增强央行在资金数量和价格两方面的影响力，进一步提高调控的主动性、针对性和有效性；另一方面，要强化货币政策调控与财政政策调控相协调，货币政策操作从“重需求管理”转向“需求管理与供给管理相协调”（王国刚、董裕平，2015）。其原因在于，货币政策作为总量政策的重心在于调控需求总量，但中国经济新常态的特征要求进一步加强供给侧的管理力度，而通过财政政策实施供给管理显然更具效力。此外，由于地方政府债务以及和财政相关企业的“财务软约束”问题，短期利率向长期利率传导的机制被阻梗，宏观调控意图难以实现，也需要与财政相关的改革配套措施。

（二）继续深化金融机构改革，完善金融机构的市场准入与退出机制

进一步推动各类金融机构实现发展方式、业务模式和内部管理的多重转型，使其在市场定位、业务模式、产品创新、服务手段等方面形成与自身规模及属性相匹配的差异化发展策略，不断强化和提高各自的核心竞争力。继续推动开发性金融机构和政策性金融机构改革，完善与之相应的资本补充机制、业务监管机制与业绩考核机制。稳步推进由民间资本发起设立中小型银行等金融机构，与金融国有企业混合所有制改革相结合，积极引导民间资本参股、投资金融机构及融资中介服务机构。以存款保险制度的实施为基础，进一步明确金融机构破产处置程序，健全相关的法律法规体系，形成规范、合法的金融机构市场化退出机制。

（三）进一步推动多层次资本市场建设，鼓励农村金融产品与服务方式创新

推进和实施股票发行注册制改革，逐步建立和完善多层次资本市场之间的转板机制，发展服务于中小企业的区域性股权交易市场。大力发展债券市场，综合运用修改法规、完善制度和加强市场建设等手段，破解债券市场多头管理、相对分割的弊端，强化债券市场的统一性和协同性，让更多实体企业有机会发行不同

类型的债券，让更多普通投资者有机会买卖交易债券，以进一步提高直接融资的比重。农村地区仍是金融领域的薄弱地带，以落实农村承包土地的经营权和农民住房财产权抵押贷款改革试点任务为切入点，以化解农村“两权”抵押涉及的法律障碍为基础，做好土地确权、产权流转平台和信用体系建设等方面的配套措施，鼓励金融机构在期限、利率、担保、发放程序、风险控制等方面设计出更加符合现实需求的产品，不断改进服务方式和提高服务效率。

（四）进一步强化金融安全网建设

监管机构的审慎监管、央行最后贷款人制度和存款保险制度，共同构成了金融安全网的三大支柱，历来得到各国管理当局的高度重视。存款保险制度在2015年5月正式推出以后，后续还需要进一步细化其执行框架和操作细则。在审慎监管方面，还需要尽快建立清晰的宏观审慎监管的目标与架构，加快建立科学的经济周期识别和系统性金融风险监测体系，加快完善宏观审慎监管政策工具箱，加快建设适合中国国情的宏观审慎监管组织架构，加快建立高效的信息共享与政策协调机制（王兆星，2015）。此外，金融安全网建设不应仅仅着眼于自身，而是要放在区域乃至全球的范围内进行考量。受美国退出量化宽松货币政策以及加息预期增强的影响，近期一些新兴市场经济国家资本外流规模增加，金融市场波动幅度显著提高。这种趋势在“十三五”期间或将愈演愈烈，因此一国金融安全网建设应该含有防范区域金融危机的内在机制。

（五）建立金融危机情境下的应对机制和紧急预案

2015年6月以来股票市场的急剧波动给全体投资者和监管者上了极为生动的一课，2015年8月汇率机制调整导致的波动也一度绷紧了决策者的神经。“十三五”期间不仅中国经济面临诸多压力，世界经济波动将更加剧烈，政治乃至军事领域斗争不确定性大大增加，国际金融市场上演的可能是没有硝烟的战争。我们必须从底线思维的角度出发去防范和化解风险，确保金融稳健运行和经济健康持续发展。因此，有必要进行充分的情景模拟，综合考虑房地产市场、债券市场、股票市场、外汇市场、衍生品市场等市场之间的联动及风险传染效应，预先设计金融危机冲击后的化解机制和救助方案。这一过程中，最为关键的要点包括对金融市场规律的理解与尊重、监管部门的信息共享与沟通协调、集中决策和统一部署的操作机制等。

（六）完善金融消费者保护制度

随着金融创新活动的日新月异，金融业产品和服务呈现多样化、专业化趋势，使金融消费者权益保护日益成为金融发展的核心。当前，中国金融消费者权益保护立法不足，专门机构缺乏，消费者诉讼制度不完善，对金融消费者权益的保护力度远远不够。在“十三五”时期，应把整个金融体系消费者纳入消费者权益保护体系，对中国当前的《消费者权益保护法》、《人民银行法》、《银行业监督管理法》、《商业银行法》、《保险法》、《证券法》、《证券投资基金法》、《信托法》等相关法律进行修改补充完善，在相关条款或章节中增加对金融服务关系与金融消费者权益保护调整的相关规定，完善法律救助，赋予金融消费者对金融机构的事后追偿权和相关机构金融消费者投诉裁量权，细化金融机构诚信、告知、提示、保密、信息披露等义务，通过规则指引，防止金融消费者合法权益被侵犯。同时，协调相关机构，搭建多层次的金融消费者投诉处理平台，构建金融消费者权益保护联动机制。

参考文献

[1] 何德旭、苗文龙：《金融排斥、金融包容与中国普惠金融制度的构建》，《财贸经济》2015 年第 3 期。

[2] 王朝阳、汪川：《新时期中国金融体制改革：目标、路线和建议》，《金融评论》2013 年第 3 期。

[3] 王国刚、林楠：《金融体系改革需解决五大关联问题》，《上海证券报》2014 年 12 月 22日。

[4] 王国刚、张扬：《互联网金融之辨析》，《财贸经济》2015 年第 1 期。

[5] 王国刚、董裕平：《中国金融体系改革的协同构想》，《经济学动态》2015 年第 3 期。

[6] 王小江：《绿色金融是生态文明建设的重要构成》，《金融时报》2013年 5 月 6 日。

[7] 王兆星：《尽快建立清晰的宏观审慎监管目标与架构》，《中国金融》2015 年第 5 期。

[8] 吴晓求：《中国金融的深度变革与互联网金融》，《财贸经济》2014 年第 1 期。

[9] 谢平、邹传伟：《互联网金融模式研究》，《金融研究》2012 年第 12期。

[10] 张承惠等：《中国绿色金融：经验、路径与国际借鉴》，中国发展出版社 2015 年版。

[11] 中国人民银行等：《关于促进互联网金融健康发展的指导意见》，http：//www.gov.cn/xinwen/2015-07/18/Content_2899360.htm，2015 年 7 月 18 日。

迈向“十三五”的中国物流业：发展趋势与政策建议

李秋正*

摘　要： 中国是制造业大国和贸易大国，也是物流业大国，物流业为中国经济发展提供了重要驱动力。在经济新常态和互联网背景下，物流领域正发生深刻变化，发展潜力巨大，同时也存在一些突出问题，本文分析了近五年来中国物流业发展现状与问题，结合国家政策文件和行业发展实际，对未来五年我国物流业的发展趋势进行了分析与预测，最后提出布大局、微创新、法制化的政策取向，以及搭建平台、盘活市场、优化流程、鼓励创新、有效监管等方面的政策建议。

关键词： 物流业　物流成本　服务模式　物流外包

当前，中国正处于调整优化结构、深度推进工业化、打造中国经济升级版的关键时期，如何推动物流业高效健康发展日益成为各界关注的热点。李克强总理曾指出，信息、物流等新兴服务业日益成为促进世界经济复苏、引领转型发展的新引擎、新方向，要协调推进“新四化”，提升和发展现代服务业，着力弥补工业化进程中服务业发展的短板。中国是制造业大国和贸易大国，也是物流业大国，物流业为中国经济发展提供了重要驱动力。近年来，在中央和各级政府的高度重视和持续推进下，中国物流业发展取得了较大突破，物流市场初具规模。但是，中国物流业发展水平总体滞后于制造业，产业联动层次仍比较低、可持续性差，供需结构性矛盾突出。进一步推进中国物流业发展，既是当前稳增长、保就业、挖掘内需潜力的重要举措，又是优化经济结构和提升经济质量的战略选择，特别是在互联网背景下的一些新特点、新问题也需要深入研判。

---

* 李秋正，中国社会科学院财经战略研究院博士后，宁波万里学院物流系主任、副教授，研究方向为现代物流业。

一、发展基础

（一）物流业规模持续扩大，但产业融合度较低、可持续性差

2010年以来，工业、批发和零售业物流总额稳步增长，工业物流总额增长率稳定在10%左右，批发和零售业物流总额增长率波动较大，平均保持在15%左右。2014年全国实现物流业增加值3.50万亿元[①]，分别占全国服务业增加值和国内生产总值的11.4%与5.5%。总体来看，近五年来工业和批发零售业的物流总额仍保持较高增长态势，物流行业还处在行业上升期，在国民经济和服务业中的地位明显提升，具有较大潜力。但是，作为生产性服务业，物流业与制造业、流通业的合作水平较低，存在“三多三少”的问题，即签约数量多、实际执行少，低端服务多、高端服务少，单次合作多、长期合作少。产业联动层次较低，可持续性较差。

（二）物流成本增幅放缓，但仍大大高于发达国家平均水平

2010年以来，工业、批发和零售业物流成本增幅连续回落，但年增长仍保持在10%以上，相较发达国家，中国物流行业成本增长速度仍然偏快。以物流费用率[②]衡量，中国工业、批发和零售业企业物流费用率仍维持在8%以上，大大高于日本（约4%）的水平。近五年来中国工业、批发和零售业物流成本率年均回落约0.2个百分点，表明中国物流业发展呈现集约化运营的趋势，物流效益正逐步提高。但回落幅度较小也表明传统物流成本控制手段已不再适用新的发展格局，如何打破这个“瓶颈”将是未来研究议题。从成本结构来看，运输成本约占45%，仓储成本约占35%，值得关注的是人员成本正逐年提高，如何通过企业发展来平衡人力成本的提升，是物流业普遍面临的战略任务。

（三）新型服务模式初现端倪，但仍面临诸多障碍

总体而言，中国物流业态还处于初级阶段，提供的业务类型比较单一。但已有部分物流企业在经营模式上寻求突破，向供应链上下游延伸，开展代理采购、库存管理、电子商务、信息咨询、金融结算为一体的供应链综合服务，物流电子

① 中国物流与采购网，http：//www.chinawuliu.com.cn/lhhkx/201504/16/300482.shtml。
② 物流费用率指在一定时期内，企业的物流费用占销售额的比率。

商务、供应链整合、物流服务链整合等新型服务模式初现端倪。近五年来，信息及相关服务收入、一体化物流业务收入增长态势明显，表明在经济转型升级阶段，一体化物流和信息化服务正逐步成为物流企业新的收入增长点。然而，新型服务模式的发展面临诸多障碍，难以实现快速发展，不能产生集聚效应。一是融资障碍。新模式具有较高的知识和技术优势，前期研发、系统维护、产品推广等需要投入大量的资金，由于缺乏有形资产，除风险投资外，其他融资渠道障碍较大，靠单个企业的力量要在短期内形成竞争优势非常困难。二是数据获取障碍。新模式多以大数据处理为基础，由于作为公共资源的政府数据（如海关数据）尚未开放或有限开放，致使信息搜索成本和交易成本升高，经营风险增加，大大制约了新型服务模式的发展。三是品牌影响力障碍。新兴业态在国内发展历史较短，相对于大型同业企业而言，品牌影响力有很大局限，这需要地方政府给予更多的关注，并能通过政府平台加以宣传和推介。

（四）物流基础设施建设加快，但运作效率相对滞后

“十二五”时期，在各级政府的高度重视下，包括交通、信息网络在内的物流基础设施建设成效显著。中国物流园区发展呈现出数量增加快、地域差别明显、政府主导作用大、社会效益不断突出等特点。但是，物流设施信息化水平仍然不高，公共物流信息平台建设尚处在探索阶段，物流标准化建设进展缓慢，部分物流园区存在重复规划、盲目建设的现象；中国省内公路货运效率远低于发达国家同距离运输水平，高速公路通达深度和通达能力仍需继续提高；铁路设施较为完善，大宗商品物流服务能力强，仍需在公铁联运、海铁联运以及小件货物物流方面提升服务能力；高效专用车辆的缺乏问题突出，中国营运货车中普通载货汽车占比高达95%以上，零担车、集装箱拖挂车、冷藏运输车及厢式汽车等专用汽车占比偏小。从发达国家的公路运输发展经验来看，专用的广泛推广，能够促进运输网络化、多式联运的发展和运输工艺的改进以及标准化程度的提高。如何切实提高物流基础设施运作效率仍是国内物流企业面临的一大难题。

（五）政策力度不断加大，但仍存在“三重三轻”的问题

国家《物流业调整和振兴规划》实施以来，各部委、各级政府进一步加大了工作力度，坚持规划先行、政策保障的原则，立足物流行业发展，凝聚合力，推进物流业快速健康发展。政策扶持发挥了应有的效应，但存在“三重三轻”的问题，需要进一步平衡。一是重规划、轻统筹。各地区、各部门都在制定物流规划，进行物流建设和管理。但由于统筹不够，很容易形成重复建设和政策标准的不统一，不仅导致土地、人力、财力和相关资源的严重浪费，也给企业经营制造了障碍。二是重硬件建设，轻软环境改善。各项物流基础设施建设取得了重大突

破，特别是在建设交通物流公共信息平台、构建现代综合交通运输体系、扶持建设物流节点设施等方面成效显著。相对而言，对于制度和标准建设、人才培养和引进等软环境改善的投入力度不足，形成了“短板”。三是重大项目扶持，轻潜力项目培育。大项目具有引领和辐射作用，应该重点培育，但同时，有潜力的中小项目和新兴业态也不容忽视，这将决定行业的发展后劲。此外，政策手段单一、过多集中于土地和资金扶持，容易使企业产生政策依赖，不利于激发企业的积极性和创造性，需要研究和改进。

二、发展趋势

（一）我国物流业发展趋势基本判断

未来五年，将是我国物流业转型发展的关键 5 年，面临新一轮的资源整合优化和增长方式的深度调整，物流业将进入含有数字经济成分的物流业 2.0 时代。发展模式逐步从要素驱动、投资驱动转变为整合发展、创新驱动，并成为制造业转型升级和电子商务等新兴产业发展的关键支点。

1. 互联网背景下，现代物流体系逐渐形成

互联网背景下，物流业与金融资本、大数据分析的结合，必将催生多个跨区域、跨行业、跨公司协作的物流平台企业，通过模式复制在全国城市布局，形成少数跨区域物流大平台+若干专业性很强的区域第三方物流企业的格局。区域界线越来越模糊，但供应链上分工合作的趋势越来越明显。物流业的核心竞争力将从依靠“资源占有”向“提高服务效率”转型。新旧商业模式的交锋必将带来新一轮的商业组织之间、商业组织与监管部门之间的博弈，类似出租车罢工的事件将成为新常态。新的商业模式必将催生出新的政策管理模式，如何选择吸收新业态，并有效监管，有赖于决策部门的专业智慧和提前研判。

2.“一带一路”战略和跨境电商的发展将引领我国物流业“走出去”

“一带一路”建设的主要内容是加强政策沟通、道路联通、贸易畅通、货币流通、民心相通。跨境电子商务的发展，推动中国物流的海外布局，顺丰、圆通等中国物流企业正通过自建或合作的方式，积极“走出去”，加快海外布局。制造和流通企业正积极构建服务于全球贸易和营销网络的基础设施。工程基建类项目是中国“走出去”的主要抓手之一，包括建筑、交通、装备制造、水利工程等方面。畅通的经贸合作将拓展物流企业的市场空间；基础设施的互联互通将助推专业物流发展；沿线产业园区的建立将为物流企业“走出去”提供支撑。“一带

一路”战略和跨境电商的发展，将加速推动国际物流业发展，加快中国物流企业“走出去”的步伐。

3. 与制造业的联动仍是物流业发展的重要突破口

合作是高效供应链的基本元素，加强与物流企业的合作，是制造企业向柔性运作模式转变和提高供应链灵活性的核心所在，这在发达国家被优先作为关键战略。在中共十八大报告中，再次将第三方物流与制造业进行有效联动发展，实现产业物流内在需求的最大化状态。在制造业逐渐改造升级、商贸业逐渐与国际接轨的大背景下，物流业将充分借助行业初期发展的强劲势头，借助内外条件及环境的有利契机，实现多行业齐头并进的协同转型，形成更加具有综合竞争优势的行业格局。

4. 集约高效的可持续发展逐渐成为主旋律

物流业将逐步通过技术改造和设备升级，提升物流信息化、机械化、自动化水平，物流数据更新更加具有及时性，供应链成员可以通过信息共享、信息分享的方式来畅通整条业务流通过程，从而实现知识、技术、信息、需求等多项资源的最优协同效应，更好地建立起互惠共赢的关系。在信息化背景下，借助云计算等技术，可以在不消耗过多人力物力的前提下帮助企业收集和共享更多物流信息，企业可以凭借这些信息来提前做好物流规划、路线设计等。

（二）2015~2020 年中国物流业发展规模定量预测

1. 2015~2020 年中国物流行业社会物流总额[①] 预测

中国近 10 年来的社会物流总额如表 1 所示。

表 1　2005~2014 年中国社会物流总额

单位：万亿元

年度	中国社会物流总额
2005	48.10
2006	59.60
2007	75.20
2008	89.90
2009	96.65
2010	125.40
2011	158.40
2012	177.30

① 社会物流总额指第一次进入国内需求领域，产生从供应地向接受地实体流动的物品的价值总额，主要包括农产品、工业品、进口货物、单位与居民物品物流总额等。

续表

年度	中国社会物流总额
2013	197.80
2014	213.5

资料来源：中国物流与采购联合会。

基于回归分析原理，利用 Matlab 软件对 2005~2014 年社会物流总额变化趋势进行拟合，拟合结果为二次曲线：

$$y = 0.752916x^2 - 3006.574507x + 3001483.998571$$

据此预测 2015~2020 年中国社会物流总额，预测结果如表 2 所示。可以看出，2015~2020 年中国社会物流总额呈明显的上升趋势，物流产业会继续不断地发展，迎来更加有利的发展机遇。

表 2　2015~2020 年中国社会物流总额预测值

单位：万亿元

年度	中国社会物流总额预测值
2015	244.73
2016	273.16
2017	301.09
2018	334.54
2019	367.48
2020	401.19

2. 2015~2020 年中国社会物流总费用预测①

2004~2014 年中国社会物流总费用统计数据如表 3 所示。

表 3　2004~2014 年中国社会物流总费用

单位：万亿元

年度	中国社会物流总费用
2004	2.91
2005	3.39
2006	3.84
2007	4.54
2008	5.45
2009	6.08

① 社会物流总费用指报告期内国民经济各方面用于社会物流活动的各项费用支出的总和。包括运输费用、保管费用、管理费用等。

续表

年度	中国社会物流总费用
2010	7.10
2011	8.40
2012	9.40
2013	10.20
2014	10.60

资料来源：中国物流与采购联合会。

利用灰色模型对 2015~2020 年中国社会物流总费用进行预测，根据表 3 数据建立原始数列：

$x^{(0)}(1)\cdots x^{(0)}(11)$：2.91，3.39，3.84，4.54，5.45，6.08，7.10，8.40，9.40，10.20，10.60。

得到累加生成数列为：

$x^{(1)}(1)\cdots x^{(1)}(11)$：2.91，6.30，10.14，14.68，20.13，26.21，33.31，41.71，51.11，61.31，71.91。

对累加生成数列建立预测模型的白化形式方程：$dx(1)/dt+ax(1)=b$，用最小二乘法计算 a、b，得出 $a=-0.124$，$b=3.144$。

建立 GM（1，1）模型 $x(1)(k+1)=[x(0)(1)-b/a]e-ak+b/a$：x（1）$(k+1)=28.265e0.124k-25.355$。

对累加值进行还原：$x(0)(k+1)=x(1)(k+1)-x(1)(k)$。

通过以上模型的计算，2015~2020 年中国社会物流总费用预测结果如表 4 所示。

表 4　2015~2020 年中国社会物流总费用预测值

单位：万亿元

年度	中国社会物流总费用预测值
2015	13.30
2016	14.59
2017	16.53
2018	18.70
2019	21.18
2020	23.97

由表 4 可见，2015~2020 年的社会物流总费用呈明显递增状态，可见中国物流需求持续增加，同时也在提醒我们降低物流成本势在必行。

3. 2015~2020 年中国物流行业增加值[①]预测

2004~2014 年中国物流行业增加值如表 5 所示。

表 5　2004~2014 年中国物流行业增加值

单位：万亿元

年度	中国物流行业增加值
2004	1.07
2005	1.20
2006	1.41
2007	1.70
2008	2.00
2009	2.31
2010	2.70
2011	3.20
2012	3.50
2013	3.90
2014	3.50

资料来源：中国物流与采购联合会。

利用灰色模型对 2015~2020 年的物流行业增加值进行预测。

建立原始数列：

$x^{(0)}(1) \cdots x^{(0)}(11)$：1.07，1.20，1.41，1.70，2.00，2.31，2.70，3.20，3.50，3.90，3.50。

得到累加生成数列为：

$x^{(1)}(1) \cdots x^{(1)}(11)$：1.07，2.27，3.68，5.38，7.38，9.69，12.39，15.59，19.09，22.99，26.49。

对累加生成数列建立预测模型的白化形式方程：$dx(1)/dt + ax(1) = b$，用最小二乘法计算 a、b，得出 $a = -0.116$，$b = 1.237$。

建立 GM（1，1）模型：

$x^{(1)}(k+1) = [x^{(0)}(1) - b/a]e^{-ak} + b/a$：$x^{(1)}(k+1) = 11.733e^{0.116k} - 10.663$

对累加值进行还原：

$x^{(0)}(k+1) = x^{(1)}(k+1) - x^{(1)}(k)$

通过以上模型的计算，2015~2020 年物流行业增加值预测结果如表 6 所示。

① 物流行业增加值是物流业在一定时期内通过物流活动为社会提供的最终成果的货币表现，是衡量相关物流企业经营业绩及经济发展水平的重要依据。

表 6　2015~2020 年中国物流行业增加值预测结果

单位：万亿元

年度	物流行业增加值预测值
2015	4.91
2016	5.17
2017	5.81
2018	6.52
2019	7.32
2020	8.22

从表 6 可以看出，2015~2020 年物流行业增加值也呈现逐年上升的趋势，说明物流行业在中国国民经济中的地位和作用不断提高，是发展第三产业的重要组成部分，物流行业的发展提升了第三产业的比重，促进了经济结构的调整。

（三）需处理好的三大结构性矛盾

1. 日益增长的物流需求与传统运营模式之间的矛盾

随着中国消费水平的增长，商贸物流需求迅速提升，据预测，到 2020 年中等城市将达到日均约 3 万吨。从长远来看，互联网正逐步改变人们的消费观念，“电商换市”战略将加快催生基于 B2C 的直配需求，迫切需要高效率的物流系统与之配套。但中国物流企业运营模式相对滞后，各自为政，单车效率非常低，加剧了交通拥堵和环境污染。第三方物流行业集中度不高，缺少龙头企业，受“拿土地、要政策”的传统思维影响较深，与互联网融合创新能力较弱。构建现代物流体系，发展协同物流，满足社会需求，缓解交通和环境压力，任务迫在眉睫，意义深远。目前中国从事物流运输的车辆总量较大，但种类繁杂，标准化程度低，合法运营比例较低。

2. 物流外包市场供需结构性矛盾

近年来，中国制造业逐步释放出巨大的物流需求，物流服务外包合同额以每年 30% 左右的速度递增，物流外包成为中国服务外包重点产业之一。但供需结构性矛盾也日益突出：一是外包次序矛盾。制造业希望将最难做的物流业务首先外包，而物流业则希望由易到难。二是外包方式矛盾。制造业希望“一揽子”外包，而物流企业却只能承担部分职能。三是外包要求矛盾。制造企业服务要求高，愿意支付的报酬低，而物流企业初期服务能力差、运作成本高。四是外包领域矛盾。难以满足的大型制造企业外包需求被重点关注，而易于满足的中小制造企业物流需求却被严重低估。供需结构矛盾导致物流市场难以持续深化，一些中小企业由于无人问津而自建物流，一些大型企业因无法找到中意的物流服务商，而扩建物流，出现物流市场化倒退现象，这在物流要求较高的机电、纺织等行业尤为明显。

3. 行业转型需求与滞后的制度监管之间的矛盾

突出表现在以下几个方面：一是对一些历史遗留问题应对不及时，致使问题日趋复杂。如部分城市的货运出租问题，目前大多超过正常运营年限，车况陈旧破损，车型较小，原有经营模式已难以适应当前市场的需求，基本处于无货停运状态。如果采取简单搁置政策，将使出租公司、货的所有人同时面临较大的经济损失，必然导致其强烈反弹，并有可能导致群体事件。二是部分政策重限制、轻疏导，给行业发展带来障碍。为应对交通、环境污染的压力，政府采取了日趋严厉的限制措施，而引导性政策不到位，导致车辆通行难、停靠难、装卸难等突出问题。三是缺少与时俱进的行业规范，物流标准滞后。如标准化装卸设施（如托盘、液压车、叉车等）使用率低、装卸时间长，致使交货区经常出现排长队几个小时等待交货的现象，冷链货物在常温下甚至高温下长时间暴露的现象屡见不鲜。

三、发展目标

2014 年 9 月 12 日由国务院印发的《物流业发展中长期规划（2014~2020）》明确了物流业在国民经济发展中的基础性、战略性地位，极大地提升了物流业的产业地位，也对物流业发展提出了新的更高要求。《物流业发展中长期规划（2014~2020）》确定了多式联运、物流园区、农产品物流、制造业物流与供应链管理等 12 项重点工程，提出到 2020 年要基本实现建立布局合理、技术先进、便捷高效、绿色环保、安全有序的现代物流服务体系的战略目标。“一带一路”战略从海陆布局，沿线交通建设必然当头，而随着沿线交通建设的推进，中国物流业发展将迎来新机遇，有望改变中国物流“大而不强”的局面。本文认为，因应新形势下物流的新特征，借用互联网思维，中国物流的发展目标和政策取向为：

（一）搭建大平台

政府以最大化用户体验（居民、企业）为出发点，通过规划落实物流硬件网络，营造完善而超前的制度软环境，搭建互联网企业与物流企业有机兼容的发展平台，致力于解决市场不能解决的问题，将具体的行业信息平台规划运营交给市场去做，真正发挥市场在资源配置中的决定性作用。

（二）鼓励微创新

新形势下，商流渠道扁平化的同时，物流分工日趋细化，物流运作将进入专家化生存的阶段。商业模式创新是颠覆式的，而流程优化要依靠渐进式的微创新。汪洋副总理在物流工作座谈会上就曾强调，物流要从大处着眼、小处着手。因此，需要花更大的力气鼓励企业在流程和技术上进行精细打磨，即运用现代物流技术优化仓储、分拣、运输、交货等各环节。

（三）推进法制化监管

对落后的经营业态进行制度性引导，对新型的商业模式用开放的制度环境积极吸收，对新兴业态可能存在的投机性行为构成制度性遏制。使现代物流体系有据可依，使运营企业有准确预期，保证合法经营。

四、政策建议

中国物流业发展存在诸多问题与矛盾的根源在于，中国物流产业集聚度低，整体服务水平滞后于制造业的发展水平和要求，物流市场寻找和交易成本高、资源配置能力差等。为此，提出如下建议：

（一）推动物流产业集聚，提升行业整体服务能力

一是以物流服务平台、物流基地、物流企业的联动发展为突破口，构建区域物流协同体系。以物流服务平台功能整合为基础，建立区域物流系统的"协调中心"；以物流园区的整合和大型物流企业提升为基础，建立区域物流系统的"运作中心"；以中小物流企业的规范化、信息化为基础，构建分工合理的专业化"执行层"。推动国家交通运输物流公共信息平台、行业物流服务平台、区域物流服务平台建设，在物流信用信息、跟踪信息、物流资源共享等方面加强合作对接。在推动物流基地和大型企业空间集聚的同时，加强组织集聚和虚拟整合，提升辐射能力，带动中小物流企业的发展。二是着力培育大型物流企业集团。建设一批重点项目，引导物流企业进行整合、并购、引进、合作，提升综合服务能力，实现规模化运营。三是继续推行"二三产分离"政策，鼓励具有优质物流资源的生产企业把物流部门剥离出来。四是发挥政府和协会的媒介作用，推动中小型物流企业通过建立股权式、契约式或行会式物流联盟，"组团"承接服务外包。

（二）密切关注新兴业态发展，加快服务模式转型

一是重视物流电子商务的发展。推进第四方物流市场建设，鼓励民间物流服务电子交易平台发展，加快物流电子交易平台第三方支付、信用评价、网络监管

等制度体系的研究，打造全国物流电子商务的高地。二是重点扶持一体化供应链服务模式。物流企业利用货物控制权优势开展物流金融等增值服务，商贸流通企业利用渠道优势优化供应链，在同行业中已崭露头角。这些模式以一体化供应链服务为主要特征，能够盘活制造业资金流，打通信息流，同时使得物流企业成为制造业不可或缺的战略合作伙伴，推动物流业与制造业进入深度合作阶段和联动发展的良性轨道。三是培育物流服务链整合商。一些物流信息服务企业利用信息技术优势将沉淀的客户交易信息转变为信用，为物流企业提供信息服务的同时，与金融机构合作，提供结算和融资服务，有效整合物流服务链。对于上述各类新兴业态和服务模式，我们应率先发现，及时出台标准进行评估、认定和扶持，积极为其发展创造良好的政策环境。充分利用和发挥政府资源优势，加强宣传和推介，加快形成集聚效应。引导和鼓励金融机构予以信贷支持，鼓励各类创业风险投资机构和信用担保机构对此类企业开展业务。

（三）建立物流全国服务外包示范项目库，发挥引领带动作用

将物流服务外包市场细分，及时挖掘各类市场的典型案例，培育试点示范项目，对在全国具有引领带动作用、有一定发展前景的合作项目，优先纳入项目库，将其合作经验进行总结和推广。做到建设一批、发展一批、储备一批，使两业联动发展看到希望、找到样板、得到支持。以下几类市场具有示范意义：一是具有较成熟合作条件和合作经验的细分市场。汽车、电子等行业是中国实施物流外包最早的行业之一，长期受政策扶持，具有较成熟的合作条件和合作经验，如畅联物流和吉利汽车的合作案例。自 2009 年开始，畅联物流为吉利汽车提供全方位的入厂物流服务，通过合作，吉利零部件每月周转次数提高了两次，整体物流效率提高了 30%。二是中小制造企业物流服务外包市场。中国中小型制造企业数量多、比重大，物流系统正面临从无到有、从粗放到专业化运营的转换期，物流外包单体体量小，但市场总量大，需求有效性强，多数物流企业服务能力所能及，如宁波凯耀电器与宏华物流的合作。凯耀电器年营业额 1 亿元左右，宏华物流是中国众多传统物流企业中的一员，进入凯耀后，宏华从提供最基础的仓储管理服务，到专业化的厂内物流。5 年来，宏华物流成长为颇具经验的物流服务商，凯耀电器的零配件输送正确率达到 90% 以上，公司产能提升了 80%，双方在“共生模式”下实现了良性互动。三是本土物流企业与外资制造业合作的细分市场。“有潜力”的本土物流企业与“有经验”的外资制造企业合作，两者在条件上互取所需，在合作中平等相处，本土物流企业在外资企业高要求和耐心辅导下不断提高服务水平，这是推动本土物流企业尽快转型升级的一条捷径，如中通物流与三菱化学的合作。中通物流作为宁波本土民营物流企业的龙头，处于转型发展的关键期。日本三菱化学在宁波投资 PTA 项目后，寻求与中通物流合作，

三菱化学将中通物流视为战略伙伴，运用其在国外的成熟合作经验，辅导中通物流快速发展。基于此项目的成功，中通物流还引来其他外资企业的合作意向。

（四）转化传统思维，积极开展跨区域合作

尽快改变过去区域内垄断经营的惯有思维，构建开放式区域物流平台，营造大格局。积极引入新兴互联网业态企业，进行跨区域、跨公司的协同运作，解决区域物流发展中的大问题。我们注意到，一些全国性的城市综合物流提供商正在迅速崛起，通过互联网平台以可复制的模式在全国铺开。从长远来看，引入互联网企业，有利于区域物流资源的有效整合，以及其他城市先进运作经验的引入，他们不会取代握有线下资源的本土物流配送企业，相反会倒逼本土企业的创新和升级。各地政府应有意识地重点扶持有潜力的物流企业，先行先试，与互联网融合、创新发展，利用现代信息（包括大数据、云技术）、智能通信技术构建新型服务模式，更多发挥虚拟平台效能、降低物理空间依赖度，发展共同存储、越库作业、联合运输、协同配送等新型物流组织模式，向社会提供现代化的物流服务，使之发展成为"经营集约化、业务网络化、管理信息化"的物流品牌企业。

（五）重视发展城市共同配送等民生物流工程

城市共同配送通过横向联合、集约协调，提高城市物流资源利用率，减少城市交通生成量，代表城市物流优化的趋势。近几年，国家层面大力提倡发展城市共同配送，国家发改委、商务部、交通运输部等部委先后出台了相关规划和政策，批准设立 24 个共同配送试点城市。我们认为，应进一步加大政策力度，推动民生工程尽快落地。一是支持有配送实力的供应商发展共同配送业务。鼓励有行业领导力和配送仓储资源的供应商整合同类商品开展共同配送，供应商将货物存放于城市配送物流基地，由标准化的车辆配送至中心城区各家门店。加大仓租、仓储设施（如货架、分拣设施）、车辆、固定资产等投资补贴力度，对城市配送仓租与市场平均仓租水平的差额部分由政府给予补贴。二是根除历史遗留问题，净化市场，盘活城市配送运力资源。扶持和引入并重，培育专业的第三方运力提供商，打造多个运力寡头有序竞争的市场格局，鼓励运力提供商盘活闲置的运力资源，根本解决车辆闲置、空跑以及货的等历史遗留问题。在彻底解决历史遗留问题的基础上，政府把控总体需求，可参照杭州汽车车牌管理模式，通过竞价发放定向使用的通行权，统一车辆标示，统一监管。三是系统优化城市物流服务链，鼓励微创新。如鼓励夜间配送、发展带板运输、进行终端优化等。系统解决停车难、卸货难等问题，全面提升城市配送效率，改善民生物流水平。

（六）优化公共服务体系，提供市场保障

一是设立物流产业引导基金，用好物流产业专项资金，提供持续推动力。按照“政府引导、专业化管理、市场化运作”模式，吸引社会资本，投入中国物流重点领域。主要包括大型物流企业集团的培育、重点外包项目的实施、新型物流业态投资等。优化各地物流专项资金用途，专项用于物流服务外包项目启动、示范项目培育、中小企业合作、专业人才培训、平台建设等。对于相对成熟的市场领域，财政扶持应及时退出，鼓励企业自主创新，避免产生财政依赖。二是加强各部门协调，发挥平台和协会的整合效能。打破物流行业管理条块分割，消除公共服务平台孤岛，开放信息互联互通，注重对物流信息数据的分析挖掘，为服务外包企业提供高层次、高水平、全方位的信息和技术服务。鼓励企业积极参与物流信息平台建设，推动物流服务平台运营市场化，减轻财政负担，对接市场需求，为服务外包企业提供高效率、高效益的信息和技术服务。鼓励行业协会的相互渗透，鼓励物流企业加入相关制造业行业协会，搭建行业协会间的沟通平台，使行业协会成为物流外包的撮合者。三是适时调整物流行业规范，逐步实现法制化监管。以国家扩大地方立法权为契机，适时制定和完善行业规范和标准，并逐渐将成熟的制度固化为地方法规，引导市场通过有序竞争，形成合理价格，从法律层面保证物流行业的规范经营行为。加快规范物流车辆车型及其安全、环保等方面的技术管理，适当提升车辆限制，促进车辆标准化发展；制定实施合理的物流车辆通行规定，加大违规运营的查处力度，有效解决客车载货、非法改装、大吨小标等问题。此外，还应规范作业流程。将物流各节点、终端的建设要求，收发货作业标准，带板运输等运输方式要求，配送时间段，安全要求等加以明确。

参考文献

[1] 曹晓发：《物流与供应链发展趋势展望》，《人民论坛》2015年第17期。

[2] 范翰涛、李维儒、吴继贵：《我国物流业增加值与社会物流费用关系的分析研究》，《物流经济》2013年第3期。

[3] 国务院：《物流业发展中长期规划（2014~2020）》，2014年。

[4] 何黎明：《2014年我国物流业发展回顾与2015年展望》，《中国流通经济》2015年第2期。

[5] 李晴：《社会物流总费用与社会物流总额的定性与定量关系》，《物流论坛》2011年第4期。

[6] 刘峥：《物流标准化提升物流效率的机理分析》，《物流技术》2015年第10期。

[7] 张雪芹、郭小花：《从统计数据看我国物流业发展现状》，《物流科技》2015年第5期。

迈向“十三五”的科技服务业：发展趋势与政策建议

曾世宏　徐应超　高亚林*

摘　要：科技服务业作为现代服务业的重要组成部分，在国民经济中扮演重要的角色，是推动产业优化升级和实施创新驱动发展的重要引擎。根据创新驱动发展的战略要求，中国科技服务业发展仍存在人才缺乏、投资不足、区域差异大等突出问题。本文利用PEST模型分析了科技服务业发展的影响因素，全面揭示了科技服务业的发展环境；同时运用中国地区面板数据实证检验了三次产业发展对科技服务业发展的引致效应；最后对中国科技服务业发展提出了一些针对性政策建议。

关键词：科技服务业　影响因素　发展环境　发展趋势

一、引言

随着经济社会的快速发展，科技服务业作为新兴的第三产业方兴未艾，发展速度日趋加快，全社会投入科技服务业的资金逐年增加。同时国家也将科技服务业放置在促进经济发展全局中的重要位置。2014年10月，国务院制定出台《关于加快科技服务业发展的若干意见》就是为了深入实施创新驱动发展战略，从而推动经济转型升级。在国家推动科技服务业发展的环境下，抓住扶持重点，把握政策机遇，促进中国科技服务业的发展迫在眉睫。科技服务业主要包括的活动有专业技术服务、技术推广、技术市场、技术咨询、技术孵化、知识产权服务、科技信息交流、科技培训、科技评估和科技金融等。科技服务业作为现代服务业的

---

① 曾世宏，湖南科技大学创新发展研究院副院长、副教授，研究方向为服务经济与服务创新。徐应超、高亚林，湖南科技大学商学院硕士研究生，研究方向为服务经济理论与政策。

重要组成部分，是推动产业优化升级和实施创新驱动发展的重要引擎。

科技服务是指在一个区域内为促进科技进步和提升科技管理水平，运用现代科学知识、现代技术手段和分析方法，为科学技术的产生、传播和应用提供智力服务并独立核算的所有组织或机构的总和（蔡永康，2010）。我们可以将其内涵进一步解释为以促进区域内科技进步和提升科技管理水平为科技服务业的宗旨；利用现代科学知识、分析方法和技术手段为科技服务业提供智力支持。科技服务业的外延主要包括三大类：第一是科学试验发展，指为了达到揭示客观事物的本质规律而不断探索新方法、新途径的理论研究和实验活动。第二是科技交流以及推广服务，具体包括技术推广服务，为解决科学研究实验而产生的新工艺等系统性活动；中介服务，是为企业提供科技咨询的服务等；其他科技服务，指除技术推广、科技中介以外的其他科技服务，包括科普活动以及科普展览。第三是专业技术服务，包括技术检测、工程管理、设计、数据处理等服务，以及使用用户指定的软件加工数据，同时将结果回传用户的活动。

科技服务业作为现代服务业的一部分，在国民经济中扮演重要的角色（李明宇，2015）。科技服务业促进了科技创新、知识传播和技术研发，为经济社会发展提供了智力支撑，具体表现在：第一，创造价值。根据科技服务业本身产业附加值较高的优势，可以将科技服务业归类于人才和技术型产业，同时具有较大的产业带动作用，这些特点决定了科技服务业的创新性。在企业创新中，科技服务业主要起到推动创新、运载创新的作用（Miles，2011）。创新性能够发挥带动作用从而提高现代产业的创新水平和生产经营效率，促进产业的转型升级。随着科技服务业的不断发展，将原本的作用由只能进行价值传递转向价值创造，从而使得社会资源达到更好的整合。第二，科技服务业能够带动相关产业的发展。科技服务业可以通过其无形产品的不断扩散，来服务于直接或间接相关的本地制造业，从而提高制造业对国民经济的价值创造（陈婷，2009）。第三，通过推动高端产品的发展来实现产业转型。科技服务业通过针对性地促进高端制造产业服务化的转型来获得更大的经济增值空间，达到提高整体产业价值的目的。随着科技服务业促进高端制造产业的不断发展，逐渐实现对科技方法的利用和创新，成为高端制造产业发展的技术支撑和发展动力。第四，服务主体呈现多元化。根据科技服务业主体和类型的多样化特点，并针对不同的服务主体和服务类型具有相同的经济利益要求的特点，可以通过不同的服务方式实现对现代技术服务的介入，能够对调整现代产业结构和转变产业的生产经营方式起到积极的推动作用，同时对解决产业发展中遇到的矛盾和问题等诸多方面也发挥重要作用。第五，对产业文化的转型起到推动作用。科技服务业的发展帮助企业建立起以尊重客户个体性差异为重点的服务管理系统来满足客户情感上的需求，这个管理系统能够在实现自身服务价值的同时有效地促进产业与客户之间的沟通交流。此外该服务管理系统能够通过改变产业与客户传统形式上的关系，对更新企业文化起到积极的作用，同样也可以有效地提高经济效益与社会效益。

二、发展现状

科技服务业是一个以服务技术研发—技术商品化—技术商业化—技术产业化为核心，能够有效聚合各类科技创新创业要素，支撑起高新技术产业快速发展的产业体系（赖晓楠，2015）。由于经济发展对以提供知识型服务和高附加值服务为特征的科技服务业需求的增大，中国科技服务业在近些年来的发展速度越来越快，发展的质量也越来越高，但快速发展的同时也逐渐出现一些不容忽视的问题。以下主要从五个方面来系统总结中国科技服务业的发展现状。

（一）在科技服务业快速发展中呈现出较大的区域差异

目前中国科技服务业正处于快速发展阶段，科技服务业法人单位数逐年增加（见图 1），固定资本投资也不断增加（见图 2）。

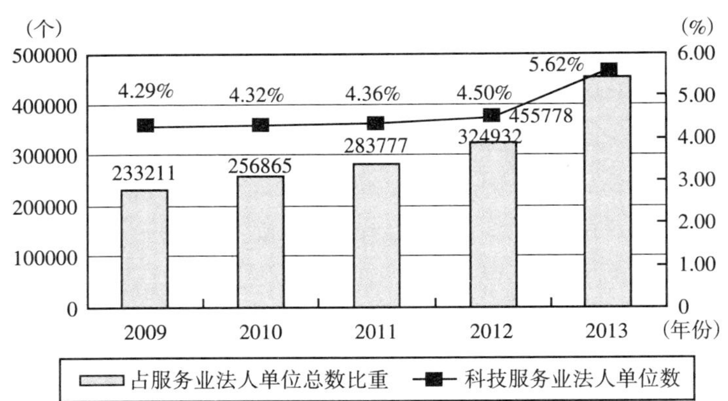

图 1　2009~2013 年科技服务业法人单位数变化情况

从图 1 可知，2009 年科技服务业法人单位数为 233211 个，占服务业法人单位总数比重为 4.29%，到 2013 年科技服务业法人单位数增加到 455778 个，占服务业法人单位总数比重增加到 5.62%。经计算，5 年内平均每年增长了 55639 个，实现年均增长率为 18.24%。

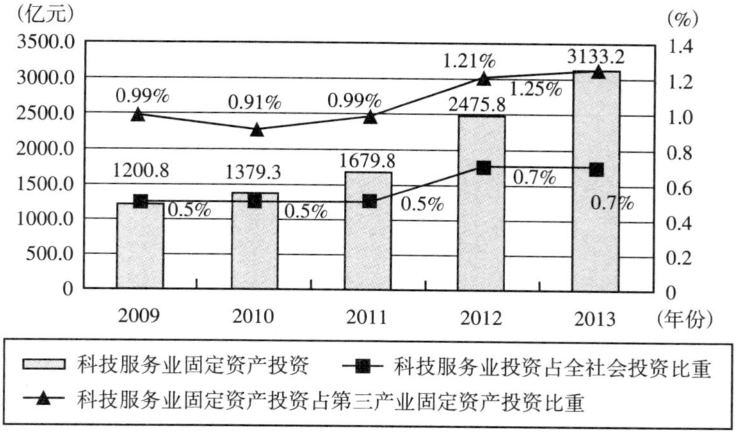

图 2　2009~2013 年科技服务业固定资产投资变化情况

从图 2 可知，2009 年科技服务业固定资产投资为 1200.8 亿元，占服务业固定资产投资比重的 0.99%，以及全社会固定资产投资比重的 0.5%。到 2013 年，科技服务业固定资产投资为 3133.2 亿元，占服务业固定资产投资比重的 1.25%，以及全社会固定资产投资比重的 0.7%。经过计算，2009~2013 年科技服务业固定资产投资年增长率分别为 53.55%、14.87%、21.79%、47.39%和 26.55%，年均增长率为 27.1%，这说明了政府对科技服务业固定资产投资力度逐渐增大。

在科技服务业的快速发展的同时，地区发展水平不平衡的问题日渐突出（见图3），此外中国的投资也存在区域不均衡的问题（见图 4），这将阻碍中国科技服务业达到国际水平目标的实现。

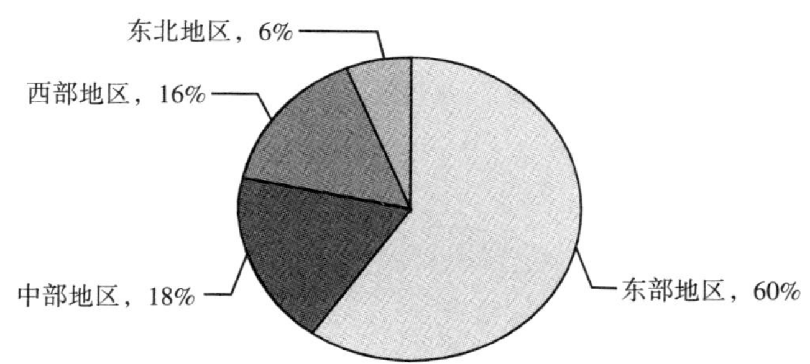

图 3　2013 年科技服务业按中西部以及东北地区分组的法人单位数比重

从图 3 可知，2013 年中国科技服务业按中西部以及东北地区分组的法人单位数，东部地区占比达到 60%，而中部地区和西部地区，占比分别为 18%和 16%；东北地区占比仅有 6%，是东部地区的 1/10，这表明中国的科技服务业的发展目前存在区域差距大的问题。

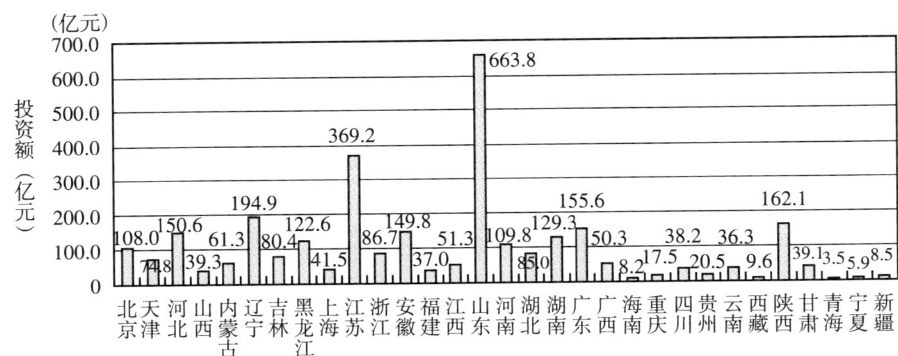

图 4 2013 年科技服务业按地区分固定资产投资情况

从图 4 可知，2013 年我国 31 个省市区科技服务业固定资产投资额最大的五个地区分别是山东、江苏、辽宁、陕西、广东，投资额分别为 663.8、369.2、194.9、162.1、155.6 亿元，这五个地区固定资产投资所占科技服务业固定资产总投资比重分别为 21%、12%、6%、5%、5%，比重之和达到 55%。科技服务业固定资产投资相对较少的地区为新疆、海南、宁夏、青海，这四个地区科技服务业固定资产投资的相对比重都不足 1%。这表明中国科技服务业的固定资产投资也存在严重区域不平衡的问题。

（二）科技服务业的门类分布不均匀

随着科技服务业的发展，其相关行业在经济发展中起着不同的作用，但目前中国的科技服务业的各行业发展存在明显的差异。在科技服务业中，尤其是技术转移，研发没有独立的业态（赵慕兰，2015）。根据对科技服务业各行业法人单位数的统计，发现目前中国主要以专业技术服务为主（见图 5）。

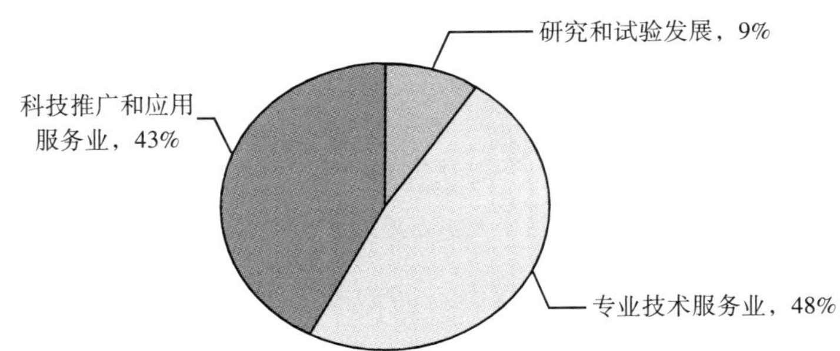

图 5 2013 年科技服务业按行业分组的法人单位数比重

从图 5 可知，2013 年科技服务业按行业分组的法人单位数，比重最大的是专业技术服务业，占比为 48%；其次是科技推广和应用服务业，占比为 43%；占比最少的是研究和实验发展，仅占 9%。

为了推进科技服务业的全面发展，中国固定资产投资进行了改变（见图 6），增加了对研究和实验发展的投资，希望能够带动科技服务业各行业平衡发展。

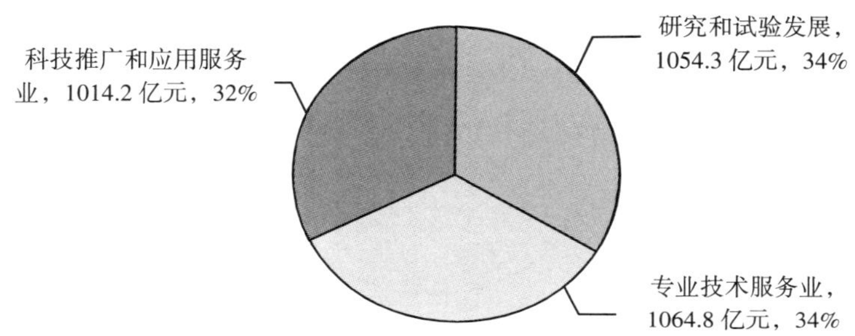

图 6　2013 年科技服务业按行业分固定资产投资情况

从图 6 可知，2013 年科技服务业按行业分固定资产投资，投资额最大的行业是专业技术服务业，投资额为 1064.8 亿元，占比为 34%；其次是研究和试验发展业，投资额为 1054.3 亿元，占比为 34%；投资额最小的行业是科技推广和应用服务业，投资额为 1014.2 亿元，占比为 32%。根据数据统计 2013 年科学研究和技术服务业投资额为 3176 亿元，同比去年增长 27.8%；全年研究与试验发展（R&D）经费支出 10240 亿元，比上年增长 18.9%，占国内生产总值的 2.37%。随着对科技服务业的投资不断增多，将会逐渐提高我国科技服务业的竞争力。

（三）民间资本支撑着科技服务业的发展

科技服务业作为新型的第三产业，具有第三产业的共性，主要依靠私人资本来带动发展（见图 7 和图 8）。

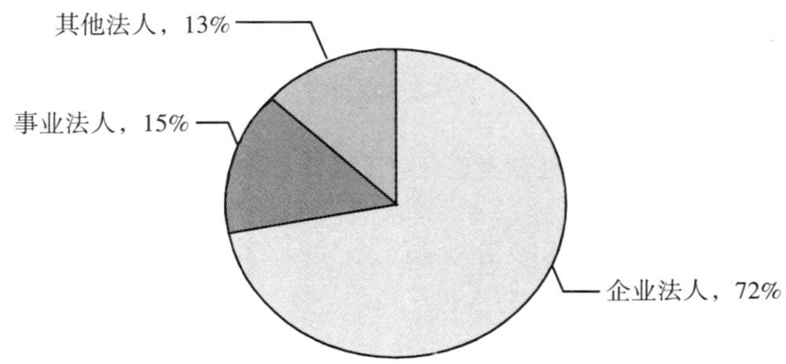

图 7　2013 年科技服务业按机构类型分组的法人单位数比重

从图 7 可知，2013 年科技服务业按机构类型分组的法人单位数，比重最大的为企业法人单位，占比高达到 72%；其次是事业法人单位，占比为 15%；最小的是其他法人单位，占比仅有 13%。

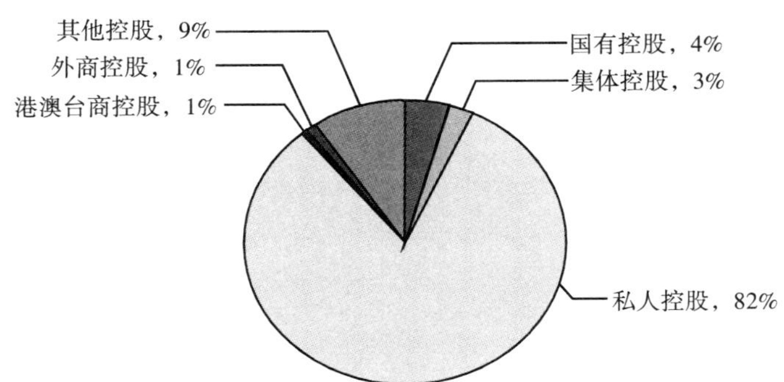

图 8　2013 年科技服务业按控股情况分组的企业法人单位比重

从图 8 可知，2013 年科技服务业按控股情况分组的企业法人单位数，比重最大的是私人控股，比重高达 82%；国有控股和集体控股相对较小，分别为 4% 和 3%；比重最小的是外商控股和港澳台商控股，分别仅有 1%。

（四）科技服务业人才匮乏且人才流向不平衡

根据对科技服务业就业人数的统计，就业人员主要倾向于国有企业（见图 9），随着产业的不断转型升级，城镇集体单位人员数有一定的增加，但仍然存在巨大差异（见图 10 和图 11）。

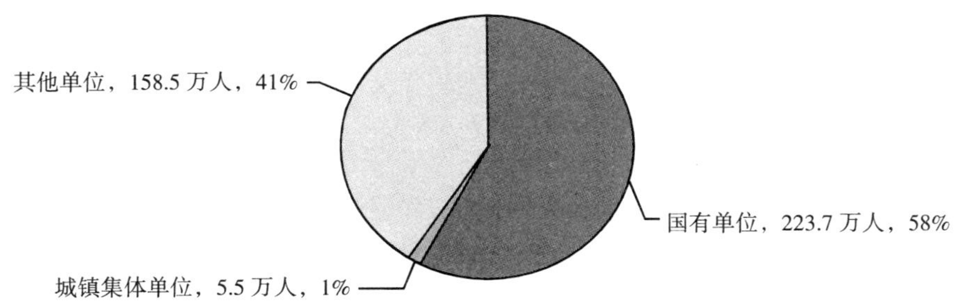

图 9　2013 年按登记注册类型分科技服务业城镇单位就业人员情况

从图 9 可知，2013 年科技服务业按登记注册类型分，国有单位就业人员数最多，为 223.7 万人，所占比重为 58%；其次是其他科技服务业单位，就业人员数为 158.5 万人，占比为 41%；最少的是城镇集体单位，就业人员数仅为 5.5 万人，占比仅为 1%。

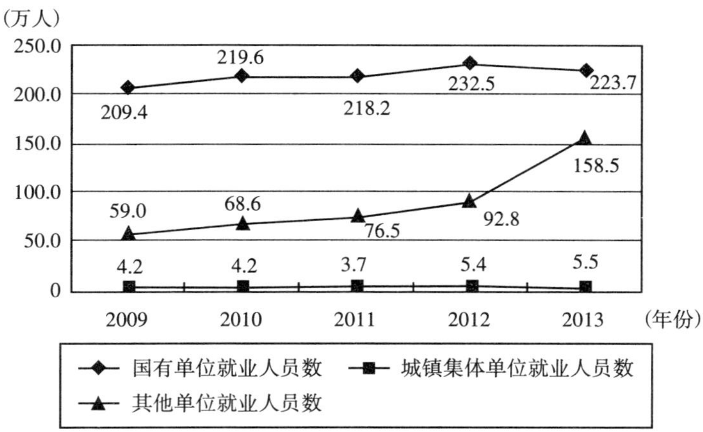

图 10 2009~2013 年按登记注册类型分科技服务业城镇单位就业人员数变化情况

从图 10 可知，2009~2013 年国有单位就业人员数一直保持较高水平，其他单位就业人员数保持中等水平，城镇集体单位就业人员数水平最低。首先，2009 年国有单位就业人员数为 209.4 万人，2013 年为 223.7 万人，增幅相对稳定，波动情况不大；其次，2009 年其他单位就业人员数为 59 万人，到 2013 年增长到 158.5 万人，增长幅度较大，特别是 2013 年一年内增长了 65.7 万人；最后，2009 年城镇集体单位就业人数为 4.2 万人，到 2013 年就业人数为 5.5 万人，增幅情况较少。

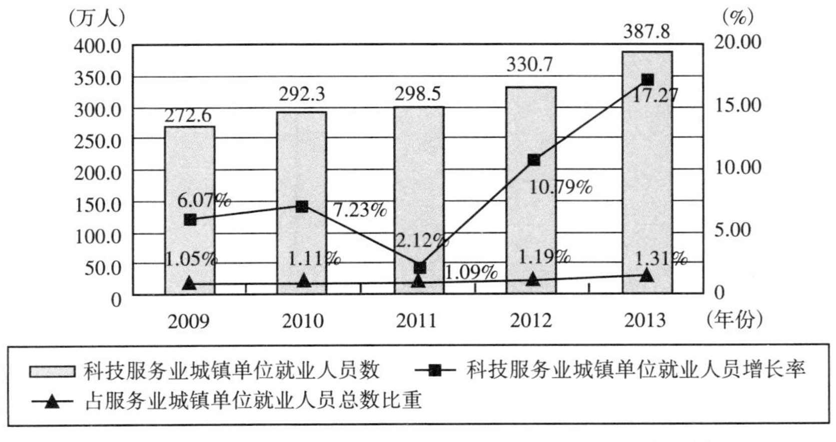

图 11 2009~2013 年科技服务业城镇单位就业人员数变化情况

从图 11 可知，2009 年科技服务业城镇单位就业人员数为 272.6 万人，占服务业城镇单位就业人员数比重为 1.05%。到 2013 年科技服务业城镇单位就业人员数达到 387.8 万人，占服务业城镇单位就业人员数比重达到 1.31%。五年内年均增长率为 9.21%。

根据对科技服务业各行业就业人数的统计，得到科技服务业人才倾向于专业技术服务（见图 12）。

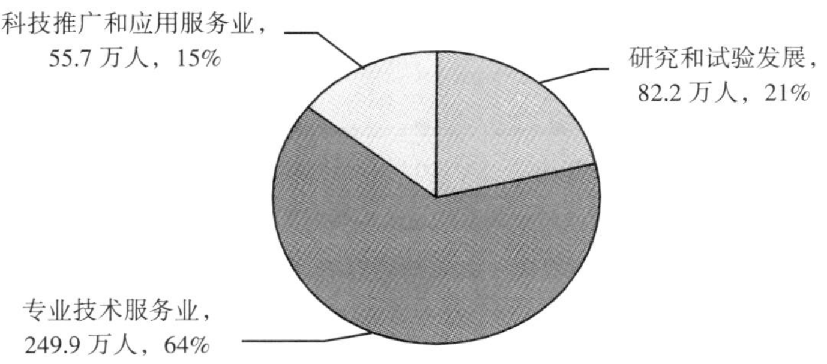

图 12　2013 年科技服务业按行业分城镇单位就业人员情况

从图 12 可知，2013 年科技服务业按行业分城镇单位就业人员情况为：专业技术服务业就业人员数最多，为 249.9 万人，占比 64%；研究和试验发展就业人员数居中，为 82.2 万人，占比 21%；科技推广可应用服务业就业人数最少，仅有 55.7 万人，占比仅有 15%。

在科技服务业人才不足的同时，高素质的人才流向也存在地区不平衡的问题（见图 13）。

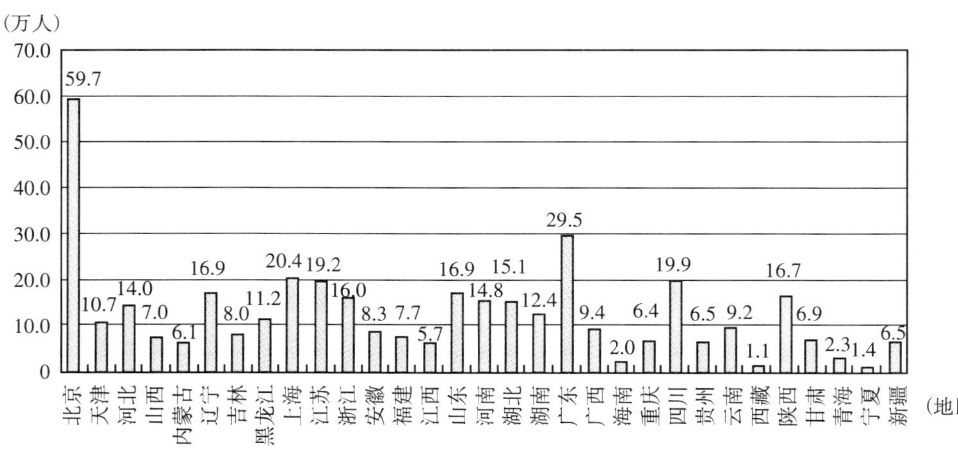

图 13　2013 年科技服务业按地区分城镇单位就业人员情况

从图 13 可知，2013 年 31 个省市区中科技服务业按地区分城镇单位就业人员数最多的五个地区分别是北京、广东、上海、四川、江苏，就业人员数分别为 59.7、29.5、20.4、19.9、19.2 万人，该五个地区就业人员总数达到服务业城镇单位就业人员总数的 38%，其中北京高达 15%；就业人员数最少的五个地区分别是江西、青海、海南、宁夏、西藏，就业人员数分别为 5.7、2.3、2.0、1.4、1.1 万人，总占比不足 4%。通过对比发现，科技服务业人才主要集中在经济发展较发达地区，经济发展欠发达地区科技服务业就业人数较少。

（五）科技服务业增加值逐年增加，增长率相对较快

随着科技服务业的快速发展，其对国内生产总值的影响越来越大（见图14）。

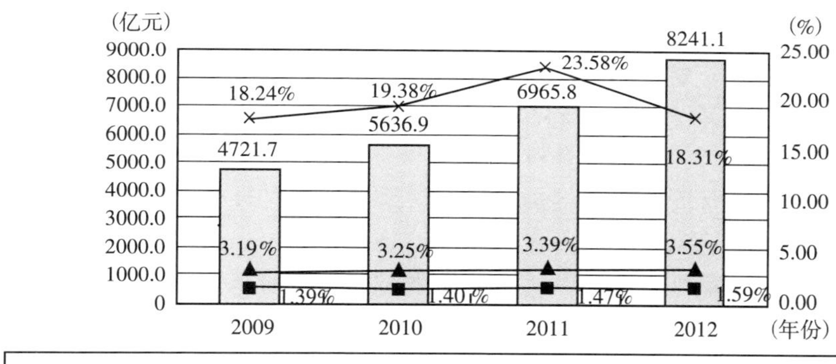

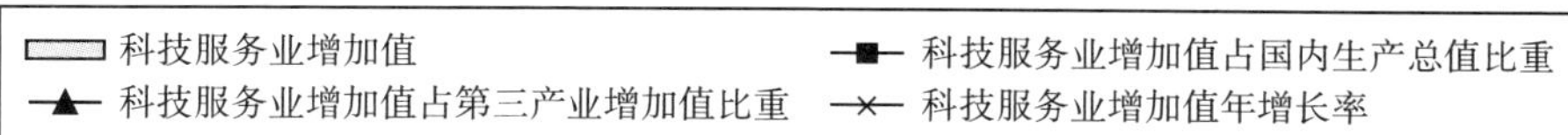

图 14　2009~2012 年科技服务业增加值变化情况

从图 14 可知，2009 年科技服务业增加值为 4721.7 亿元，占服务业增加值比重为 3.19%，占国内生产总值比重为 1.39%；到 2012 年科技服务业增加值为 8241.1 亿元，占服务业增加值比重为 3.55%，占国内生产总值比重为 1.59%，这说明科技服务业对国内生产总值的影响逐渐增大。同时从图 14 可知，科技服务业增加值每年都保持相对较高的增长率，4 年里实现年均增长率为 20.40%，其中 2011 年增长率高达 23.85%。

三、影响因素

PEST 分析是指通过对 P 政治（Politics）、E 经济（Economic）、S 社会（Society）、T 技术（Technology）等因素的分析，来确定这些因素对科技服务业发展的影响。

（一）从政治角度看，国家的政策变动带动科技服务业的发展

国家政策的正确实施会给经济发展带来非常大的影响（张清正，2015）。这些年国家对科技服务业的扶持从刚开始的引导到现在的大力支持，表明了政府越来越意识到科技服务业对中国经济转型升级的重要性。国务院发布的《关于加快科技服务业发展的若干意见》中将科技服务业的发展目标定位为到 2020 年大幅增强服务科技创新能力，明显提升科技服务市场化水平和国际竞争力，科技服务业产业规模达到 8 万亿元，成为促进科技经济结合的关键环节和经济提质增效升级的重要引擎。为了达到目标，国家采取的策略有：第一，财税支持。财税的支持不断健全事业单位对外开放共享机制，增强对公共科研基础设施的支持。在税务方面，政府充分根据科技服务业特点对高新技术企业认定管理办法进行了完善，对认定为高新技术企业的科技服务企业，按减 15%的税率征收企业所得税，符合条件的科技服务企业发生的职工教育经费支出，不超过工资薪金总额 8%的部分，准予在计算应纳税所得额时据实扣除，同时政府在科技服务业的财政支出也是逐年增加。这些策略的实施提高了企业的积极性，促进了经济更快的发展，也为科技服务业提供了政策保护和资金支持。第二，推动了示范效应。政府开展科技服务业区域和行业试点示范，打造了一批完善、合理的科技服务业集聚区，这有助于形成具有国际竞争力的科技服务业集群。此外政府依据战略性新兴产业的创新需求，建设公共科技服务平台，巩固了科技服务业的基础建设。对于鼓励开展面向农业产业化、人口健康、生态环境、公共安全、防灾减灾等惠民科技服务，使得科技服务业的发展更加的全面。从政治环境的影响，我们知道政府对于科技服务业的发展不仅起着引导作用，更主要是推动了科技服务业的快速发展，为科技服务业的发展排除了一定的阻碍。

（二）从经济角度看，经济基础、投资力度、工资水平对科技服务业的发展都起着重要的作用

一个地区的经济水平发展迅速，自然能够给科技服务业的发展提供一定的有

利条件。科技服务业发展水平差异不仅存在于省域之间，同样存在于省域内部，提升落后地区科技服务业发展水平促进全国科技均衡发展是我们面临的重要课题。在经济环境中主要有以下几个方面对科技服务业的发展作用较大。首先是地区的经济实力，衡量一个地区的经济实力需要从多方面来对比。从科技服务业的现状来看：一线地区发展迅速、二线平稳、三线缓慢，这主要是由于一线城市能够有更多的资金来响应国家的政策，通过稳扎的基础设施给科技服务业的发展提供强烈的后盾，同时一线地区的人才也是充实的，能够满足科技服务业发展的需要。其次是投资力度，投资是一个产业发展的动力，能够有足够的投资就能带动科技服务业的发展。政府投资是拉动产业发展的主力，民间投资是推动产业发展的动力。科技服务业作为新型的第三产业，民间投资的力度就是推动其前进的重要动力。民间投资比重越大科技服务业发展越顺利，因此民间投资的增加会促进科技服务业的升级。最后是工资水平，工资水平的高低决定着人才的流向，目前中国科技服务业发展迅速的地区，其工资水平也是偏低的。由于工资水平较低将遏制工人整体素质的提升。科技服务业作为新型产业，发展仍属于探索阶段，如果工资水平始终不能合理化，将会导致两个方面的严重后果：一是会使劳动者收入始终无法提高，而低收入使得劳动者无法对自己进行人力资本投资，从而使得科技服务业的发展缺乏高素质人才，形成恶性循环；二是致使具有高劳动技能的人员到外企工作，甚至流到海外就业，这样导致了提升工人劳动素养的障碍。

（三）从社会角度看，教育水平、社会资本对科技服务业发展的重要影响

科技服务业的飞速发展，与其面临的社会环境有着密不可分的联系。在科技服务业的发展过程中，教育、社会资本影响最是显著。首先针对教育，发展教育是经济可持续发展的核心。根据人力资本理论，教育具有培养人才、创新科技、服务社会的功能，在经济发展中居于全局性、基础性地位，对促进经济增长具有重要的作用。第一，通过训练技能、传授知识、开发智力等教育活动来提高科技服务业者的素质，为科技服务业的发展储备人才，为经济的发展带来巨大的效益。科技服务业具有高智力性（邱荣华，2014），科技服务业主要是通过专业技术人员的智力服务活动获得成果属于“知识密集型服务业”的范畴。可以说，直接影响服务的质量和水平的人才，是发展科技服务业的基础资本、第一资源。第二，有利于科技服务业的扩张。通过教育使得科技服务业的未来前景更好地在群众中得到认可，从而更加容易接受新型产业，为产业的发展铺平道路。第三，教育引导科技服务业的创新。教育的普及不仅能够直接生产出新的科学知识，而且随着科学—技术生产体系的逐步形成，还能够创造出更多新技术。自从国务院发布奖励条例后，近几年被批准的全部发明项目中，来自高等学校的占有相当的比

例，约1/3。由此可见，教育既是传播知识的重要手段，同时也是生产新的科学技术的重要手段。科技水平的提高是科技服务业快速发展的通道。从社会角度看，教育对科技服务业的发展作用非常重要，社会资本的作用也是不可忽视的。如今社会资本在中国的经济发展起着重要的作用。首先是坚实了科技服务业的经济基础。大量的社会资本进入科技服务业，能够为其发展提供大量的财力支持，使得科技服务业顺利地进行转型升级。此外随着国家政策的颁布，社会资本能够被有效地利用，减少了资源浪费，从而促进科技服务业的不断创新。

（四）从技术角度看，高科技水平以及丰富的技术资源促进科技服务业发展

科技服务业作为新型的第三产业，随着不断地发展已经成为美国等发达国家的重要产业和新的经济增长点。科技推动全球市场经济的发展，它不断增加市场的规模，加快资本、人才、商品和信息流通的速度，同时改变结算方式，这些新型的特点正是科技服务业发展所需要的。第一，技术水平是科技服务业发展的主力。科技服务业发展的“短板”在于科技转移市场化不足，因此采取市场参与技术转移策略是推进科技服务业发展的重要办法（贾桂华，2015）。互联网纵向整合资源，将信息流、物流、资金流合理地融为一体，将用户需求分析、服务准备到服务改进的整个业务流程贯穿起来，从而提供全新的消费体验，同时软件的创新也会促进科技服务业的发展（Anonymous，2010）。科技水平的提高不断改变人类的生活方式，丰富人与人之间的交流，激励人的创造性活动，使得家庭生活的面貌也彻底改观。家庭消费模式的改变也促进科技服务业快速发展。信息技术水平作为科技水平发展中最活跃的技术，它的水平的提高直接影响着科技服务业的发展。应用信息技术改造有利于推动企业流程再造与组织结构调整，降低资源消耗。信息技术因具有创新活跃、带动作用大等特点，成为引领未来科技发展的一支重要力量。电子信息技术极大地推动了云计算、物联网、移动互联网、新一代移动通信等新兴业态的发展，这些新型业态发展的同时带动了科技服务业的发展。此外，信息技术创建了全新的商务模式，促进商务增长和业务的创新，为科技服务业提供机遇。科学技术从企业内部向上下游不断地渗透，最终实现产业和服务的创新。第二，科技服务业发展与科技资源丰富程度也呈正相关。中国科技服务业发展较好的地区主要分布在环渤海、长三角、珠三角等经济发达和科技资源丰富地区。从行业法人数计算，2014年北京市拥有科技服务业行业法人42116个，占全国科技服务业行业法人总数的12.7%，而新疆科技服务业行业法人数仅为3382个，占全国比重仅为1.1%。从科技服务业市场规模和完善度来看，北京、上海、广东比较成熟，处于第一集团；浙江、江苏等省市科技服务业有一定基础，在政府的支持下发展迅猛；新疆、青海等西部地区基础较差，发展比较落后。

四、三次产业对中国科技服务业发展的引致效应分析

由上文分析可知，由于科技服务业具有知识技术密集型特点，对三次产业发展具有重要意义。这主要是因为科技服务业作为三次产业的中间投入，对三次产业转型升级具有显著促进作用。与此同时，三次产业发展通过引致效应也会带动科技服务业固定资产投入的增长。这种互动影响具体表现在以下三个方面。首先，科技服务业可通过技术转移或技术扩散等提高制造业的运作效率，而制造的快速发展同样能带动科技服务业的发展，科技服务业与制造业协调发展能有效促进产业转型升级；其次，科技服务业通过知识传播和技术运用带动农业专业化和机械化发展，提高农业生产效率，而农业的快速发展相应对高科技服务业提出更高要求，促进科技服务业的发展；最后，科技服务业通过智能化、定制化和专业化促进服务业转型升级，同时服务业也为科技服务业的发展提供很好的环境保障。下文重点研究三次产业发展对中国科技服务业固定资产投资的引致效应，并对“十三五”时期科技服务业发展的趋势进行预测。

（一）变量选择与数据收集

根据上文的研究目的，本文选取了 2009~2013 年《中国第三产业统计年鉴》公布的面板数据。由于数据的可获得性，用于反映科技服务业发展情况的指标主要选择为科技服务业固定资产投资（KJFW），数据来源于 2009~2013 年 31 个省级行政区域的科技服务业固定资产投入的面板数据；用于反映三次产业发展情况的指标分别用制造业地区生产总值（GYZCZ）、服务业地区生产总值（FWZCZ）和农业地区生产总值（NYZCZ）来替代，数据分别来源于 2009~2013 年地区制造生产总值面板数据，2009~2013 年地区服务业生产总值面板数据和 2009~2013 年地区农业生产总值面板数据。本文研究目的在于运用面板数据进行线性回归，从而分析出三次产业发展与科技服务业发展之间的内在逻辑关系，得到三次产业发展对科技服务业发展的引致效应。

（二）模型设定

根据前面分析，要描绘出制造业、服务业和农业的发展情况对科技服务业发展情况的引致效应，那么必然要找出它们之间的内在定量关系。由此，我们初步利用反映三次产业发展情况的指标分别对反映科技服务业发展情况的指标运用

OLS 方法进行线性回归。设定回归模型如下：

制造业发展对科技服务业发展引致效应模型：

$$KJFW_{it}^{0}=c_{it}^{0}+\alpha_{it}GYZCZ_{it}+\mu_{it}^{0},\ i=1,\ \cdots,\ 31\quad t=2009,\ \cdots,\ 2013 \tag{1}$$

服务业发展对科技服务业发展引致效应模型：

$$KJFW_{it}^{1}=c_{it}^{1}+\beta_{it}FWZCZ_{it}+\mu_{it}^{1},\ i=1,\ \cdots,\ 31\quad t=2009,\ \cdots,\ 2013 \tag{2}$$

农业发展对科技服务业发展引致效应模型：

$$KJFW_{it}^{2}=c_{it}^{2}+\gamma_{it}NYZCZ_{it}+\mu_{it}^{3},\ i=1,\ \cdots,\ 31\quad t=2009,\ \cdots,\ 2013 \tag{3}$$

这里，c_{it} 为常数项（$c_{it}=\alpha+\delta_i+\eta_t$，$\alpha$ 表示总体效应；δ_i 表示截面效应，η_t 表示时间效应，一起构成个体效应）；$KJFW_{it}$ 表示 31 个省市地区 2009~2013 年科技服务业固定资产投资；$GYZCZ_{it}$ 表示 31 个省市地区 2009~2013 年制造业地区生产总值；$FWZCZ_{it}$ 表示 31 个省市地区 2009~2013 年服务业地区生产总值；$NYZCZ_{it}$ 表示 31 个省市地区 2009~2013 年农业地区生产总值。假定随机扰动项 μ_{it} 相互独立，且满足零均值与同方差。

（三）回归方法与回归结果

利用 Eviews7.2 对上述模型进行固定效应和随机效应检验，通过 Hausman 检验可知上述模型均为固定效应模型，且各省市科技服务业固定资产投资情况存在差异，三者都为变截距模型，回归结果分别如下：

KJFW 对 GYZCZ 回归结果：

$$K\hat{JFW}_{i}^{0}=-65.7627+\delta_{i}^{0}+0.0182\times GYZCZ_i,\ i=1,\ \cdots,\ 31 \tag{4}$$

$$(-4.6828)\qquad\qquad (9.3081)$$

$R^2=0.8200$，F 值 = 18.0753，D-W 值 = 0.9739。

KJFW 对 GWZCZ 回归结果：

$$K\hat{JFW}_{i}^{1}=-63.7902+\delta_{i}^{1}+0.0188\times FWZCZ_i,\ i=1,\ \cdots,\ 31 \tag{5}$$

$$(-5.8725)\qquad\qquad (11.9432)$$

$R^2=0.8579$，F 值 = 23.9634，D-W 值 = 1.009。

KJFW 对 NYZCZ 回归结果：

$$K\hat{JFW}_{i}^{2}=-77.1254+\delta_{i}^{2}+0.0934\times NYZCZ_i,\ i=1,\ \cdots,\ 31 \tag{6}$$

$$(-5.004)\qquad\qquad (9.1989)$$

$R^2=0.8182$，F 值 = 17.8629，D-W 值 = 0.8736。

其中，δ_i^{τ}（$\tau=0$，1，2；i = 1，…，31）是反映 31 个省市地区个体效应值，由于篇幅限制在这里不具体给出。括号里的数值为各系数的 t 检验值。从式（4）、式（5）、式（6）的统计指标可以看出三个模型回归结果都比较显著，模型拟合效果较好。式（4）表示的经济学意义是制造业地区生产总值每增长 1 亿元位将引致科技服务业固定资产投资 0.0182 亿元；式（5）表示的经济学意义是服务业地区生产总值每增长 1 亿元位将引致科技服务业固定资产投资 0.0188 亿元；式（6）表示的经济学意义是农业地区总产值每增长 1 亿元位将引致科技服务业固定资产投资 0.0934 亿元。

（四）“十三五”时期科技服务业发展的趋势预测

目前，中国经济发展方式进入新常态，即经济增长从高速状态转入中高速状态，假定新常态下中国经济增长速度年均约为 7%。作为趋势预测，不妨假设制造业、服务业、农业在“十三五”时期都以该增长率发展。首先以 2014 年为基准年，分别计算出 31 个省市地区 2016~2020 年制造业、服务业、农业三大产业每年地区生产总值的估计值，然后利用式（4）、式（5）、式（6）可分别计算出 2016~2020 年三次产业引致科技服务业固定资产投资的估计值，具体预测结果如表 1 所示。

表 1 “十三五”时期 31 省市制造业发展引致科技服务业固定资产投资预测

单位：亿元

年份	2016	2017	2018	2019	2020
31 省市制造业生产总值预测值	327716.4	350656.5	375202.5	401466.6	429569.3
引致科技服务业固定资产投资预测值	3925.8	4343.4	4790.1	5268.1	5779.5

表 2 “十三五”时期 31 省市服务业发展引致科技服务业固定资产投资预测

单位：亿元

年份	2016	2017	2018	2019	2020
31 省市地区服务业生产总值预测值	326217.4	349052.6	373486.3	399630.3	427604.4
引致科技服务业固定资产投资预测值	4155.4	4584.7	5044.0	5535.6	6061.5

表 3 “十三五”时期 31 省市农业发展引致科技服务业固定资产投资预测

单位：亿元

年份	2016	2017	2018	2019	2020
31 省市地区农业生产总值预测值	69673.7	74550.9	79769.4	85353.3	91328.0
引致科技服务业固定资产投资预测值	4116.6	4572.2	5059.6	5581.11	6139.2

从表 1、表2、表3 可知，分别利用三次产业总产值对科技服务业固定资产投资进行回归，得到的引致效应偏差较小，可利用预测值的均值近似估计 2016~2020 年科技服务业固定资产投资分别为：4065.9、4500.1、4964.6、5461.6、5993.4 亿元。

五、发展目标

中国“十三五”时期有以下几个发展目标：第一，形成完整的科技服务业体系。针对目前中国的科技服务业的发展问题，形成完善的科技服务业的体系迫在眉睫。完善的体系能够带动产业的集群效应，为科技服务业的发展带来全面的保障。第二，培育出知名品牌的科技服务机构以及龙头企业。对于一个新型的产业，名牌的建立无疑是带动产业不断前进的动力，西方发达国家的科技服务业已经形成了一定的品牌市场，中国需要提高自己的发展力量，来赶上西方发达国家的发展进程。对于龙头企业的促进不仅起到带动产业发展的模范作用，也能够增强与国外企业竞争的实力。第三，促进科技服务业新业务的涌现以及实现产业集群效应。这是科技服务业发展的进程中需要实现的目标。随着技术水平的不断提高，一些新型科技服务业态将不断地涌现，会逐渐提高中国的科技服务业水平。

六、政策建议

（一）加强科技服务业人才的输入

1. 加强科技服务业人才的引进与培养

加强高层次人才引进力度，需要突破科技服务业发展“瓶颈”。服务业的发展需要更多应用型人才，而应用型人才的培养不仅仅是高校的责任，也是相关企业的社会责任（陈劲，2008）。高科技企业应与高校共同探索金融软件等综合性应用人才的培养模式，为高校学生提供更多的实习机会。首先是积极从高等院校、科研院所等引进急需的高层次人才，尤其是引进高素质、懂管理、熟悉国际通行规则和惯例的科技服务业高端人才，充实科技服务业人才队伍，提升整体服务水平。目前中国的科技服务业的人才流向是不足的，大多数有才华的大学生没有正确认识科技服务业的前景，这就需要学校与政府积极的引导。其次是加强科技服务业人才培养力度。通过与高校院所合作，举办各类行业培训班、研讨会等，提高科技服务业从业人员综合素质。最后应推进科技服务行业职业资格证书认证制度。建立科技服务业职业资格标准体系，如科技咨询师、项目管理师、质量认证师、技术经纪人等职业培训和资格认定工作。

2. 提高科技服务业就业人员的素质

科技服务业就业人员的培养可以以科研机构与高校为重要依托，积极引入产、学、研相结合的人才培养模式，加强对技术人员与管理人员有针对性的培养。以品牌性科技园区为依托，加强与相关企业相契合的技术人员的专业培养，同时加强教育机构和企业的沟通，形成“点对点、点对面”的科技助推型关系，提高科技产品成果转化率的同时，培养更多适合高新技术企业发展的人才，以此类方法迅速提高科技服务业的发展。

（二）以区域的快速发展带动全国的科技服务业的发展

1. 加强科技创新与成果的转化

加强科技创新和成果转化活动，为外部进行信息流转和交换提供技术，应新建技术交易市场和共享平台，促进科技服务业的发展（韩鲁南，2013）。信息交流与交换主要是依靠一些传递相关信息的媒介以及相关组织，通过一个成功的媒介不仅会对科技信息起到快速扩散的作用而且能够起到科技信息的整合作用。这种媒介将会对科技服务业的发展起到极大的促进作用。第一，达到迅速传播科技创新成果的目的，通过媒介的传播让更多的人了解高新技术服务业的发展。第二，媒介的存在加强了高新技术发展中信息的交流与交换，能够为科技服务业的发展获取全方位的借鉴，从而推动科技服务业更加良性的发展。其中重点发展的媒介主要包括综合科技服务、科学技术普及服务以及社会组织和科技公共管理等领域。

2. 优先建设重点区域科技服务，打造品牌性科技园区

从现阶段看，应该抓住重点对“十二五”现代科技服务业布局规划中的重点建设区域优先打造，集中现有优势提升科技服务业的竞争力，促进重点区域科技服务业发展起来，打造品牌性科技园区。如中关村（北京）、滨海新区（天津）、北高新科技城（上海）等，利用资源和区位优势，成功打造了品牌科技服务园区，由此吸引了大批高科技企业的入驻，加之国家级研究院所不断输送人才，形成高技术企业集群，最大限度地体现集聚效应，为促进科技服务业发展打下基础。

（三）利用国外的经验与技术来促进国内的发展

积极学习外国先进经验，大力发展科技服务业。科技服务业在全球得到了飞速发展，发达国家的科技服务业已经逐渐成熟，组织的多样化、产业系统的完善化为中国科技服务业发展提供了先进、有效的经验模式。中国应对国外的技术引进吸收再创新，通过借鉴美国、日本等西方发达国家科技服务业的先进模式，同时综合中国的客观实际，构建切实的科技服务业发展模式，从而形成符合自已特色的科技服务业模式。同时加强中国科技服务机构的市场化、产业化、规模化运

行进程，力争形成以高科技产业为主的发展模式，最后提高信息基础化建设力度，为科技服务业发展提供良好的创新平台。

（四）以政府的宏观调控来引导科技服务业的发展

1. 加大财政鼓励扶持力度，建立全面的投资运作模式

政府对科技服务业的财务类政策支持包括四方面：首先，在财政上，政府鼓励新兴科技服务企业的发展，可以扩大科技发展金和科技风险金的扶持对象范围，为科技服务业发展提供财政支持，为科技服务业发展提供资金动力；其次，在税收上，应该适当减轻新兴科技服务业和相关从业人员的负担，带动科技服务业人才创新动力，为科技服务业的发展提供第一资源；再次，在投资运作模式上，政府应建立起一种多元的科技服务业投资运作模式，积极引导健康的民间金融资金投资到科技服务业的运作需要当中去，从而减小资金链缺乏而导致研究活动失败的风险，使得经济资源得到完善的利用；最后，在扶持政策上，政府应该积极引导中小型科技服务业的发展，为其有效的发展提供相应的扶持政策，完善相关信息化平台。

2. 完善科技服务业行业协会建设，实现行业自律和专利保护

行业协会肩负着解决行业内部的协调沟通、统计监督等重大事宜的责任，它对行业内各企业起到表率与桥梁的作用。因此，为了使得中国科技服务业快速且健康的发展，就必须积极建设各行业协会，不断对行业统计体系的整体构造进行改善，并增加示范企业的构建以及加强对企业知识产权的保护力度。完善规范的行业协会能通过对行业有效的监管，达到帮助企业之间进行可靠信息双向沟通的功能，这有助于提高科技服务业运行的合法性和维护企业之间的竞争公平性。行业协会还能通过统计监督、资格认证等相关职责来协助政府相关部门构建完善的科技服务业的信息网络，不断提高政府相关决策效率，最终促进科技服务业研究有序进行。

3. 完善法律制度为科技服务业发展提供保障

中国科技服务业的发展伴随着一系列的问题，这需要政府这只“有形的手”进行监管，如同西方发达国家一样，科技服务业的快速发展离不开法律的保障。法律的完善为科技服务业的发展减少了一定的阻碍，要保障科技服务业企业有效的权益，提供企业争取权益的信心，需要政府从长远角度来逐渐进行法律的完善，从而推动科技服务业稳定有效的发展。

参考文献

[1] Anonymous. Altitude Software Receives Award for Commitment to Customer Service Excellence. Word Development, 2010 Vol. 3, pp: 281-290.

[2] Miles. Drucker Lectures：Essential Lessons. New York：Mcgraw-Hill，2011.

[3] 蔡永康：《关于科技服务业的内涵与外延》，《商业时代》2010 年第 6 期。

[4] 陈劲：《知识集聚——科技服务业产学研战略联盟模式》，《科学与科学技术管理》2008 年第 8 期。

[5] 陈婷：《装备制造业与服务业关联比较研究》，《科学与科技管理》2009 年第 6 期。

[6] 韩鲁南：《北京市科技服务业发展环境分析及对策研究》，《中国科技论坛》2013 年第 3 期。

[7] 贾桂华：《中国科技服务业的短板何在?》，《中国科技论坛》2015 年第 3 期。

[8] 赖晓楠：《“全链条”视角下的科技服务业体系》，《科技创新导报》2015 年第 7 期。

[9] 李明宇：《我国科技服务业上市公司综合绩效评价》，《企业经济》2015 年第 1 期。

[10] 邱荣华：《产业哲学视角下广东科技服务业发展的政策建议》，《科学管理研究》2014 年第 12 期。

[11] 张清正：《中国科技服务业空间演化及影响因素研究》，《南方经济》2015 年第 6 期。

[12] 赵慕兰：《面向市场——整合服务资源》，《高科技与产业化》2015年第 1 期。

迈向“十三五”的软件与信息服务业：发展趋势与政策建议

黄　浩*

摘　要： 软件与信息服务业是发展现代服务业的基础与重要手段。中国的软件与信息服务业处于中上等发展水平，正处在由大到强的关键时期，产业发展面临着前所未有的机遇和挑战。软件与信息服务业发展正呈现出创新发展、垄断发展和多元发展的趋势。中国软件与信息服务业发展面临着区域发展不平衡、出口水平偏低、国际竞争力不强、企业核心竞争力偏弱、融资体制不健全等诸多问题。在“十三五”期间，要从加强产业规划和引导、为创新发展创造良好环境、完善风险投资机制、提高居民信息消费水平、推动国际化经营等方面着手推进软件与信息服务业发展。

关键词： 软件与信息服务业　创新发展　国际化经营

世界经济已经从工业经济时代进入以信息通信技术（ICT）为基础的信息经济时代，产业发展的形态也随之由劳动密集型、资本密集型向知识密集型转变。在新知识和新技术的推动下，利用软件和网络通信等技术对信息进行收集、处理、储存和利用，并通过软件和信息产品为社会提供服务的软件与信息服务业正在成为优化产业结构、推动经济发展的重要动力。当前，从全球范围看，中国的软件与信息服务业处于中上等发展水平。“十三五”期间是中国软件与信息服务业由大到强的关键时期，产业发展面临着前所未有的机遇和挑战。因此，分析中国软件与信息服务业的发展特点、趋势，并针对发展的目标与现状，提出“十三五”时期软件与信息服务业发展的对策和建议，为相关职能部门制定产业政策提供依据，具有非常重要的现实意义。

* 黄浩，中国社会科学院财经战略研究院副研究员，研究方向为互联网经济与电子商务。

一、战略地位

目前，不同的国家和组织机构对于软件与信息服务业的定义仍然没有统一的标准。根据国家统计局《国民经济行业分类》和工业与信息化部软件产业统计报表制度的分类，结合软件与信息服务业的发展特点，可以将软件与信息服务业分为软件业和信息服务业两个重要的部分。

其中，软件业主要是提供软件的生产与相关服务，它包括了软件产品、信息系统集成服务、信息技术咨询服务、数据存储与处理服务、嵌入式软件和集成电路设计六个细分行业。

信息服务业是以消费者信息需求为导向、以信息服务的渠道和媒介为纽带，提供信息内容服务的经济活动。早期的信息服务业是指对数据和信息进行生产、处理、存储和传输的行业，信息服务提供的方式更偏向于手工服务，它包括新闻出版业、广播、电视、电影、图书馆、档案馆等传统提供信息服务和咨询服务的产业。后来随着信息技术的进步和普及，以计算机和互联网为手段提供信息服务的产业获得了迅猛发展，改变了信息服务业的产业结构，信息服务业包含的内容与实现方式发生了重大转变。因此，信息服务业出现了两个时代的划分，即传统信息服务业和现代信息服务业。由于新型信息服务和商业模式不断涌现，信息服务业无法明确其服务和经营范围，造成信息服务业存在宽泛性的特点。在北美产业分类体系（NAICS）中，信息服务业等同于信息业，被界定为出版业、电影和音像业、广播电视、电信业、信息和数据处理服务业，可以看出在北美产业分类体系中，信息服务业相当宽泛，几乎涵盖了全部与信息相关的服务产业。经济合作与发展组织（OECD）对于信息服务业的定义强调了必须通过电子方式进行信息传输或传播。本文采用较为狭义的定义，把信息服务业界定为通过互联网向消费者提供有偿或无偿信息产品或服务的产业，如表 1 所示。随着互联网的发展，基于互联网的信息服务从无到有、从小到大，已经逐渐成为国民经济中具有潜力的新兴产业。据统计，以腾讯、新浪、百度、网易等企业为代表的互联网信息服务业的收入已经超过了传统的信息服务业。从信息内容来看，互联网信息服务的内容种类和内容量更多，搜索引擎、新闻、图书、广告、邮件、通信等都属于互联网信息服务业的业务范畴。

表 1　软件与信息服务业的划分

<table>
<tr><td rowspan="8">软件与信息服务业</td><td rowspan="6">软件业</td><td>软件产品</td></tr>
<tr><td>信息系统集成</td></tr>
<tr><td>信息技术咨询服务</td></tr>
<tr><td>嵌入式软件</td></tr>
<tr><td>信息和数据处理</td></tr>
<tr><td>集成电路设计</td></tr>
<tr><td rowspan="2">信息服务业（狭义）</td><td>互联网内容服务</td></tr>
<tr><td>互联网传输服务</td></tr>
</table>

软件与信息服务业不仅与国民经济中其他产业关系密切，而且在整个信息产业中占有的产值比重逐年增加，这也反映出了信息服务业在信息产业中的重要程度和影响力在不断加深，渗透范围越来越大。软件与信息服务业是一个涉及信息传输、信息生产、信息分发与供给等众多领域的综合性产业，其产业链包括消费者、网络运营商、设备制造商、软件开发商和内容提供商等众多环节。在产业链中，网络运营商为信息服务业搭建相关的网络平台，其上游可以连接设备制造商，下游可以整合服务提供商和内容提供商为最终消费者提供信息服务；信息服务业产业链的核心在于信息内容的制造和分发，它涉及内容提供商和内容制造商两个角色；信息服务提供商负责运行支撑平台，从系统保障方面提供支撑服务，包括系统集成商、软件开发商和 IT 咨询提供商等角色。可以看出，软件与信息服务业的不断成熟与完善得益于产业链各个环节的协调发展，伴随着 ICT 技术的不断创新，软件与信息服务的价值链将进一步延伸，越来越多的国民经济行业将纳入其中，对于整个国民经济的带动作用正显著增长。

二、重大意义

（一）软件与信息服务业是“十三五”重要的经济增长点

以信息通信技术为核心的软件与信息服务业作为最具活力和渗透性最强的先导产业，已经引起政府与产业界越来越多的重视。大力发展软件与信息服务业已经成为全社会的共识，各国政府纷纷将其作为促进经济发展的重要途径。在西方发达国家，近些年软件与信息服务业以每年超过 20%的速度高速成长，大大超过了传统产业的发展速度，一跃成为战略性新兴产业。预计在“十三五”期间，软件与信息服务业的创新速度将进一步加快，市场竞争日趋激烈，整个中国的软件与信息服务市场将会达到 25%~27%的增长率。因此，有必要在“十三五”期间将其摆在重要的战略地位上抓紧抓好。

（二）软件与信息服务业促进经济结构的调整

长期以来，中国的发展主要以资源聚集实现经济的高速增长。目前，中国已进入工业化后期，资源、环境问题日益突出，土地资源和能源供求不断紧张，传统经济发展模式已经受到资源及环境的“瓶颈”制约。因此，实现经济可持续发展，必须转变经济增长方式，从过度依赖自然资源的增长向更多依靠劳动者素质提高和技术进步的增长方式转变。努力通过知识积累和技术进步提高资源的使用效率从而获得经济的增长。

软件与信息服务业具有知识技术密度高、辐射广、成本低、资源消耗少等特点，属于当前世界各国争相发展的战略性高端产业。发展软件与信息服务业不仅有助于培育新的经济增长点，增加服务业在总体经济结构中的比重，同时还能促进经济增长方式的转变。通过软件与信息服务业的发展可以推进企业信息技术应用和信息化的发展水平，显著提高国民经济中各个产业对要素资源的利用效率。同时，软件与信息服务业不同于其他部门，它的产业“溢出效应”很强，除了直接为经济体系创造价值和提供就业外，还可以通过渗透改造和提升其他产业的发展，间接创造经济价值和扩大就业机会。因此，软件与信息服务业的发展是充分利用新型生产要素推进中国经济结构调整和增长方式转变的有效途径。它可以在更高层次上带动现代制造业、现代农业、现代金融业和现代商业等相关产业的快速发展。

（三）软件与信息服务业是发展现代服务业的基础与重要手段

21 世纪以来，现代服务业在国民生产总值中所占的比重越来越大，许多发达国家服务业吸纳的劳动就业人数已经超过第一产业和第二产业劳动力的总和，世界许多国家的经济结构正在由“工业型经济”向“服务型经济”转变。由此可见，现代服务业已成为世界经济发展的必然趋势，成为衡量一个国家经济发展水平的重要标志。

软件与信息服务业不仅属于高新技术产业，而且也是现代服务业的重要组成部分，它是结合信息技术与服务内容所衍生出来的现代新兴服务业，在推动各行各业实施创新与技术进步方面具有突出的驱动和支撑引领作用，其快速发展有利于带动整个现代服务业的发展，直接影响着现代服务业的整体发展水平和质量。首先，软件与信息技术的广泛应用提升了现代服务业的信息化程度，促进了服务业与先进信息通信技术的广泛融合，催生了新兴的服务业形态和发展模式，在更高程度和更深层次上提升了现代服务业的发展水平。对于提高服务业在国民经济中的地位具有十分重要的意义。其次，软件与信息服务业正在逐步融入国民经济的各个领域之中，软件与信息服务业和传统服务行业的相互融合将推进旅游业、商贸流通业、现代物流、金融等传统服务行业的改造，从而派生出电子金融、电子商务、虚拟旅游等新的服务业形态。“十三五”期间，软件与信息服务业将通过提高服务业效率，增加服务的品种和服务质量，从而扩大服务业在中国三次产业中的比重，实现服务业由传统向现代的转变。

（四）软件与信息服务业促进城乡统筹和区域协调发展

由于软件与信息服务业提供的服务不受时间与空间的限制，因此，发展软件与信息服务业可以促进农村和城市地区发展的均等性，从而平衡区域和城乡之间经济发展的差距。“十三五”期间，国家将进一步完善信息技术和网络基础设施的建设，推动软件与信息服务网络基础设施向农村覆盖，缩小地区之间的“数字鸿沟”。通过建立基本网络信息服务的普遍服务制度，可以形成城乡统筹的软件与信息服务的体系，从而能够促进农村网络信息服务的成熟，最终实现城乡经济的协调发展。

三、发展趋势

（一）创新发展趋势

进入信息经济时代，通过软件和互联网提供的信息服务无论是传播速度，还是信息传播的数量都大大超过了工业时代。随着技术本身和相关产品的更新换代，新技术和新商业模式在全球范围内得到广泛应用，信息的有效传播反过来带动了技术应用和创新的扩散，加快了技术本身和相关产品的更新换代，产品的生命周期大大缩短。这些变化提升了技术创新对现代企业的重要性。软件与信息服务业作为信息产业中的重要组成部分，利用技术创新提供服务内容是它的一大特点。伴随着信息通信技术的进步，软件与信息服务业对技术创新有着高度的依赖性，在提供软件产品和信息服务方面始终保持了很高的更新换代率。

软件与信息服务业的发展从根本上来说是服务优化和技术提升的过程，是一个不断通过技术创新和商业模式创新提高服务质量和效率的过程。从其在国际分工中的地位和作用的角度分析，软件与信息服务业的发展具有从产业链下游向产业链上游不断延伸的发展趋势。在这个过程中，它所依靠的发展动力经历了要素导向型模式和投资导向型模式。未来相当长的时期内，软件与信息服务业的发展将主要依赖创新导向的模式。

（二）垄断发展趋势

总体来看，软件与信息服务领域的产业格局具有非常明显的寡头垄断型市场结构。例如，从过去半年访问过的搜索引擎来计算市场渗透率，过去半年使用过百度搜索的网民比例（渗透率）超过了 90%。从市场份额和用户习惯来看，用友在财务软件方面、新浪在微博中、腾讯在即时通信中都占有绝对的优势。软件与信息服务领域中的许多行业也存在着被垄断的倾向。软件与信息服务业寡头垄断市场结构的成因主要有三个方面：一是由于消费者的使用习惯。用户长期形成的消费习惯具有锁定效应，难以打破，从而造成了垄断的趋势。二是人才的稀缺与垄断。软件与信息服务企业在技术上拥有的优势不仅是早期开发产品时所拥有的专利和技术，更包括技术人才上的优势。在软件和信息服务业中人力资源至关重要，拥有高水平的人才就能开发和利用更多的信息资源，并获得市场竞争的主动权。因此，软件和信息服务业吸引了大量的有实力的企业和高水平人才投入这一行业，使市场处于高度竞争状态。在企业竞争过程中，稀缺高端人才的争夺和垄断造成了行业垄断的趋势。三是软件和信息服务业的市场对产品和服务具有广泛的需求，市场容量较大。而且，由于相关技术和产品所获得的专利权和知识产权具有很强的排他性，使其成为投资回报率较高的行业。因此，各个企业在对专利权的保护和技术标准的制定方面竞争非常激烈，都试图通过专利权和技术标准获得市场的垄断性。因此软件和信息服务业的竞争模式造成其具有垄断趋势。

（三）多元化发展趋势

信息服务业近年来不断满足消费者个性化的需求，出现服务多元化的发展趋势。大企业依托强有力的技术和资本优势推出多样化的软件产品和信息服务，其服务范围已涵盖即时通信、搜索引擎、移动互联、电子商务、生活信息、网络媒体等方面。对于受众广泛的消费群体而言，互联网信息服务可以说已经渗透到了生活、生产的方方面面。就生活信息服务业而言，不管是提供同城交易平台的本地生活服务网站，还是提供周边商业信息服务的网站，目前在城市居民的生活中已经得到了快速的普及，消费者可以随时随地获取信息服务，极大地方便了人们的日常生活。就企业用户而言，软件与互联网信息服务业不仅提供了传统的生产、营销等方面的信息支持，还提供了新的创新平台，使得消费者可以直接参与产品的研发和改进，匹配供需双方的信息需求。

（四）软件化的发展趋势

“十三五”期间，软件业将是信息通信产业中增长最快的部门。近年来，软件业不断发展创新，软件定义芯片、软件定义硬件、软件定义服务、软件定义网络、软件定义数据中心等新理念层出不穷，软件业正以跨界融合的新面目逐步成为生产和生活的核心。

从软件与硬件的关系看，在云计算、移动互联网和大数据等新技术的推动下，信息产业创新发展的主导角色已经发生了变化，软件开始处于核心地位，在新一代信息技术创新中的主导作用更加突出。从技术发展趋势看，软件的技术架构正在发生体系性重构，加速向面向服务的架构和互联网化转变。信息通信产业网络化、服务化的趋势催生了大量新业态、新模式迅速兴起，在这个过程中，软件的价值不断得到提升。从软件与业务的关系看，软件不再是处于从属地位的工具，它正在重新定义经济社会各领域业务运行的基本模式。不论是生产领域出现的“工业互联网”，还是消费领域的打车软件、互联网金融等，都是软件通过对传统业务改造，从而重新定义商业模式的表现。

四、发展目标

软件与信息服务业的核心目标应该是通过服务和信息内容为消费者提供价值，促进经济的增长，不断提高其对国民经济和社会发展的贡献率。“十三五”时期，软件与信息服务业的整体质量效益和竞争能力将得到全面提升，产业结构更加完善，新兴业态规模化发展，创新能力显著增加。软件与信息服务业对于中国经济社会的服务和支持作用进一步增强，初步实现具有较强国际竞争力的新兴产业集群。

（一）软件产业规模翻倍，业务结构更加均衡

软件产业作为高新技术服务产业是国家优先发展的战略性先导产业，肩负着建设创新型国家的历史重任。经过多年的发展，中国软件产业已经具备了良好的发展基础。截至 2014 年底，软件业务的收入达到了 3.7 万亿元，“十二五”期间年平均增长率突破了 25%（见图 1）。从业务构成来看，软件产品的收入占比超过了 30.0%，系统集成的收入达到了 20.6%，其他业务如信息技术咨询、嵌入式系统软件和 IC 设计的收入占比相对较小（见图 2）。

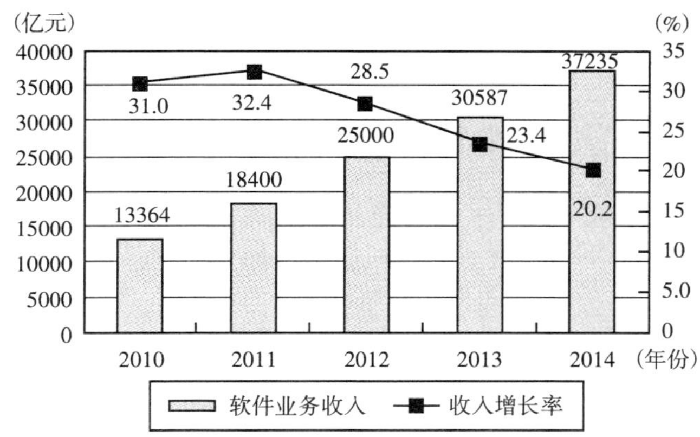

图1　中国软件业务收入

资料来源：中国工业与信息化部。

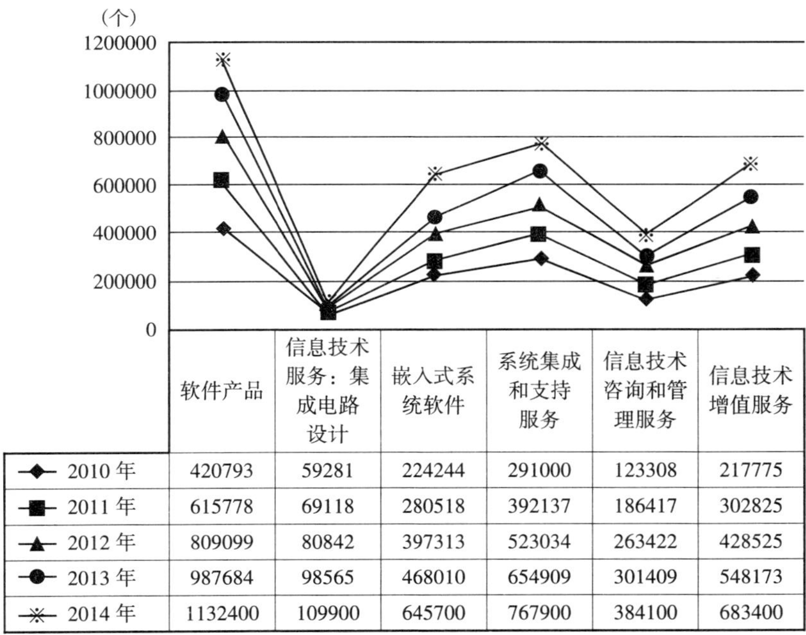

	软件产品	信息技术服务：集成电路设计	嵌入式系统软件	系统集成和支持服务	信息技术咨询和管理服务	信息技术增值服务
2010年	420793	59281	224244	291000	123308	217775
2011年	615778	69118	280518	392137	186417	302825
2012年	809099	80842	397313	523034	263422	428525
2013年	987684	98565	468010	654909	301409	548173
2014年	1132400	109900	645700	767900	384100	683400

图2　中国软件业产业结构

资料来源：中国工业与信息化部。

基于目前具备的产业基础和未来发展趋势，软件产业在“十三五”末，产业规模应该超过8万亿元，年增长率超过15%；同时软件产业各个业务结构更加均衡，嵌入式系统软件和IC设计的增长高于其他业务的增长速度，未来五年其收入的占比应该超过25%。

（二）互联网信息服务超越传统信息媒介

除了广播、电视和报纸，互联网已经成为消费者获取信息服务的重要渠道，而且互联网提供的信息服务种类更多，内容更丰富。据 2015 年 7 月统计（见表 2），互联网信息搜索服务日均覆盖人数达 1.6 亿人，日均网民到达率为 59.5%；位居各类互联网信息服务之首；网站导航服务日均覆盖人数达 1.5 万人，日均网民到达率为 56.7%，位居第二；排在第三位的互联网信息服务是综合视频服务，日均覆盖人数达 9381 万人，网民到达率为 35.9%。可以看出信息搜索、网站导航、综合视频和电子邮箱服务是普及率较高的互联网信息服务。前 10 位互联网信息服务的平均到达率为 32.2%。

表 2　2015 年 7 月主要互联网信息服务日均覆盖人数①

排名	信息服务类型	日均覆盖人数（万人）	日均网民到达率（%）
1	信息搜索	15524	59.5
2	网站导航	14805	56.7
3	综合视频	9381	35.9
4	电子邮箱	7342	28.1
5	财经资讯	6970	26.7
6	宽屏影视	6452	24.7
7	SNS 服务	6242	23.9
8	新闻资讯	6129	23.5
9	新闻门户	5650	21.6
10	C2C 平台	5641	21.6

资料来源：艾瑞公司。

“十三五”期间，中国互联网信息服务发展的目标是继续提高消费者采用互联网渠道获取各类信息服务的普及率，争取各类信息服务的整体渗透率超过 45%。另外，增加互联网信息服务的有效时间。目前，视频服务的有效浏览时间最高，超过了 4 亿小时。而其他信息服务，如新闻资讯、财经资讯和 SNS 等信息服务的有效时间相对较短，因此应当进一步加强信息内容的黏性，增加消费者的有效服务时间，争取在“十三五”末使互联网信息服务全面超越电视、报纸等传统信息服务的媒介。

① 日均网民到达率=该网站日均覆盖人数/所有网站总日均覆盖人数。

(三) 促进技术创新和信息安全保障

软件与信息服务业的核心竞争力在于创新。“十三五”期间，要培育一批具有国际竞争力的创新型企业，扶持一批具有创新活力的中小企业，打造一批年收入超过 100 亿元的软件与信息服务品牌企业。争取在有自主知识产权的系统软件、业务支撑工具和核心技术方面达到世界先进水平，自主发展能力显著提升，产业化能力进一步增强。形成软件和信息服务标准体系，各类技术和信息服务的标准得到普遍推广。力争在“十三五”末形成中国软件与信息服务业的产业创新体系。在国家信息安全方面，“十三五”末，应初步建立安全可靠的软件与信息服务应用规范，推动安全可靠的互联网信息服务进入国家经济、社会运行体系。自主研发的操作系统、数据库、中间件、办公软件等基础软件的可靠性和安全性得到全面提升，与系统硬件和其他应用软件的集成能力、协同运行水平显著提高。争取“十三五”末形成安全可靠的软硬件产业生态链，软件与信息服务业对国家信息安全的保障能力得到实质性提高。

五、现状与问题

(一) 区域发展不平衡

软件与信息服务业具有聚集效应，美国的硅谷、旧金山、波士顿，印度的班加罗尔，日本的东京、大阪、横滨，中国台湾的新竹科学园区、台南科学工业园区等地区都是全球知名的信息服务企业集聚地。

在中国软件与信息服务业的发展过程中，也出现了明显的区域性集聚现象。从各城市软件与信息服务业发展的成熟度看，北京、上海、深圳、大连、西安、发展较快，北京中关村、上海浦东软件园、大连软件园等地成为全国知名的软件与信息服务企业集聚地区。信息产业部公布的首批国家电子信息产业基地包括北京、天津、上海、青岛、苏州、杭州、深圳、福州、厦门等城市，几乎全部分布在长三角、珠三角和环渤海三大软件与信息产业地区。

环渤海地区软件与信息服务业的专业化程度较高，产业发展成熟主要因为北京、天津和大连具有良好的区位因素，同时拥有众多的高等院校，区域人才优势明显，提升了京津冀经济区的软件与信息服务专业化水平；珠三角经济区软件与信息服务业整体水平具有优势，主要是由于其相对其他经济区域具有较完善的市场机制，政府也能够充分整合资源，推进各地区信息服务业的平稳发展，促进了珠三角现代软件与信息服务业的聚集，保证了珠三角经济区产业支撑地位的稳固；长三角地区以上海为龙头，综合经济实力较强，软件与信息服务水平相对于其他地区具有非常大的潜在优势，浙江和江苏的软件与信息服务业的企业众多，整体信息服务业水平较高，在上海软件与信息服务业的辐射下，江苏、浙江众多中小企业能充分发挥综合服务功能，有效推进长三角其他地区的软件与信息服务水平。虽然三大区域的软件与信息服务业发展具有自身不同的特点，整体发展趋势良好，但是与软件信息服务业的国际先进水平比较，还存在一定的差距。因此，需要充分挖掘区域优势，资源互补，平衡软件与信息服务业发展中的区域不平衡问题。

（二）软件业出口水平偏低，国际竞争力不强

工业与信息化部的统计数据显示，中国软件产业的规模在 2013 年首次跨过 3 万亿元大关，同比增长 23.4%。但是，从全球市场分析，中国软件的市场规模仅占到世界市场的 1.27%。Gartner 研究报告显示，2013 年全球软件市场总收入为 4073 亿美元，中国研发设计软件的规模是 50 亿元人民币，仅占到全球市场的 1.67%。微软公司仍然是全世界最赚钱的软件企业，2013 年其营收为 657 亿美元。甲骨文以 296 亿美元排名第二位，传统软件企业 IBM 排名第三位，软件收入为 291 亿美元。

目前，国际软件业以美国最强，美国的软件产业几乎垄断了全球的操作系统软件和数据库软件，全球软件销售额的 60%在美国。软件已成为继汽车和电子之后的第三大产业，超过了航空和制药。日本软件出口居全球第二位，十大软件商中有两家在日本，尽管近 10 年来日本经济衰退，但日本软件出口还是呈增长势头。另外，德国、印度和巴西也具有很强的软件出口能力。

相比而言，十几年来中国虽然不断扩大软件出口的规模，但增速持续放缓（见图 3）。“十二五”期间软件出口规模从 257 亿美元增长到 545 亿美元，但增长率逐年下滑，2014 年软件出口增长率只有 15.5%。出现这种状况的原因，一方面是由于中国软件业经过多年的发展，已经度过了高速增长的阶段；另一方面，更为重要的原因是国际市场竞争激烈，中国软件企业的竞争能力不强，并且中国出口产品大部分为嵌入式软件产品，出口外包业务较多，缺少独立自主的知识产权。

（三）企业规模小，核心竞争力不强

20 年来，中国的软件与信息服务业从无到有、从小到大，经过长期的发展已经具备了相当的规模，但与发达国家相比还存在较大的差距。具体表现为软件与信息服务业尽管企业数量众多，但大多数规模小、实力弱、资金有限，没有能力开发高投资、高风险、高收益的大型项目，缺乏具有产业竞争力的大型企业，很难参加

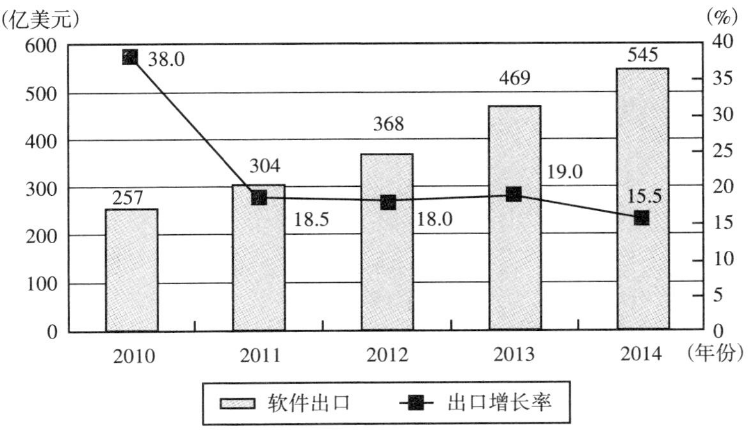

图 3 中国软件出口规模与增长速度

资料来源：中国工业与信息化部。

国际竞争。目前中国软件与信息服务产业总体上处于全球产业价值链的下游。

从企业员工数量分析来看，美国软件企业平均人数是 300 人，印度是 145 人，而中国只有 43 人。从营业额情况来看，2013 年在中国软件企业中有近 1 万个企业的营业额在 5 千万元人民币以下，占总数的 55. 7%；营业额在 5 千万元至 1 亿元之间的企业占 21.1%；而营业额超过 1 亿元人民币的企业只有 23.2%（见图 4）。全球软件企业 500 强排名中，前 100 名没有一家中国企业。这些数据的反差折射出中国软件业“小、散、弱”的特点，如何“由大变强”是“十三五”期间中国软件与信息服务业亟须解决的问题。

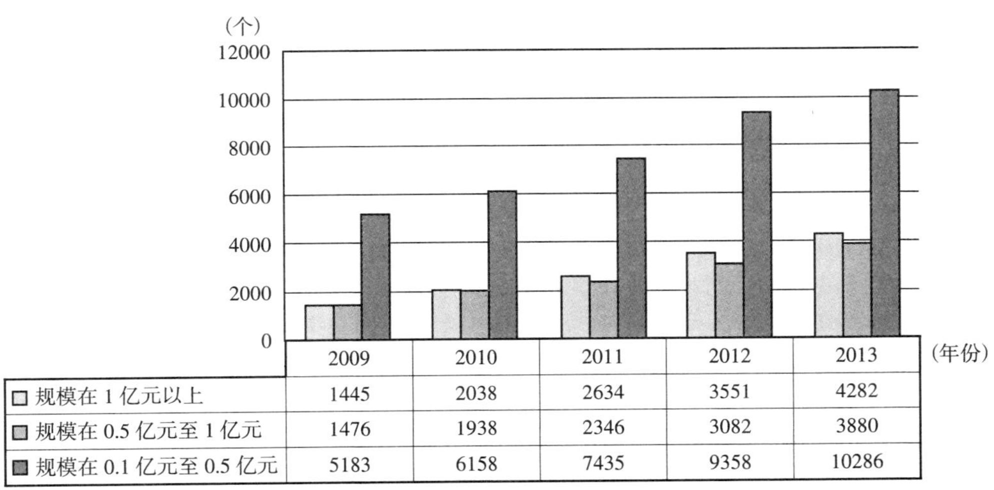

	2009	2010	2011	2012	2013
□ 规模在 1 亿元以上	1445	2038	2634	3551	4282
▨ 规模在 0.5 亿元至 1 亿元	1476	1938	2346	3082	3880
■ 规模在 0.1 亿元至 0.5 亿元	5183	6158	7435	9358	10286

图 4 中国软件企业的营业规模

资料来源：《中国电子信息产业统计年鉴》。

（四）缺乏高端人才，融资体制不健全

任何一个行业的人才资源始终都是产业的核心竞争要素之一，人才的缺失直接抑制产业的发展，软件与信息服务业同样如此。尽管中国软件与信息服务业从业人员数量较多，其中不乏优秀的技术和管理人员，但由于企业的实力、待遇等因素的制约，客观上造成了中国软件与信息服务企业对于人才的吸引力不足。中国软件与信息服务业的人才流失特别是高级人才流失现象严重，许多优秀的信息服务人才流向发达国家或者流向国内的外资企业。整体来看，从业人员素质参差不齐。高端人才欠缺，尤其是高层次的技术人才、市场经营和具有国际化管理经验的高级复合型人才不多。同时，从事低水平信息服务和软件编程的程序员供给不足。

软件与信息服务业的投融资机制发育不健全，未能对产业的发展形成足够的支撑作用。目前中国的软件与信息服务企业主要以民营中小企业为主。由于软件与信息服务企业自身的特点，人才、知识产权等无形资产所占比重较高，而有形资产占比相对较少，造成了可供抵押或担保的资产不多，在目前中国现行金融机构贷款的体制下很难获得有效的资金支持。同时，通过上市直接融资的难度更大，因此大多数中小软件与信息服务企业资金的来源主要依赖企业的自我积累或风险资金的引入。融资的成本和便利性已经严重影响了中国软件与信息服务企业的发展壮大。

六、政策建议

（一）加强产业规划和引导

对全国软件与信息服务业进行全面的调查与分析，认真研究制定“十三五”中国软件与信息服务业发展的总体目标和发展战略。对未来中国软件与信息服务业的发展作出统一规划，明确发展的方向、步骤和策略。坚持推动软件与信息服务业发展的基本原则：第一，发展规划要克服“重硬轻软”的倾向，加强数据库、软件与系统集成方面的建设，积极推进“互联网+”的发展和电子商务应用。第二，坚持共享、互联互通的基本原则，彻底改变信息资源配置、开发、经营服务各自为政的局面，走集约化、协作化、集成化的发展道路。第三，制定大数据产业的整体战略与发展规划，花大力气抓好数据资源的建设，把大数据作为中国软件与信息服务产业的重要组成部分，对体现国家意志、利益的战略性数据资

源，政府要增加投入，加大扶持力度。

（二）为创新发展创造良好环境

创新型发展模式是提升产业整体水平和核心竞争力的关键，是未来中国软件和信息服务业的发展方向。为了实现这一目标，首先，软件与信息服务业应进一步完善市场体系的建设，形成从创意、研发、产品生产再到市场的创新流程。推动企业与高校、研究机构的产、学、研合作，促进科研活动成果的转化，打造创新驱动的产业发展模式。其次，在法律、法规和政府监管多层面上进一步加强知识产权的保护，鼓励万众创新，构建良好的产业创新环境。引导软件与信息服务业通过引进、并购等多种方式向新兴领域和高端业务发展。最后，通过市场竞争促进产业创新。减少政府对于软件与信息业的约束，降低市场准入门槛，提供更加自由开放的竞争氛围，防止各种形式的垄断行为，建立公平、有序的市场竞争环境。促进中国软件与信息服务业通过创新和差异化服务来提高自身的竞争力。

（三）完善风险投资机制

由于许多软件与信息服务业的项目具有不确定性和风险性，因此需要进一步完善软件与信息服务业风险投资机制。一是建立多元化的产业风险投融资体系，不仅包括政府的财政资金，更重要的是必须引入市场化的投资主体，如商业银行、证券公司、保险公司、各种社会保障基金和信托投资公司等。无论是金融资本还是产业资本，国内资本或是外国风险资本，都是中国软件与信息服务业资本市场的重要组成部分。投资主体的多元化可以使投资者利益共享、风险共担，最终达到降低项目风险的目的。二是营造中国风险投资的政策环境。建立规范产业风险投资的法律、法规。保护投资者的权益，约束风险投资组织的经营管理行为。规范融资市场体系，进一步完善交易市场、产权市场，为投资、融资、收购、兼并创造良好的金融市场环境。创造软件与信息服务业风险投资的政策支持环境，制定税收优惠、信贷担保、风险补偿等优惠政策。

（四）提高居民信息消费水平

扩大信息消费是软件与信息服务业发展的原动力。信息的消费是信息生产和信息流通过程的延续。目前，影响居民信息消费水平的主要影响因素包括政策因素、需求因素、供给因素等方面，信息消费量受到信息产品价格、消费者收入水平、信息产品的质量和数量，以及相关信息产品的服务等多方面因素制约。同欧美等国相比，“十二五”期间，中国人均信息消费支出占城市居民人均消费总支出的比例偏低，全社会信息消费的总水平需要在“十三五”期间大幅提高。因此必须加强三方面的工作：一是建立网络信息技术服务体系，它包括了信息消费的金融结算服务、隐私与安全监管服务、培训与指导服务等多方面的内容；二是引导软件与信息服务企业与报纸、广播、电视等传统媒体合作、融合，增加信息内容，扩大居民信息消费的渠道；三是加强宣传，向全社会普及软件与信息技术的基本知识，提高广大群众应用信息技术的能力，扩大软件与信息服务业的市场。

（五）推动国际化经营

互联网的技术创新和市场正在全球化扩张，在这样的背景下，“十三五”期间要努力推动中国软件与信息服务业的国际化水平。这种国际化表现在市场的国际化、资本的国际化和管理的国际化三个方面。首先，应加大力度引进国际先进的软件与信息服务企业的管理方法和经营理念，增强软件与信息服务业创新能力。其次，通过开展对外投资合作和引进外资参与国内软件与信息服务企业的经营，推动国内外软件与信息服务业在电子商务、软件、信息服务等各领域的合作。培养一批在国际上具有竞争力的现代软件与信息服务的龙头企业。最后，多渠道、多形式引进、培育复合型软件与信息服务的高端人才，并通过建立有效的薪酬机制和激励机制留住人才；调动高校和社会培训机构的积极性，通过正规教育和在职培训等方式有计划地培养能够适应产业发展需求的专业人才，以推动中国软件与信息服务业的快速发展。

参考文献

[1] 丁玲华:《我国信息服务业发展现状及对策研究》,《当代经济管理》2011 年第 11 期。

[2] 李娜、唐守廉:《欧盟信息服务业发展现状及对中国的启示》,《北京邮电大学学报》2013 年第 16 期。

[3] 秦海等:《信息通讯技术与经济增长》, 中国人民大学出版社 2006 年版。

[4] 王炳清等:《中国分地区信息服务业竞争优势的综合评价分析》,《科技管理研究》2011 年第 21 期。

[5] 王正:《现代信息服务业区域发展模式研究》, 吉林大学硕士学位论文, 2012 年。

[6] 杨超:《上海市信息服务业发展现状与对策研究》,《情报理论与实践》2011 年第 34 期。

[7] 詹绍讍、刘建准:《现代信息服务业发展研究》,《财经问题研究》2014 年第 5 期。

[8] 张惠萍:《信息服务业的空间分布、区位策略与集聚——以福建省为例》,《华东经济管理》2013 年第 7 期。

[9] 周应萍:《加快发展现代信息服务业的对策研究》,《科技管理研究》2010 年第 18 期。

[10] 周志丹:《信息服务业与制造业融合互动研究》,《浙江社会科学》2012 年第 2 期。

迈向“十三五”的商贸服务业：发展趋势与政策建议

赵京桥 *

摘　要： 商贸服务业连接生产和消费，是拉动内需、扩大消费、引导投资和增强中国经济发展的内生动力的重要力量。“十三五”时期，要着重加强商贸服务网络建设和商贸服务业的基础设施建设，以信息技术为动力创新商贸服务业态和服务模式，提高服务效率和质量，初步建成现代化商贸服务体系。商贸服务业具有多重属性，市场服务和公共服务并存。因此必须厘清政府与市场的边界，对于可以完全市场化的部分，应该简政放权，鼓励市场竞争，提高服务质量和效率；而对于公共服务和准公共服务部分，则要积极发挥政府的作用或者探索政府和市场有机结合的新思路。

关键词： 商贸服务业　电子商务　创新发展　政策建议

“十三五”是中国经济改革创新、转型升级、步入新常态、实现 2020 年全面建成小康社会目标的最后冲刺时期。商贸服务业作为连接生产和消费的重要服务业，在拉动内需、扩大消费、引导投资、优化中国经济发展的动力结构、增强中国经济发展的内生动力方面可发挥重要的作用。

一、发展目标

（一）总体发展目标

商贸服务业在“十三五”时期，要加强商贸服务网络建设，扩大商贸服务业

* 赵京桥，中国社会科学院财经战略研究院助理研究员，研究方向为互联网经济与电子商务。

的覆盖能力；加强商贸服务业的基础设施建设，保障物流、信息流和资金流的通畅；深化信息技术应用，积极创新商贸服务业态和服务模式，提高服务效率和质量；在“十二五”初步建成现代化商贸服务体系的基础上，进一步完善现代化商贸服务体系。

1. 保持商贸服务业稳定增长

商贸服务业作为服务业中的传统产业，在国民经济和服务业中占据了重要地位，2014 年商贸服务业增加值达到了 7.34 万亿元，分别占国内生产总值和服务业增加值的 11.6%和 24.1%（见图 1）。在“十二五”期间，受到国内外宏观经济政治因素影响，商贸服务业增加值增长速度逐年放缓（见图 2），但依然保持高于国内生产总值的增长速度，在国民经济中的地位逐步提高，对服务业的贡献保持稳定。在“十三五”时期，保持商贸服务业的稳定增长，对于稳定经济增长具有重要意义，预计商贸服务业增加值在 2020 年将超过 12 万亿元，在国内生产总值比重超过 13%。

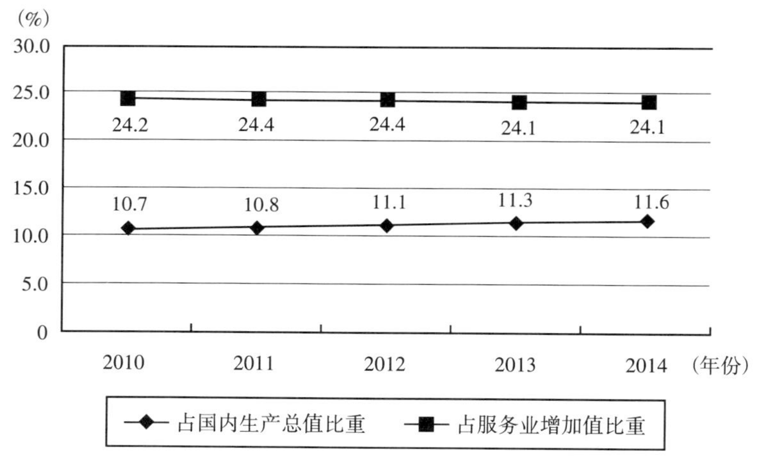

图 1 商贸服务业增加值比重

资料来源：笔者根据国家统计局网站（http：//www.stats.gov.cn/）年度数据整理得到。

2. 完善现代商贸服务体系建设

商贸服务业作为实现社会供给和需求对接的服务业，其服务体系的建设和完善对于满足社会需求，引导社会生产，提高社会商品、资金流通速度，提高资源利用效率具有重要意义。中国商贸服务体系从计划经济时代的国有商业主导的供销体系开始向市场化改革，已经形成了多种所有制、多类业态并存，覆盖全国城乡的商贸服务体系。但存在区域发展不平衡，信息技术应用水平较低，服务能力和水平总体较低等问题。“十三五”时期，在“十二五”期间初步建设现代化商

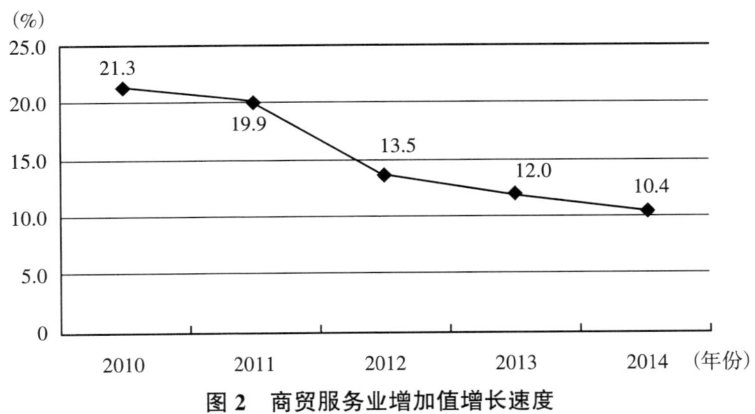

图 2 商贸服务业增加值增长速度

贸服务体系的基础上，继续加快传统商贸服务业的转型升级，深化信息技术应用，推进商贸服务业业态和模式创新，优化城镇商贸服务网点结构和布局，加大农村商贸服务设施建设力度，力争在“十三五”末建成较为完善的现代商贸服务体系。

3. 鼓励商贸服务业创新，提升商贸服务业发展水平

“十二五”期间，以电子商务为代表的新兴商贸服务业快速发展，新业态、新模式不断涌现，成为引领商贸服务业发展的重要趋势和传统商贸服务业转型升级的重要路径。创新发展是提升中国商贸服务业发展水平的重要驱动力。在“十三五”期间，加大力度鼓励商贸服务业创新，鼓励商贸服务业企业探索新技术、新业态和新模式，形成一批具有较强创新能力和国际竞争力的商贸服务企业。

4. 鼓励商贸服务业“走出去”，实现国际化

在中国加入 WTO 以后，商贸服务业是最早对外开放的服务业领域。经过 10 多年的发展，内外资商贸服务业已经在国内市场形成了良好竞争态势。但商贸服务业“走出去”依然还处于探索阶段。在经济全球化的进程中，作为世界制造基地的中国由于国际商品渠道被发达国家控制，而在国际市场上受制于人。商贸服务业“走出去”实现国际化是中国品牌走向世界的重要支撑。“十三五”期间，要鼓励具有国际化能力的商贸服务业企业探索国际化道路。

5. 完善统一市场建设

由于区域的地理特性、地方保护（平新乔，2004），政府经济战略（林毅夫、刘培林，2004）等物理性和制度性因素导致的市场分割是中国商贸服务业发展壮大面临的重要问题之一。随着交通基础设施的改善、地方保护的减少，国内学者通过相对价格指数法（赵奇伟、熊性美，2009；陆铭、陈钊，2009）研究认为中国市场整体上趋于统一，尽管市场分割依然存在，但分割程度下降。由于市场的统一对于优化市场内资源配置和扩大社会分工都具有重要意义，在“十三五”期

间，要通过商贸服务基础设施建设、市场对内开放、信息化等措施进一步完善统一市场建设。

6. 稳定商贸服务业就业，改善就业结构

服务业是三次产业中就业人数最多的产业，而商贸服务业又是服务业中就业人数最多的产业。据国家统计局公布的 2013 年就业数据显示，城镇单位和私营及个人商贸服务业就业总人数达到 11290.8 万人，占服务业就业人数的 38.1%。因此稳定商贸服务业就业对于稳定整体就业具有重要意义。随着电子商务的快速发展和信息技术在商贸服务业中的深入应用，传统商贸服务业就业受到巨大冲击，而具备电子商务知识和信息技术应用能力的人力资源更加受到市场的青睐。因此，“十三五”期间，要通过电子商务、信息技术教育、培训等方式稳定商贸服务业就业，改善就业结构。

（二）分产业发展目标

1. 零售业

零售业的发展对于保障居民生活、扩大居民消费、引导社会生产具有重要作用。在“十二五”期间，零售业受到宏观经济影响，增长速度呈现放缓趋势，但依然保持了两位数以上的增长速度，到 2014 年，社会消费品零售总额达到了 27.2 万亿元（见图 3）。其中网络零售呈现逆势增长态势，2014 年网络零售额达到了 27898 亿元，同比增长 49.7%，相当于社会消费品零售总额的 10.3%，（见图 4）网络零售的快速发展极大地冲击了传统零售业，推动了传统零售业的转型升级。“十三五”时期，零售业要继续加快转型升级，大力发展网络零售，深度融合信息技术，提高零售效率，完善零售网点，尤其是社区商业网点和农村地区的商业

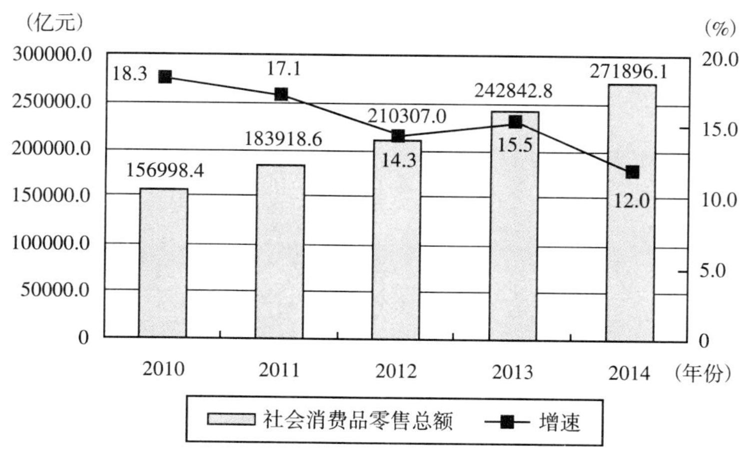

图 3　社会消费品零售总额及增速

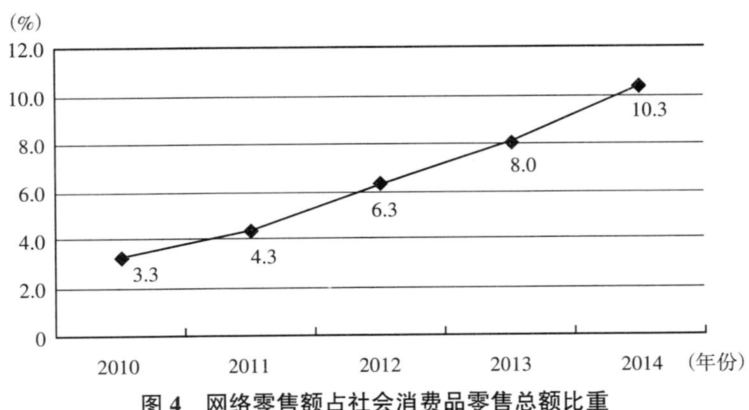

图 4 网络零售额占社会消费品零售总额比重

网点的规划和布局，保障和便利居民消费，在中国消费升级的过程中，满足居民不断增长的商品和服务需求，保持社会消费品零售总额两位数以上的增长速度，提高消费在中国经济增长动力中的地位。

2. 批发业

批发业的发展对于加快生产生活物资流转，提高生产效率，缩短生产和消费中间距离具有重要意义。随着电子商务发展，传统批发业作为生产和零售的中间环节受到巨大挑战，特别是以商品交易市场为代表的中国传统批发市场在近几年发展缓慢，经营陷入困境。“十三五”期间，中国批发业亟待转型升级，应提高批发业组织化程度、信息化程度，积极向供应链服务商、物流服务商、贸易服务商转型，建设有中国特色的批发产业。

3. 住宿与餐饮业

如图 5、图 6 所示，“十二五”期间，受到宏观经济运行影响，以及严格约束公款消费等政策影响，住宿与餐饮业陷入增长困境，餐饮业增长速度回落至个位数，是进入 21 世纪后的最低谷，而法人住宿企业营业额更是出现负增长，行业面临较大增长压力，亟待转型升级。“十三五”时期，住宿与餐饮业的发展要紧紧围绕居民、企业的生活和商务消费需求，优化原有服务供给结构，把食品安全作为首要任务，提高住宿与餐饮业食品安全防控水平，重点培育具有中国文化特色的住宿与餐饮品牌发展，走向世界，到“十三五”末形成安全、满足多层次住宿与餐饮消费需求、具有一定国际影响力的住宿与餐饮服务业。

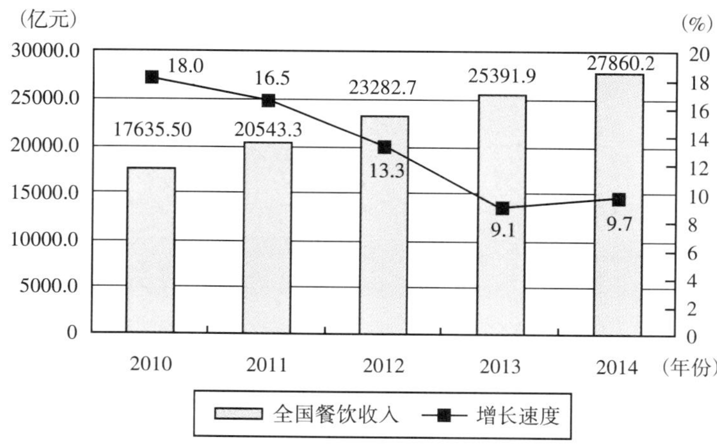

图 5　全国餐饮收入与增长情况

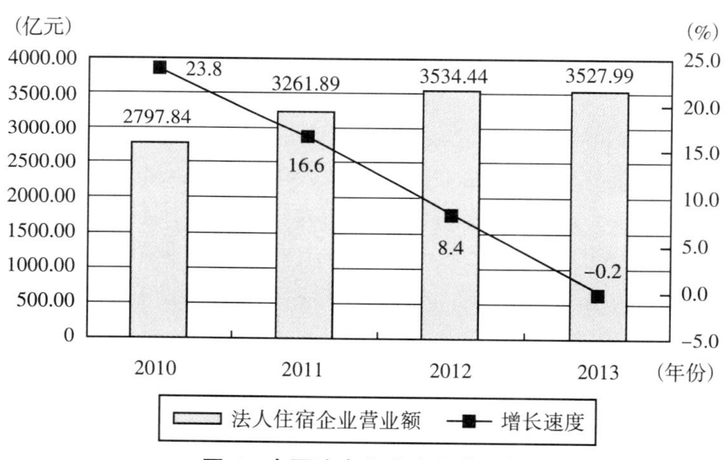

图 6　全国法人住宿企业营业额

二、发展趋势

“十三五”商贸服务业发展的重要趋势就是商贸服务业与互联网深度融合，实现传统商贸服务业向线上线下一体化、供应链服务商转型。

（一）电子商务引领零售业发展趋势

电子商务带来了全球性的零售业革命。从人类零售发展历史来看，零售革命反映了社会交换与生产关系的发展，是零售业在一定社会生产力水平下，适应消费方式和生活方式的结果。

在21世纪初对世界零售革命的研究，主要有两种观点。一种观点为“三次说”，即百货商店、连锁商店、超级市场，这三次革命是零售革命中最重要的三次，也是对世界零售格局影响最大的三次。还有一种观点是“八次说”，即百货商店、一价商店、连锁商店、超级市场、购物中心、自动售货机、步行商业街和多媒体销售，这种观点比较全面地概括了世界零售历史上的重大变革，如表1所示。

表1　人类历史上的零售革命

名称	萌芽	主要特征
百货商店	1852年	扩大品种
一价商店	1878年	同一价格
连锁商店	1859年	组织创新
超级市场	1930年	自选购物
购物中心	1930年	商店聚集
自动售货机	“二战”后	自动售货
步行商业街	1967年	漫步购物
多媒体销售	1980年	电视、网络购物

资料来源：李飞：《零售革命》，经济管理出版社2003年版。

“三次说”显然忽视了电子商务对整个零售业带来的革命，而“八次说”尽管提出了网上商店的兴起作为第八次零售革命的主要表现，但并没有指出电子商务主导的零售革命的普遍性和深刻性。电子商务突破了传统零售的空间和时间限制，对历次零售革命产生的零售业态都产生了深刻影响，并在本质上影响零售在社会生产总过程中的功能，可以说是真正意义上的零售革命。

一是电子商务在互联网虚拟空间中建立了永远营业的零售空间，削弱了传统零售建立在商圈和门店基础上的地理竞争力。门店和商圈是传统零售赖以生存的基础，也是零售企业的核心竞争力之一。一个好的商圈和门店选址会对经营业绩带来巨大影响。而电子商务使得所有可接入网络的零售商和消费者都可以在网络中完成零售过程。

二是电子商务大幅延伸了传统零售的可交易时间。由于电子商务实现了交易流程的自动化，突破了传统零售人工处理交易的限制，消费者可以全天候、“7×24小时”完成交易。

三是电子商务降低了传统零售的搜索成本。传统零售受到物理空间限制，展示商品数量有限，过多商品会造成消费者搜索成本提高，门店库存成本过高，过少商品会减少消费者的商品选择，降低“一站式”购物体验。

四是电子商务可以更快地对消费需求做出反馈。电子商务极大地缩短了厂商、零售商和消费者的距离，消费者对产品的需求和改进建议，都可以便捷地反馈到零售商中。

五是电子商务具有更高的交易效率。从表 2 可以看到，作为世界上最大的传统零售企业，沃尔玛在 2013 年财政年度实现了 4660 亿美元的销售，远超世界上最大的电子商务零售企业 Amazon 的 744.5 亿美元，但从人均销售绩效和单位面积销售绩效来看，Amazon 分别以人均 84.22 万美元和单位面积 12072 美元的绩效，远远超过了沃尔玛①。沃尔玛也把电子商务作为未来公司重点发展战略，形成线上和线下共同服务。

表 2　全球最大电子商务零售企业（Amazon）和最大传统零售企业（沃尔玛）比较

	Amazon	沃尔玛
销售额（亿美元）	744.5	4660
用户	超过 4 亿独立访问用户	2.45 亿顾客/每周
门店数量（家）	0	10700
员工（个）	88400	2000000
仓储、数据中心面积/零售面积（平方米）	6167182.50	99592058.88
人均销售（万美元/人）	84.22	23.30
单位面积销售（美元/平方米）	12072	4679

资料来源：Amazon，Annual Report，2012；Wal-mart，Annual Report，2013.

西方的零售发展跨越了 150 多年历史，而中国在短短的 20 多年时间里，百货商店、超级市场、大卖场、购物中心、仓储店、折扣店、步行商业街等各种零售业态都已经出现，并且共同发展。在传统零售业正处于快速成长期时，电子商务的出现和快速发展，给予传统零售强大冲击。

电子商务的竞争优势对传统零售业带来了冲击，大幅蚕食了传统零售业的市场份额。从 2005 年开始，中国网络零售额开始快速增长，增长速度远超社会消费品零售总额增速，到 2014 年已经达到 49.7%，约占社会消费品零售总额的 10%（见图 7）。

从年龄来看，在互联网环境中成长的“80 后”、“90 后”，从职业来看，企业白领、在校学生成为网络消费的主流人群，网络零售渠道正在成为主流零售渠道，人均网络消费支出② 达到 7728 元，呈现逐年上升趋势（见图 8）。

① Amazon 员工总数包含了兼职员工，沃尔玛的零售面积并没有计算沃尔玛物流仓储中心等的面积，因此实际上的人均绩效和单位面积绩效，Amazon 会更高。

② 人均网络消费支出=网络零售总额/网络购物用户总数。

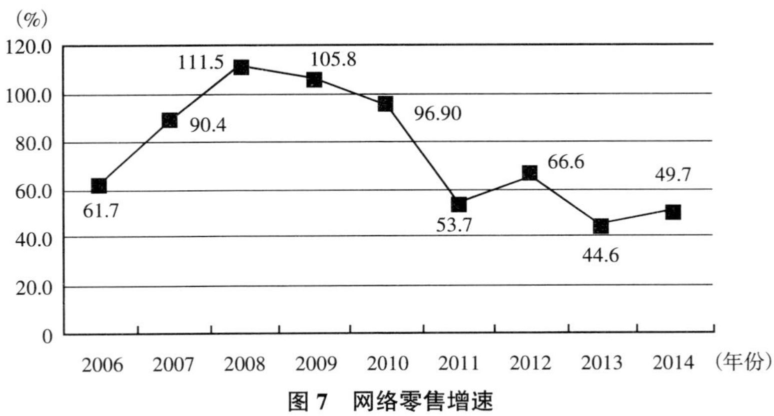

图7　网络零售增速

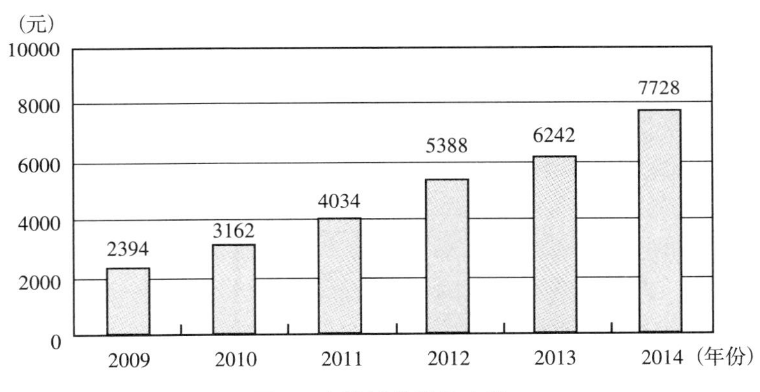

图8　人均网络销售支出

资料来源：根据CNNIC公布网络购物用户数量计算。

从网络零售的产品品类变化来看（见图9），已经从最初的个人闲置物品、图书音像、充值点卡等标准化程度高和单价低为特点的商品，逐步发展为涉及通信、数码、IT产品、家电等标准化程度较高、单价较高的产品，以及服装、鞋帽、箱包、户外用品、化妆品、母婴、家居百货、食品等标准化程度较低、单价较低的产品。过去认为不可能实现网络零售的单价很高的奢侈品、珠宝、汽车、房屋，以及标准化程度较低的家具建材、装潢类产品也已经实现了网络零售。网络零售已经基本实现全品类的“一站式”购物。

从图9和图10来看，无论从网络零售产品覆盖范围还是网络消费者购物选择，网络零售在产品品类上已经形成对传统零售的全面竞争。

从竞争方式来看，价格竞争成为电子商务获取市场份额的最主要手段。从Amazon、当当、淘宝、京东的发展来看，低价都是主要的竞争策略。在电子商务快速发展的过程中，各类促销、价格战连绵不断（见表3），最为著名的就是天

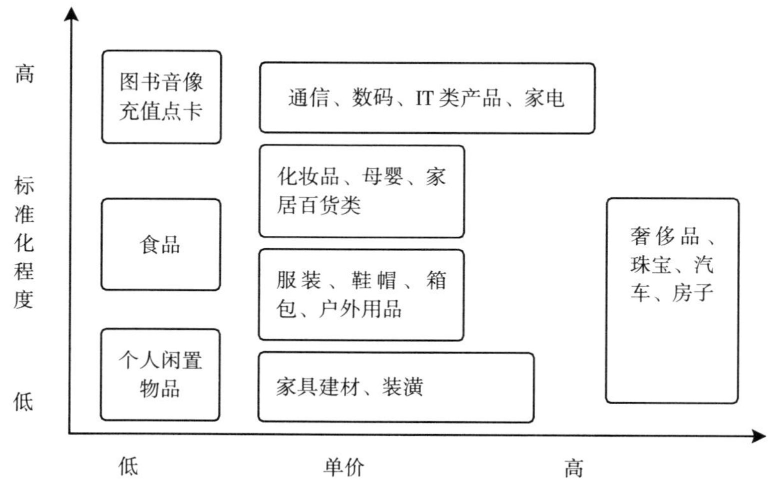

图9 网络零售产品

注：按进入网络零售年限排序从早到晚：首先是图书音像充值点卡、个人闲置物品；其次是通信、数码、IT类产品、家电、服装、鞋帽、箱包、户外用品；再次是食品、化妆品、母婴、家居百货类；最后是家具建材、装潢、奢侈品、珠宝、汽车、房子。

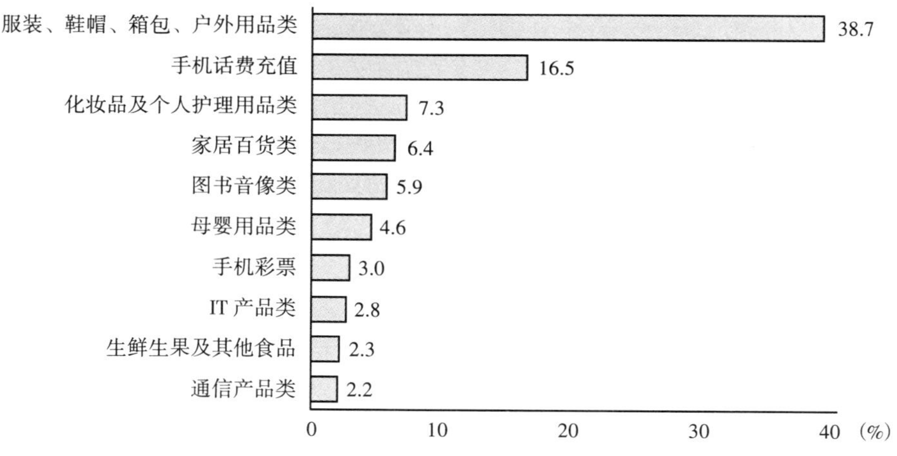

图10 2012年中国网购用户常购商品种类前10位商品

资料来源：艾瑞咨询，《2012~2013年中国网络购物用户行为研究报告》。

猫和淘宝平台的“双十一”促销，成为每年网络消费者的购物狂欢节。根据艾瑞咨询的调查显示，48.2%的消费者选择网络购物的原因在于价格便宜。这符合美国哈佛商学院零售专家M.麦克尔提出的零售之轮定律。该定律认为新旧零售业态的变革与交替具有周期性，都是由价格诉求转变为服务内容诉求再到价格诉求的周期性过程，即新的零售业态总是以低价切入市场，与旧业态竞争，并取得优势，这种优势将被迅速模仿，形成新业态之间的低价竞争，而这种竞争又转移到服务的竞争，服务的增加又会增加成本提高价格，价格提高之后，又会有新业态抓住机会以低价切入（见图11）。

表3 主要价格战和促销活动

时间	价格战及重要促销	竞争产品
2010年12月	京东商城、当当、卓越	图书、音像类
2012年6月18日	京东商城：店庆促销 苏宁：全网比价 国美：全网底价	家电和3C产品
2012年8月15日	京东商城向苏宁发起价格挑战书	家电和3C产品
每年11月11日	淘宝/天猫“双十一”促销	全品类

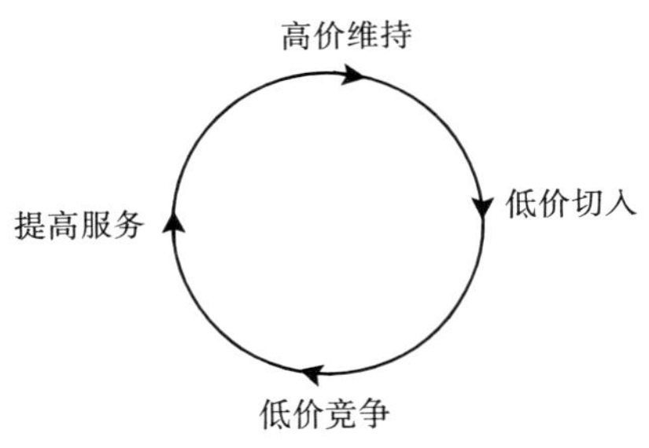

图11 零售之轮定律

产品的重叠和激烈的价格竞争，对传统零售业态带来巨大的竞争压力（见表4）。其中对传统图书连锁、家电、3C产品连锁，以及传统百货、超市中的服装、家电、3C、化妆品影响最大。2010年以来，如以“光合作用”、“第三极”、“万圣书园”等为代表的大量实体书店面临经营困境或倒闭。尽管实体书店依然被消费者认为是具有文化、休闲特点的消费地点，但是网络图书的价格优势，使得实体书店成为网络书店提供免费实物展览的线下体验店，多数消费者选择在实体书店看书，而在网上购书。同样的挑战也来自家电和3C连锁，中国最大的家电和3C产品连锁企业苏宁线下门店销售在近几年呈现增长缓慢甚至下降的现象，2013年关闭低效和无效门店176家，2014年关闭低效和无效门店115家。苏宁线下营业额如图12所示。

表 4 电子商务对传统零售业态的冲击

零售业态	影响程度
图书、音像连锁	图书、音像为标准产品，对体验要求低，受到网络零售冲击最大
家电、3C 等专业连锁	家电、3C 产品为标准化产品，受到网络购物冲击较大
传统百货、超市	服装、家电、3C、化妆品等受网络购物冲击较大
购物中心、高端百货	体验式消费，其提供的产品和服务至少从目前来看难以通过网络购物模式被复制
便利店	主销产品为单件价格在 100 元以下的快速消费品，受到的冲击相对较小
生鲜超市	生鲜产品难以适合网上销售，因此生鲜卖场对于网络购物具有相对较强的抗冲击能力

资料来源：德邦证券研究报告。

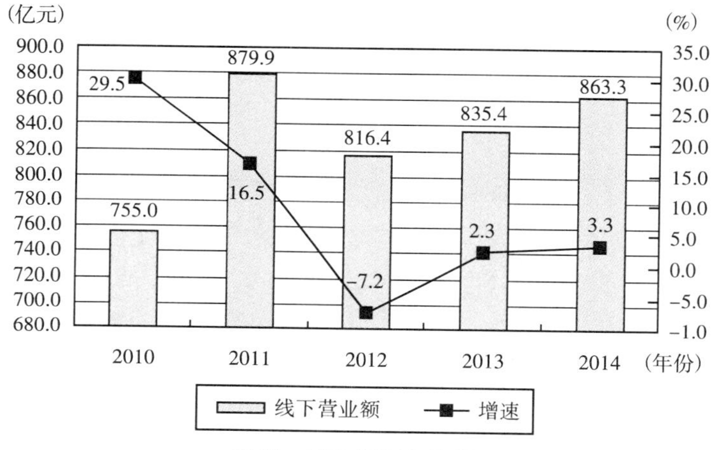

图 12 苏宁线下营业额

资料来源：苏宁年报，2010~2014 年。

（二）传统零售的转型：差异化与 O2O

从当前行业的发展来看，在电子商务竞争压力下，差异化竞争和 O2O 线上线下融合是传统零售转型的主要方向。

差异化竞争主要是在产品和服务定位上与网络零售实现差异化，主要有以城市综合体为代表的，拥有各种生活服务、娱乐设施、餐饮服务的体验式零售业态；以便利店为代表的，满足消费者应急需求和 1 公里商圈需求的零售业态，这种业态也逐渐受到社区电商的发展而面临更多的竞争压力；以生鲜超市为代表的，对物流要求苛刻，并不适合网络销售的特殊商品零售。

O2O 线上线下融合是目前家电和 3C 连锁店、百货和超市等零售业态积极转型的方向。目前包括苏宁、国美、银泰百货、王府井百货、红旗连锁、步步高、天虹商场、南京中商、友阿股份等传统零售商纷纷把 O2O 实现线上线下融合作为公司发展的战略之一。

但线上线下融合不仅仅是一个电子商务网站，或者手机 App 就可以完成的。中国零售业面临电子商务的冲击，不仅仅有电子商务的外因，更有中国零售业发展落后的内因。上文分析了中国的零售业发展跨越了西方国家 150 多年的历史，各种业态同步发展，具有国际竞争力的零售企业并不多。很多中国所谓的零售商在实质上是商业地产商，租金收益是主要营业收入，并不具备零售能力。因此，当电子商务大幅削弱传统零售商业地产竞争力时，很多零售企业立刻显示出经营困境。

O2O 线上线下融合仅仅是手段和表现形式，如何利用电子商务了解消费需求，实现传统零售组织变革，供应链管理能力和品牌能力提升，进而提高零售能力是传统零售转型的关键。

电子商务对零售业的变革不仅仅是对传统零售的变革，更是引发了对零售业在社会生产总过程中功能和表现形式的重新定位。电子商务不断压缩从消费者到厂商的供应距离，厂商了解消费者需求的成本在不断降低，有更多的厂商直接利用电子商务实现销售。尤其是随着移动互联网和社交网络的发展，C2B 模式、微店模式、社交零售模式使得每个人都成为连接厂商和消费者的零售环节。零售业作为连接生产和消费的重要中间环节，其交易功能正在迅速弱化，信息服务功能、供应链管理功能、金融服务功能、体验功能正在成为电子商务环境下，零售业的主要功能。如何快速、精准地了解消费需求，并通过高效供应链管理组织生产并交付将是未来零售业的价值所在。而零售业的表现形式将更加多样化和碎片化，体验中心、电子商务代运营商、电子商务零售平台、一个社交圈子、一个手机应用软件都成为零售业的重要组成元素。

（三）C2B 模式变革传统制造分销体系

在传统的制造—分销体系中，由于制造的集中和市场的分散，使得制造企业获取市场信息的成本提高，而且获取信息的即时性和完整性受到破坏，从而有专业的批发、零售企业为制造企业提供市场信息，并逐渐成为引导生产的主体。尽管如此，市场信息依然是滞后和不完整的，因此制造企业的生产必须提前，并通过供应尽可能多的产品和全面的产品型号来满足消费者的需求。这种对消费信息的不确定性导致了制造业的大量试错成本。电子商务缩短了制造与消费的距离，引发了制造业与商贸服务业的变革，实现定制化生产和销售。

个性化定制、柔性化生产，可以称为电子商务的 C2B 模式，是一种由消费者主导的全新的消费—制造模式。通过聚合分散的但数量庞大的用户形成一个强大的采购集团，使之享受到以大批发商的价格买单件商品的利益；同时企业收集各类用户碎片化的信息需求，从而可以提供符合大部分用户需求的产品以及个性化需求的产品①。

电子商务带来了消费个性化需求的大爆发与大工业时代标准化生产的矛盾。一方面，大量标准化设计产品供过于求，需要依靠大量广告营销和促销行为实现销售；另一方面，消费者的个性化需求被压抑，无法释放。这种矛盾必然推动传统制造业的变革。

在电子商务普遍应用前，取得消费者个性化信息具有很高的成本，同时在标准流水线上实现个性化生产，需要耗费更高的成本。而电子商务的普遍应用，缩短了制造商和消费者的距离，降低了获取消费者个性化需求的成本，并且，通过互联网海量个性化需求的聚合，可以实现个性化需求的规模化定制，既满足了消费者的个性化需求，又降低了生产和存货成本。

表5　主要定制化生产的企业

企业名称	定制化产品
海尔	家电
尚品宅配	家具
埃沃	服装
红岭服饰	服装

了解消费者、以消费者为中心、满足消费者的体验、请消费者参与、与消费者共同创造价值是电子商务时代传统制造分销模式未来的发展趋势之一。

（四）商品交易市场转型升级

商品交易市场是中国商贸服务业发展的重要特色。在改革开放30多年中，商品交易市场承担了中国大量工业品、消费品和农产品的批发流转任务。尽管商品交易市场历经多次政策变化，当前依然在中国商贸服务体系中占据重要地位。“十二五”期间，受到国内外宏观经济因素影响，以及电子商务发展的影响，传统商品交易市场的经营面临巨大挑战，必须积极向商品交易综合服务商转型升级：

一是商品交易市场由单一商品展示和交易功能向综合性商品交易服务商转型。商品交易市场通过聚集买卖双方，促进供需的快速对接，实现市场在配置资

①《从天猫到手机：C2B模式席卷2013》，http：//www.icpcw.com/Smartphone/Android/Android/ 3140/314019.htm，2014年3月30日。

源中的决定性作用。而伴随电子商务的发展，市场的商品信息功能、交易功能弱化，必须抓紧由单一商品展示和交易功能向综合性商品交易服务商转型，即为商品交易提供包括设计、金融、物流、展览在内的一系列增值服务。

二是市场与产业相互促进，产业链竞争力提升。随着市场辐射范围的扩张、市场知名度的提高、经常经营环境不断改善和市场成交额的持续稳定增长，市场对产业发展的带动效应不断增强。越来越多的商品交易市场经营者战略管理理念增强，意识到商品交易市场的社会责任和市场对产业带动及提升的功能，逐步建立商品交易市场和经营商户以及生产企业战略合作关系，以打造强化产业链的竞争力。它们之间通过多种形式的战略合作方式共同开辟和培育商品品牌，打造知名企业品牌和商品交易市场品牌，相互之间逐步形成了休戚与共、共同发展的亲密合作关系。商品交易市场、商户和生产企业之间呈现出产业链之间相互融合发展，增加产业链价值的合作和融合的趋势。与此相反，在产业链价值较短的省份，如广东省很多企业都是出口外向型的生产模式，由于产业融合度不够，尽管经济整体位居全国第一，但亿元以上商品交易市场无论是数量还是交易额都进不了中国商品交易市场的前三强。而商品交易市场发展较好的浙江、江苏和山东都有产业支撑，具有产业价值链长、生产和市场相互促进和融合的明显趋势。

三是信息化进程加快，实体和网络市场融合。伴随信息技术的日益成熟、互联网应用的普及和人们购物行为、消费习惯的改变，在电子商务迅猛发展和网络虚拟市场平台的冲击下，中国传统商品交易市场对信息技术应用日益重视，商品交易市场的信息化进程加快。商品交易市场的信息化主要表现在商品信息获取方式、交易方式、结算方式和商品配送方式等交易过程的各个环节上。例如，现在很多商品交易市场在商品价格信息上开始对市场内商品的交易价格进行提取、分析并予以公开发布。市场内部启动电子计算系统，在交易支付方式上逐步摒弃了现金、现货的单一交易方式，开始向电话或网上下单、货到付款或先付款后发货以及市场担保下付款和发货同时进行、客户收到货物确认无误后担保支付平台再划账等多种交易支付方式转变。在货物配送方式上，改变了客户提货方式，采用现代化第三方物流的配送、客户可以随时查看货物配送状态的物流模式。在商品交易市场推进商品交易过程信息化的同时，众多实体市场也都依托实体市场，利用信息和互联网技术搭建了自己的网上市场，启动了信息发布、商品展示、订单交易、资金交割以及物流配送的相关功能。中国商品交易市场在信息化深化的同时，呈现出线上和线下相结合的发展模式。众多商品交易市场依托实体市场开发启动了自己的网上交易市场。中国商品交易市场在信息化方面呈现出了信息化加快、线上和线下相结合的发展趋势。

三、政策建议

(一) 厘清政府与市场边界，各司其职

商贸服务业既存在完全市场化的服务，如大部分消费品的零售服务，又存在部分公共服务，如农产品市场，特别是保障城乡居民日常生活需求的农贸市场。因此必须厘清政府与市场的边界，对于可以完全市场化的部分，应该简政放权，鼓励市场竞争，提高服务质量和效率；而对于公共服务和准公共服务部分，应积极探索政府与市场合作的方式，保障居民的日常生活。

(二) 鼓励商贸服务业创新

积极推动商贸服务业创新，特别是对于有效降低社会商品交易成本的创新，应给予政府政策支持。商贸服务业发展正处于互联网、移动互联网、物联网、人工智能等信息技术快速发展的时期，要鼓励商贸服务企业积极融入信息科技发展中，运用信息技术降低交易处理成本，提高交易配对效率，从而降低社会交易成本，加快商品、资金周转速度。

(三) 重视商贸服务业规划

商贸服务业规划既关系到全国商品流通的效率，又关系到社区居民消费的便利，因此既要从全国的全局出发，重视商贸服务业总体规划，实现从生产到消费的合理、快速流转，又要从各个社区、农村的发展需求出发，科学设置商业网点，实现商贸服务业网络的合理覆盖。

(四) 加快推进电子商务，提高商贸服务业电子商务化水平

电子商务作为商贸服务业与互联网等信息技术融合发展的重要商贸服务形式，已经在实践中得到验证，并经历着快速发展。加快推进电子商务，提高商贸服务业电子商务化水平，进一步提高电子商务在中国商品交易中的比重，对于降低社会交易成本，缩短生产消费距离具有重要意义。在推进电子商务示范城市、示范园区的过程中，要给予商贸服务业企业更多政策支持，鼓励应用电子商务。

(五) 整合建立市场主体信用信息数据库

信用是市场经济有效运行的前提，是与法律并行的市场基础。法律法规是政

府干预经济、规范市场行为的强制手段；而信用是市场自我约束、规范市场行为的约束机制。在中国社会主义市场经济体制的完善阶段，政府在不断完善法律法规的同时，也正在加快社会主义社会信用体系建设，培育和发挥市场的自我调节机能，即通过“信息公示”启动市场“信用调节”机制。中共十八大以来，在“依法执政”和“市场化”的大背景下，信用监管成为中国市场监管的大趋势。

当前政府部门，从市场准入、市场监管、消费者保护的各个职能中，积累了大量登记信息、执法信息、投诉和处理信息，而这些信息作为市场主体进入市场，参与市场活动的重要记录，是市场主体信用评价的重要组成部分，与人民银行的征信报告、税务系统的纳税信息、公安系统的犯罪信息组成更为完善的社会信用体系。

因此，必须加快政府内部信息整合，以公司营业执照或个人身份证号码为唯一识别号，形成市场主体信用信息报告，建立市场主体信用信息数据库，并按照法律、法规的规定，进行信息公示，开放给有需要的市场主体。

（六）积极探索电子商务监管

电子商务作为对中国当前经济、社会发展具有重要作用的战略性新兴产业，尽管依然存在不足，但电子商务的发展已成定式，培育发展电子商务是关系全局的重要战略。同时，随着电子商务应用的普及，线上和线下的融合，电子商务已经成为市场交易的重要特点，因此政府在电子商务监管上，必须要有战略观、全局观和前瞻性。

应坚持发展原则和保护市场主体合法权益的原则，鼓励市场机制和行业自我约束原则，按照“依法监管”、“宽进严管”的监管趋势，以建设中国电子商务诚信体系为目标，以工商行政管理部门为主导，以市场为主体，以法律为基础，以信用为抓手，以信息技术为支撑，以统一的电子商务监管平台为载体，实现电子商务社会化监管、动态化监管、数字化监管。

（七）搭建统一、开放的商贸服务企业网络监管平台

商贸服务企业网络监管平台，必须进行顶层设计，依托市场主体信用信息数据库，搭建统一的网络监管平台，形成以地方政府为实体支点的一体化监管平台，实现基层数据的同步和对商贸服务企业违法行为快速执法，有效利用政府部门系统内资源，推进企业基础信息和各业务条线监管执法信息纵向、横向整合，并利用大数据等先进技术实现对电子商务的科学化、精细化监管。同时，网络监管平台也是开放的平台，是社会化监管的入口，为第三方信用评价提供市场主体信用信息，接收并公示公众对市场主体以及各种第三方信用评价的各类信息反馈，充分发挥在线名誉系统（Online Reputation System）在商贸服务企业监管中

的重要作用。

（八）充分发挥行业组织功能，提升行业自治能力

加快行业协会管理制度改革，给予行业协会更多的功能，充分发挥行业组织在政府和企业之间的重要引导和协调功能，提升行业的自治能力。

要明确国家级和地方行业协会的分工，通过协调整合，规范行业协会竞争，推动行业协会的合作，避免行业协会之间的恶性竞争，阻碍行业发展。

此外，行业协会的可持续发展必须依靠为行业提供专业服务的能力。仅仅通过政府背景或者成为企业的营销工具都会在长期博弈中失去行业企业的信任。

（九）推动成立商贸服务业政府管理部门协调机制

我国现有商贸服务业监管部门中，商务部是商贸服务业发展的主管部门，从行业发展的角度来促进电子商务发展；工商行政管理局负责商贸企业的市场准入、市场监管、消费者保护等；公安部负责整治经济犯罪；工业与信息化部、农业部等政府部门是商贸服务企业供给商品或服务的监管部门。众多的政府管理部门需要推动成立商贸服务业政府管理部门之间的协调机制，以更好地实现信息共享和联合监管。

参考文献

[1] 荆林波主编:《中国商业发展报告（2013~2014)》，社会科学文献出版社 2014 年版。

[2] 陆铭、陈钊:《分割市场的经济增长——为什么经济开放可能加剧地方保护?》,《经济研究》2009 年第 3 期。

[3] 平新乔:《政府保护的动机与效果—— 一个实证分析》,《财贸经济》2004 年第 5 期。

[4] 王晓东、张昊:《中国国内市场分割的非政府因素探析——流通的渠道、组织与统一市场体系构建》,《财贸经济》2012 年第 12 期。

[5] 夏杰长等主编:《中国服务业发展报告（2014)》，社会科学文献出版社2014 年版。

[6] 杨柳主编:《中国餐饮产业蓝皮书》，社会科学文献出版社 2009 年版、2010 年版、2011 年版、2012 年版、2013 年版。

[7] 杨柳主编:《中国餐饮发展报告》，湖南科学技术出版社 2006 年版、2007 年版、2008 年版。

[8] 赵京桥:《电子商务服务业发展现状、问题与展望》,《电子商务》2013 年第 11 期。

[9] 赵奇伟、熊性美:《中国三大市场分割程度的比较分析——时间走势与区域差异》,《世界经济》2009 年第 6 期。

迈向“十三五”的文化服务业：发展趋势与政策建议

宋　瑞　马聪玲*

摘　要： 在新常态背景下，中国文化服务业发展在多个方面取得新的突破，在推动全面深化改革，推进小康社会建设，促进“一带一路”背景下的区域联动以及调结构、稳增长、促就业、惠民生等工作中发挥着重要作用。总体来看，目前中国文化服务业发展势头良好，市场规模稳步扩大，但仍存在行业分布失衡、大企业带动引领较弱、消费动能不足等问题。展望“十三五”，应强化财税政策引导，推动文化与金融、科技创新，以人才和土地作为保障，建立协调、监督及评估机制来促进文化服务业的健康发展。

关键词： 文化服务业　现状　趋势

一、概念与范围

2001年联合国教科文组织第三十一届会议在巴黎通过的《世界文化多样性宣言》中对文化有比较明确的定义：“文化是某个社会或某个社会群体特有的精神与物质，智力与情感方面的不同特点之总和。”联合国教科文组织将文化商品划分为文化产品和文化服务。文化产品主要指书籍、电影、多媒体产品等能够传递文化思想或者改变生活方式的消费品，文化服务则是指可以满足人们文化需求的文化活动、表演、文化信息推广等。

长期以来，中国对于文化产业的定义和内涵界定比较模糊。以统计学的观点

* 宋瑞，中国社会科学院财经战略研究院旅游与休闲研究室副主任、研究员，主要研究方向为休闲与旅游产业。马聪玲，中国社会科学院财经战略研究院副研究员，研究方向为旅游经济。

来看，对文化产业统计口径的不同，不仅导致了不同的研究者、管理部门对于文化产业有不同的解读和认识，而且还影响了科学决策。为建立科学可行的文化产业统计，规范文化及相关产业的范围，2004 年国家统计局依据《国民经济行业分类》（GB/T4754—2002），制定了《文化及相关产业分类（2012）》，并以此分类为基础开展统计工作，为反映中国文化产业的发展状况，为文化体制改革和文化产业发展宏观决策提供了重要的基础信息。根据该分类，文化产业包括三个层次：文化产业核心层、文化产业外围层、文化产业相关层（见图 1）。

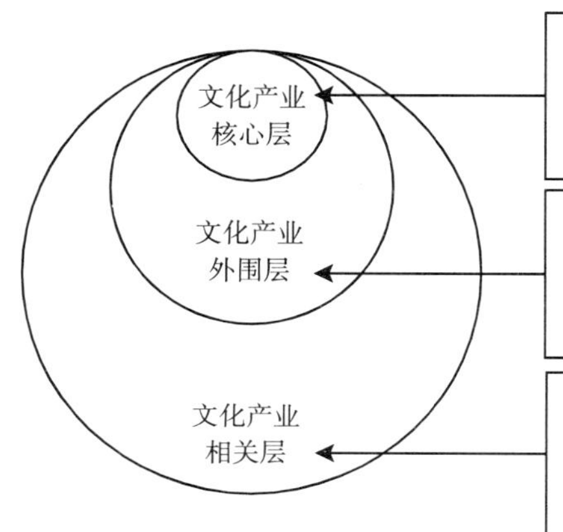

新闻、图书报刊、音像制品、电子出版物、广播、电视、电影、文艺表演、文化演出场馆、文物及文化保护、博物馆、图书馆、档案馆、群众文化服务、文化研究、文化社团、其他文化等

互联网、旅行社服务、游览景区文化服务、室内娱乐、游乐园、休闲健身娱乐、网吧、文化中介代理、文化产品租赁和拍卖、广告、会展服务等

文具、照相器材、乐器、玩具、游艺器材、纸张、胶片胶卷、磁带、光盘、印刷设备、广播电视设备、电影设备、家用视听设备、工艺品的生产和销售等

图 1 文化产业的圈层划分

中共十七届五中全会和六中全会相继提出了推动文化产业成为国民经济支柱性产业和推动文化产业跨越式发展的战略目标，再加上《国民经济行业分类》（GB/ T4754—2011）颁布实施，以及联合国教科文组织《文化统计框架（2009）》的发布，都促使文化产业统计体系不断得以完善。2012 年国家统计局发布了新修订的《文化及相关产业分类（2012）》，将“文化及相关产业”定义为“为社会公众提供文化产品和文化相关产品的生产活动的集合”，相比 2004 年对文化及相关产业的定义，表述的概念更加清晰，界定的范围也更加明确[①]。

新的文化及相关产业分为五层：第一层包括文化产品的生产、文化相关产品的生产两部分；第二层根据管理需要和文化生产活动自身的特点分为 10 个大类；第三层依照文化生产活动的相近性分为 50 个中类；第四层共有 120 个小类，是文化及相关产业的具体活动类别；第五层为小类下设置的延伸层（见表 1）。

① 《文化及相关产业分类（2012）》界定文化及相关产业的范围包括：a.以文化为核心内容，为直接满足人们的精神需要而进行的创作、制造、传播、展示等文化产品（包括货物和服务）的生产活动；b.为实现文化产品生产所必需的辅助生产活动；c.作为文化产品实物载体或制作（使用、传播、展示）工具的文化用品的生产活动（包括制造和销售）；d.为实现文化产品生产所需专用设备的生产活动（包括制造和销售）。

表1 《文化及相关产业分类（2012）》的主要内容框架及分类

部类	大类	中类	小类	延伸层
第一部分 文化产品的生产	1. 新闻出版发行服务	3	12	—
	2. 广播电影电视服务	2	6	—
	3. 文化艺术服务	7	13	3
	4. 文化信息传输服务	3	5	3
	5. 文化创意和设计服务	4	5	5
	6. 文化休闲娱乐服务	3	11	2
	7. 工艺美术品的生产	3	13	1
第二部分 文化相关产品的生产	8. 文化产品的辅助生产	7	15	7
	9. 文化用品的生产	13	30	6
	10. 文化专用设备的生产	5	10	2

资料来源：根据国家统计局网站整理。

二、发展背景

中国的文化服务业起步于“十五”和“十一五”期间，经过前期的市场化探索和规模扩张，在“十二五”期间得到快速发展。《国民经济和社会发展第十二个五年规划纲要》明确提出“深入推进经营性文化单位转企改制，建立现代企业制度”、“推动文化产业成为国民经济支柱性产业，增强文化产业整体实力和竞争力”。在此目标下，“十二五”期间，中国文化产业快速发展、产业体系逐渐形成、企业改革不断深化、市场主体迅速壮大、产业扶持资金增加、产业政策利好，产业园区快速扩张，迅速涌现出一批文化产业的知名企业。“十二五”时期，文化服务业在整合产业资源、聚合产业资本、获得快速提升方面成绩突出。随着近年来服务业在国民经济中的地位日益提升，2014年服务业的增加值占国内生产总值的比重达到48.2%，继续超过第二产业，显示出强大的增长潜力。在此背景下，文化服务业在文化产业中的作用也日益凸显，成为文化产业中最具活力的部门。

从2014~2015年的宏观层面来看，中国进入依法治国、全面深化改革、经济增速放缓、经济结构升级的新阶段。文化产业对经济结构调整的推动作用以及文化消费对内需的拉动作用得到中央和各级政府的重视。

（一）全面建成小康社会

中央提出要全面建成小康社会，高度重视培育和践行社会主义核心价值观，弘扬中华传统美德，把弘扬中华优秀文化和传统美德作为夯实当今社会思想道德基础的重要途径。这为当前及今后一段时期中国文化事业及文化产业的发展奠定了基调。同时，文化的全面繁荣是全面建成小康社会的应有内涵，从大众消费来看，随着中国社会经济的稳定发展，居民消费已经顺利跨越温饱阶段，恩格尔系数持续走低，消费结构升级需求强烈，文化消费成为居民消费升级的热点领域。

（二）经济新常态

经济结构调整、驱动升级、扩大内需成为当前的重点任务。文化产业在国民经济中的重要性得到进一步凸显。文化产业在带动传统产业转型升级、提升传统农业和制造业竞争力、促进经济结构优化方面具有巨大潜力。与此同时，国内居民文化、娱乐、旅游、信息消费成为国内消费热点，得到市场青睐，在经济下行大背景下，文化消费活跃，保持了良好的增长态势，成为国内扩大内需，带动经济增长的热点领域。

（三）全面深化改革

中共十八届三中全会提出要全面深化改革，建立统一开放、竞争有序的市场体系，在资源配置中市场要起决定性作用。这对推进文化体制改革，推动文化事业单位转制，形成真正具有竞争力的市场主体具有重要意义。同时，深化改革也会进一步减少行政干预，健全文化市场体系，破除准入壁垒，使得民营文化企业、小微文化企业获得更多成长空间。文化服务业的主体是小微企业，2013 年中国小微文化企业约计 77.3 万家，其中，文化服务企业 47.8 万家，约占 61.8%，61.0%的小微企业分布在东部地区，82.8%的小微企业分布在中东部地区。通过深化改革，激发中东部小微企业活力，建立多元化投资格局，将促进文化服务业更好地发展。

（四）区域联动发展

面对国内外发展态势，中央提出了“一带一路”战略构想，并在区域上提出长江经济区、京津冀协同发展等区域联动发展战略。2014 年 6 月，中国大运河以及中国、哈萨克斯坦、吉尔吉斯斯坦联合申报的丝绸之路，成功列入世界遗产名录。文化部、财政部共同策划实施的重大文化产业项目“藏羌彝文化产业走廊”等，也是文化产业打破区域行政分隔、进行区域联动发展的有力实践。在新的区域发展战略下，在京津冀、长三角等重点区域以及文化资源突出的特色地区，亟待以重点文化项目带动产业发展，以文化产业促进经济转型和结构升级，助推区域战略，实现联动发展。

（五）产业政策持续利好

2014年和2015年文化产业相关政策持续利好，国家对文化产业的重视程度不断提升。2014年政府工作报告指出“重点发展养老、健康、旅游、文化等服务”，2015年政府工作报告提出“积极发展文化事业和文化产业”，把文化服务消费作为惠及民生、扩大内需的重点。因而近两年间文化产业相关政策密集出台，重点集中在文化产业相关的财政、税收、金融、数字化、小微企业等领域，政策涉及范围之广、数量之多，扶持力度之大都前所未有。例如《关于加快发展对外文化贸易的意见》（国发〔2014〕13号）、《关于深入推进文化金融合作的意见》（文产发〔2014〕14号）、《关于大力支持小微文化企业发展的实施意见》（文产发〔2014〕27号）等。这些政策为未来文化产业发展乃至整个国民经济结构调整带来影响，也奠定了“十三五”期间中国文化产业和文化服务业发展的基本格局。

三、现状与问题

（一）中国文化服务业发展现状

1. 以影视、旅游为主体的传统文化服务业规模稳步扩大

（1）电影产业持续发酵，形势向好。中国电影产业正处于稳步上升期，是全球增长最快的市场之一。2014年观影人次高达8.3亿，票房、银幕数、观影人次等全球增速第一，电影市场规模位列全球第二。如图2所示，2014年全国电影票房收入为296.39亿元，同比增长36.2%。接近北美票房的一半，占全球票房比例约13.0%，占全球新增票房的75%。其中国产片票房收入161.55亿元，占总票房的54.5%。欧美大片独霸天下的局面不再，票房结构趋于合理化，《西游记之大圣归来》、《捉妖记》等优质国产电影给国内电影产业带来正面影响。全国各地的影院也正处于如火如荼的建设阶段，2014年新增银幕5397块，2015年影院建设热度不减，且80%用于覆盖中西部以及二三线城市。中国电影产业已然进入“万张银幕”时代。根据联合国教科文组织统计研究所发布的报告《新兴市场与电影产业数字化》推算，中国到2020年票房收入将达到128亿美元，将超过美国跃居世界第一；2025年将超过200亿美元，比美国高出50%。

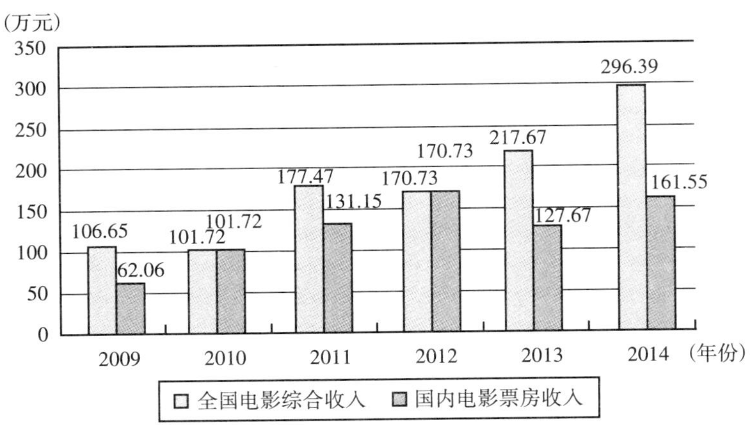

图 2　电影行业基本情况

现阶段中国电影行业高速发展的背后呈现出一些新的特征：一是电影生产从供给导向型逐步转变为需求导向型，伴随着多元化的需求，影片类型将更加多元化；二是“互联网+”时代的到来以及 IP 与衍生品的开发，使得大量非传统从业人员与公司进入电影市场，由此削弱了传统影视公司的垄断地位，引发了行业竞争的加剧和商业模式的多元化；三是金融资本加速进入，“跨界并购”成为焦点，从北京旅游、松辽汽车到中南重土、熊猫烟花，都在积极布局影视行业。

（2）电视产业基本稳定，面临转型。截至 2014 年底，电视节目综合人口覆盖率高达 97.2%。2013 年公共电视节目有 3250 套，全年公共电视节目播出时间 17057212 小时，全年播出电视剧 24.1 万部。2014 年电视行业当前的一大特征是真人秀节目井喷。从亲子秀节目《爸爸去哪儿》、《爸爸回来了》到明星真人秀《花儿与少年》、《奔跑吧，兄弟》，各台的真人秀节目呈现百花齐放的局面。地方卫视方面，湖南卫视、浙江卫视、江苏卫视三足鼎立，稳占“一线卫视”的位置。不管是在收视份额，还是在市场营收等方面，一线卫视都占尽优势，旗下综艺更是在全国市场收视处于领先地位。

表 2　电视行业基本情况

年份	2010	2011	2012	2013	2014
电视节目综合人口覆盖率（%）	98.6	97.5	98.2	98.4	97.2
公共电视节目套数（套）	—	3274	3273	3250	3272
全年公共电视节目播出时间（小时）	—	16753029	16985291	17057212	15776767
全年电视剧播出部数（万）	—	24.71	24.23	24.1	24.92

随着移动互联网的迅速崛起，传统电视正谋求融合与转型之路，形成了一种新的竞合关系。近几年是互联网电视高速发展的井喷阶段，包括谷歌、苹果、百度、阿里巴巴、爱奇艺、小米、海尔、TCL、创维等在内的互联网公司和传统的电视厂商、IT 制造公司以及广播电视公司等都加入到了这场“电视大战”。总体来看，整个行业的竞争空前激烈。

（3）文化旅游异彩纷呈，方兴未艾。2014 年发布的《国务院关于促进旅游业改革发展的若干意见》要求创新文化旅游产品，鼓励专业艺术院团与重点旅游目的地合作，打造特色鲜明、艺术水准高的专场剧目。规范整合会展活动，发挥具有地方和民族特色的传统节庆品牌效应，组织开展群众参与性强的文化旅游活动。2014 年，中国国内游客多达 36 亿人次，较前一年又增长了 4 亿人次，旅游消费 3 万亿元，其中文化旅游成为旅游产业的重要组成部分，呈现快速多样发展的态势。一方面，文化旅游发展呈现品牌化趋势。“旅游+文化”的模式以本土风土人情为依托，打造属于自己的专属文化旅游品牌。浙江省早在“十二五”规划期间，凭借其丰富的自然生态人文旅游资源，注重对省内历史古城名镇、名人故居等文化资源的挖掘，大力推进文化与旅游产业的融合发展，形成了以水乡古镇、海洋文化等为核心的“诗画江南、山水浙江”的文化旅游品牌，包括嘉兴南湖红色旅游基地、乌镇古村落旅游基地、千岛湖自然风光旅游基地、普陀山红色佛教文化旅游基地，推动旅游与地域文化的深度结合。另一方面，文化旅游节事活动营造文化旅游氛围。中国已然开始迈入旅游新时代，国民休闲越发得到重视，以地方和民族特色为主的休闲文化节庆活动成为文化旅游发展的重要推手。四川省以“多彩理县情、欢乐吉祥谷”为主题举办了第六届乡村文化旅游节；山西省以“而立晋城”为主题，举办了第三届山西（晋城）太行山文化艺术节、第五届山西（晋城）棋子山国际围棋文化节、第六届晋善·晋美·晋城旅游文化节等一系列文化旅游节事活动；江西南丰蜜橘文化旅游节突出“游休闲南丰·品千年贡橘”主题，以南丰蜜橘为载体，主打休闲旅游，主推蜜橘、文化、旅游深度融合；中国·敦煌（国际）葡萄文化旅游节以“加强对外交流，打造知名品牌，展示魅力敦煌，促进旅游发展”为宗旨，突出敦煌历史、文化、产业特色，全方位、深层次展示敦煌独具一格的自然、旅游、人文资源……鄂尔多斯、开封、宝鸡等多个城市都开展了以本地文化为特色的休闲文化旅游节，通过节事的带动，实现了开发、投资、招商、建设与管理运营完整产业链的文化旅游发展模式。

2. 公共文化服务业建设全面铺开

近年来，中国公共文化建设投入稳步增长，覆盖城乡的公共文化服务设施网络基本建立，公共文化服务功能得到完善，公共文化服务体系建设初见成效，呈现出整体推进、重点突破、全面提升的良好发展态势。2015 年是文化服务业发展中非常重要的一年。国务院印发了《关于加快构建现代公共文化服务体系的意见》，对加快构建公共文化服务体系，推进基本公共文化服务标准化均等化，保障人民群众基本文化权益作了基本部署。到 2020 年，基本建成覆盖城乡、便捷高效、保基本、促公平的现代公共文化服务体系。如表 3 所示，到 2014 年全国共有公共图书馆 3117 家，较 2010 年增加了 233 家；图书流通人次达 49232 万，较 2010 年增加了 1.7 亿人次；每万人拥有公共图书馆建筑面积为 85 平方米。

表 3　全国公共图书馆发展情况

年份	2010	2011	2012	2013	2014
公共图书馆业机构数（家）	2884	2952	3076	3112	3117
公共图书馆图书流通人次（万人次）	32168	32823	38151	43437	49232
每万人拥有公共图书馆建筑面积（平方米）	—	—	74	78	85

博物馆在人民群众文化需求中的地位逐渐凸显。不管是从机构数量还是从业人数上看，博物馆发展速度都很快。如表 4 所示，2008~2014 年，博物馆数从 1893 家增至 3660 家，增加了近一倍，且连续数年增长率超过 10%。按照国家文物局提出的“到 2020 年全国每 25 万人 1 座博物馆”的中长期发展规划，今后几年里中国博物馆仍将以平均每年 200 座左右的速度增加。博物馆从业人数则从 2008 年的 51587 人增至 2013 年 79075 人。近年来，国家在推进博物馆等大型公共文化设施建设的同时，同步推进地市级博物馆等场馆的新建与改扩建。自 2008 年 1 月中国博物馆陆续免费开放后，年观众量便节节攀升，2013 年这一数字为 63776 万，是 2008 年同期的两倍。

表 4　全国博物馆发展情况

年份	2008	2009	2010	2011	2012	2013	2014
博物馆数（家）	1893	2252	2435	2650	3069	3473	3660
博物馆从业人员数（人）	51587	59919	57431	62181	71748	79075	—
博物馆参观人次（万人次）	28328	32716	40679	47051	56401	63776	—

3. 新兴文化服务业潜力仍待深度挖掘

伴随着专业化分工程度的深化、价值链的分解以及电子信息等高新技术的发展，顺应中国发展阶段和消费结构的变化，中国涌现出了一批市场化、产业化发展的新兴文化服务业、文化创意、文化会展等。这些新兴文化服务业发展速度快，发展空间大，将是今后中国重要、稳定的经济增长点。

2014 年全国共举办展览 7851 场，比 2013 年增加 0.5%；50 人以上专业会议 76.5 万场，较 2013 年同比增长 5.4%；直接产值 3796 亿元，占全国国内生产总值的 0.67%，占全国第三产业产值的 1.45%，拉动效应 3.4 万亿元，比 2013 年增长 6.3%。从展会的类型来看，经贸类占 67%，比 2013 年增加 1%；消费类占 22%，较 2013 年下降 2%；文化及其他展示类占 11%，同比 2013 年增加 1%。各地区近年来致力于打造国际知名文化会展目的地、会展中心，急于求成的心态在某种程度上使得会展服务业的专业化、市场化、国家化进程大打折扣。但是随着“禁奢令”等规定的出台，文化会展服务业回归理性，理性办展成为 2015 年文化会展的新常态。

总体来看，中国文化创意产业仍处于初级发展阶段，以沿海为代表的一线城市产业集聚趋势明显。例如，2014 年杭州文化创意产业增加值达到 1607.27 亿元，GDP 占比 17.4%；规模以上文创企业单位资产总额 4347.56 亿元；规模以上文创企业主营业务收入 2842.07 亿元，利润总额 587.32 亿元；从业人员 33.68 万；规模以上文创企业 3183 家，其中民营企业 3023 家；国家动画产业（教育）基地 5 家，国家文化产业示范基地 8 家，市级园区 24 家，市级文创楼宇 33 家。总体上杭州形成了以西湖创意谷、之江文化创意园、西湖数字娱乐产业园、运河天地文化创意园、杭州创新创业新天地、创意良渚基地、西溪创意产业园、湘湖文化创意产业园、下沙大学科技园、白马湖生态创意城等十大园区作为主要平台，不断完善全市文化创意产业空间布局，逐步形成了“两圈集聚、两带带动”的文化创意产业空间新格局。2013 年上海文化创意产业实现增加值 2500 亿元，同比增长 10.1%，占上海全市 GDP 比重约为 11.5%。文化创意产业已成为引领和支撑上海新一轮发展的支柱产业，对上海全市经济发展的贡献率逐年提高，而且上海荣获联合国教科文组织授予的“设计之都”称号并加入全球“创意城市网络”，迪士尼、东方梦工厂等重大项目也落户上海，为上海大力发展文化创意产业拓展了巨大发展空间。但从全国其他大部分地区来看，文化创意产业仍亟待促进发展。为进一步促进文化创意产业的发展，国务院 2014 年发布的《国务院关于推进文化创意和设计服务与相关产业融合发展的若干意见》明确要求提高文化创意和设计服务增加值在文化产业与相关产业产品和服务的比重。到 2020 年，文化创意和设计服务的先导产业作用更加强化，与相关产业全方位、深层次、宽领域的融合发展的格局基本建立，相关产业文化含量显著提升……从国家层面对文化创意等新兴文化服务业提出了全面更高的发展要求。

4. 国家战略背景下的“带状发展”成为主要特征

随着中国经济进入从高速增长转向中高速增长的新常态，文化服务业等现代服务业正成为推动中国经济发展转型升级的重要力量。在经济转型的改革深水区和关键时期，文化服务业的“带状发展”，即区域化发展，以及区域间和区域内部的联动将会成为未来一段时间内的重要产业特征。“带状发展”将在大数据时代，突破传统区域环状分布而代之以线性带状分布相关联，将文化服务业的诸多要素进行有机的市场化配置与整合，从而突破行政区划的阻隔和产业门类的分割，最终实现国际化生产、交换与消费的整体共赢的文化服务业发展大格局。

根据地方经济和文化资源的差异，以及已有的空间布局来看，中国目前的文化带主要有“一带一路”文化产业发展空间、长江经济文化产业带、环渤海湾经济文化产业带、藏羌彝文化产业走廊等。

文化服务业“带状发展”是一个立体化的全方位发展的产业格局，通过国家性对外开放战略的全新布局，文化服务业将实现和其他产业的融合发展，加快中国丝绸之路沿线地区、沿海地区、内陆城市群的发展，甚至在部分区域把文化产业培育成为本区域经济支柱性产业，通过文化产业扩大就业、促进消费，从而加速经济的发展。

（二）存在的问题

1. 行业分布不均，大型企业带动作用较弱

根据《国家统计局文化产业新分类标准》规定，文化服务业包括了 55 个行业，中国目前企业占比较大、发展较为成熟、市场形成一定规模的文化服务业包括：摄影扩印服务、娱乐服务业、广告业、互联网、广播、电影、电视等行业，而文化娱乐经纪人、其他文化艺术经纪代理、电子出版物出版等行业的文化服务业企业还有待发展。

从文化服务业的市场主体来看，小微企业是主力军，大型企业引领带动作用不强。以陕西省为例，根据陕西省统计局数据，从单位规模上看，规模以上和规模以下文化产业法人单位占比分别为 2.15%、97.85%。从创造的增加值构成上看，规模以上和规模以下的占比分别为 19.1%、80.9%。以上两方面的数据表明，小微企业是陕西省文化产业发展的主力军，反过来也说明，大型企业引领带动作用不强。

2. 消费动能不足，消费空间亟须拓展

当前中国正处于消费升级阶段，从传统消费向旅游、教育、娱乐等文化服务类消费品转变，文化服务消费成为新的经济增长点。国家统计局统计数据表明，近几年来，中国居民人均文化消费逐年增长，文化消费，尤其是文化服务消费，占消费支出的比重整体呈逐年提高趋势，但绝对水平依然较低，远低于 10%~12%的发达国家一般水平，仅为发达国家文化服务消费的 1/3，增长潜力很大。

从收入和消费特点分析，收入是消费的主要影响因素，文化服务消费对工资收入的弹性较大。尽管近年来文化服务消费的总体水平在绝对量上一直呈现波动增长趋势，但当前人均文化服务消费占人均可支配收入的比重依旧较低。2014 年，中国人均 GDP 达到 7485 美元，北京、上海、天津等 7 个省市人均 GDP 突破 1 万美元。全国居民人均可支配收入 2.02 万元，比上年增长 8%；城镇居民人

均可支配收入 2.88 万元，比上年增长 6.8%；农村居民人均可支配收入 1.05 万元，比上年实际增长 9.2%。中国城镇居民恩格尔系数持续下降，从 2011 年的 36.3%下降到 2013 年的 35.0%，用于基本生活消费的比例进一步下降，而对文化创意型产品和服务的需求持续增加。2013 年中国文化消费规模约为 1.0388 万亿元，占居民消费总支出的 6.6%，按照国际经验来看，以中国目前的经济发展水平和人均消费能力，文化服务业消费的总量严重不足，居民文化消费的潜在规模约为 4.7 万亿元①，还有很大的增长空间。

3. 文化服务业市场竞争不充分

服务业的发展不仅依赖经济实体的健康发展，更在很大程度上依赖于产业环境的建设和规范。长期以来，中国文化服务业游离于市场经济体制之外，在观念上和产业发展模式上都缺乏活力和竞争力。文化服务行业政企合一、政府垄断的体制问题普遍存在，使得市场竞争不规范，弱化了竞争机制配置文化服务业资源的作用，抑制并削弱了生产性文化服务业的内在动力，影响了文化服务业的长远发展。

4. 文化服务业产业创新、融合不足

不管是传媒、电影、音乐还是时尚，文化产业与互联网、金融等产业的融合趋势更加明显，文化产业的服务性功能日益凸显，溢出效应开始受到更多的重视，由此带来了文化企业的快速集约化发展。中共十八大报告中提出，要促进文化和科技融合，发展新型文化业态，提高文化产业规模化、集约化、专业化水平。随着经济、技术、文化的协调快速发展，企业的边界逐渐趋向模糊，不同产业之间的融合之势不可阻挡。

由于文化服务业规模相对较小、产出相对较低，导致其资源整合能力不足、创新不够、与相关产业融合的深度欠缺、与其他产业关联度不强等一系列问题。加之缺乏专业人才、资金投入不足，文化服务业没有释放出应有的能量，不仅难以持续为相关产业发展注入活力，形成产业共生共荣的协同发展模式，也造成了文化服务业自身发展创新能力不足。

四、政策建议

“十三五”时期是中国文化产业由规模扩张转向效益提升、产业转型升级的历史机遇期。在市场化改革不断推进、经济结构亟待升级、服务业同其他产业融

① 中国人民大学与文化部文化产业司主办的“文化中国：中国文化产业指数发布会”数据。

合加速、信息和互联网及数字技术大发展的背景下，文化服务业面临三个方面的突出变化：第一，产业融合速度加快。文化服务业同农业、工业、旅游休闲业、体育、互联网等行业的融合快速发展，不断分化、变革、转型、升级，新业态、新行业不断产生，产业附加值大大增加。第二，数字化浪潮将重塑文化服务产业链条。数字化技术、网络技术、移动通信技术对文化服务业不断冲击，新的业态不断产生，都推动了文化产业升级换代。数字文化产业日渐成为文化产业的主流，预计到2016年将占到文化产业总额的70%。这与当前市场消费潮流，特别是年青一代的文化消费方式密切相关。同时，信息技术、数字化技术、移动通信技术等同文化产业的深入融合，将会促进文化服务业价值链纵向延伸和横向拓展，实现价值的最大增值。第三，市场化改革将促进产业提质增效。近年来，文化服务业市场化程度在不断提升。文化产业全面深化改革的一系列政策措施为减少行政干预、培育真正的市场主体、破除准入壁垒、促进民营企业享受同等待遇、建立全国统一的文化市场奠定了良好的基础。“十三五”期间，随着市场化改革的深入，市场化竞争会推动企业跨地区、跨行业、跨所有制的兼并重组，激发企业创新活力，推动文化服务业相关要素自由流动，拓宽文化服务业投融资渠道，促进服务质量提升，实现更大经济效益的同时惠及民生。

综观文化产业发展态势以及外部发展环境，中国文化服务业在“十三五”期间面临良好的发展前景，也仍然存在一些制约因素，还需进一步优化产业政策，助推产业实现跨越。

（一）强化财政、税收政策的引导性和针对性

近年来，针对文化服务业的财政和税收支持不断加大，通过设立文化产业发展专项资金、动漫产业专项基金、文化产业投资基金、推动特色文化产业项目建设等方式，支持力度不断增加。税收政策在针对与文化产业相关的增值税、营业税、所得税、个人所得税等主要税种方面都有不同程度的优惠。但是这些财政支持和税收优惠政策在实施过程中还存在相互掣肘、实施困难的现象，政策的支持领域、范围、对象、方式方法还需要进一步细化和优化。例如，财政资金应从直接补贴为主向间接补贴、奖励、综合补贴等引导性方式过渡；财政资金的投向和投量要体现产业政策的意图和目的，向重点地区、民营企业、小微企业倾斜；增进税收政策的系统性、长期性；财政政策和税收政策相互配合，建立复合立体全方位的优惠调控体系，体现产业发展的宏观规划意图。

（二）推动金融、科技合作创新

金融和科技支撑是文化服务业在“十三五”期间实现腾飞的重要战略支点。“十三五”期间，金融和文化合作创新的重点是要解决好两个问题，一是重点突

破小微文化服务企业融资难的问题，通过金融创新做活、做强小微企业。二是积极推动大型文化企业直接融资，通过资本市场做强、做优龙头企业。这一方面需要通过完善金融中介服务体系，建立风险分担和补偿机制，引入众筹、风投等新型融资方式，破解小微企业融资困境；另一方面，需要通过建立文化产业金融创新的实验区，探索建立包含债券融资、信贷融资、社会投资、资本市场融资等的多元化投融资体系。在促进文化科技合作方面，要推动文化和科技政策的整合和衔接，增强系统性。在动漫、游戏、设计等热点领域以外，鼓励科技同传统行业的更进一步融合。

（三）优化相关土地、人才政策

近年来，在文化产业配套用地、园区和基地建设、重点项目建设方面，土地政策给予了优先安排等多项优惠。“十三五”期间，面对土地资源硬约束，文化产业土地利用方面需要进一步优化园区规划建设，关注园区空心化问题，提高土地集约利用效率。同时，利用旧城改造和更新的机会，盘活存量资产，在政策上允许厂房、仓库、演出场所、原有商业设施等兴办文化企业，提高土地使用效率。

在文化服务业相关人才的培养、使用和激励政策方面，搭建公共服务平台，促进企业同科研院所等人才培养机构的合作，实现产业需求与人才供给的有效对接；制定文化服务业相关专业人员，特别是新兴行业的资格认证和评定标准；发挥社会力量，构建学历教育、在职教育、短期培训、技能培训、研发支持等多元化的人才支撑体系，为文化服务业提供源源不断的智力支持。

（四）建立文化服务业发展的协调机制

文化服务业涉及科技、文化、新闻出版广电、旅游等多个职能管理部门。存在条块分割、各自为政、多头管理、政出多门的现象，未来文化服务业发展要在不同产业间、不同地区间实现资源整合和要素流动，就必然要求建立国家层面和区域层面的能够适应产业发展态势的协调机制。实现定期信息交流和共享，制定产业总体发展战略，推动区域重点项目发展，对接各项产业相关政策，实现文化服务业的各项扶持资金、优惠政策的统一、集中和协调。通过协调各方力量，才能加快文化服务业同科技的融合，推动产业由速度型向质量效益型转变；才能推动文化服务同工业、农业、旅游的深度融合，培育多元化经济增长点。通过建立地区合作发展的协调机制，在更大的范围内整合文化资源，实现要素流动，才能优化区域布局，推动重点区域的快速崛起。同时，各项扶持政策和优惠政策的实施，要建立起事前审查、事中监督、事后评估的完整实施流程，强化事前的资格审查和中期效果监督，必要时引入第三方的政策效果评估，使各项政策落到实处。

迈向"十三五"的旅游业：发展趋势与政策建议

窦　群　戴学锋*

摘　要：旅游业是中国经济社会发展的综合性产业，是国民经济和现代服务业的重要组成部分。中国正迎来旅游休闲业发展的难得机遇，旅游休闲业将继续保持快速发展，在国民经济中的地位将进一步提升，旅游业改革很可能成为经济体制改革的突破口。"十三五"时期，要加强旅游基础设施建设，整合旅游资源，治理旅游秩序，推进旅游区域合作，积极落实带薪休假制度，切实把旅游业打造为人民群众满意的现代服务业和国民经济战略性支柱产业，从而充分发挥旅游业在稳增长、惠民生、促改革、增就业的积极作用。

关键词：旅游业　综合性产业　国民休闲　带薪休假制度

"十一五"末期以来，历经"十二五"期间，是国家层面发布支持旅游业发展的政策性文件和法规较为集中的时期，凸显了国家战略层面对于发展旅游业越来越关注和支持，这期间，也从国家产业政策的层面明确旅游业是中国经济社会发展的综合性产业，是国民经济和现代服务业的重要组成部分，并明确要把旅游业建设成为"人民群众更加满意的现代服务业"，这不仅权威阐释了旅游业作为服务业的性质和发展目标，也确立了"十三五"和今后一个时期旅游业发展的基本方向。

---

* 窦群，北京联合大学旅游研究院教授，主要研究方向为旅游管理与旅游规划。戴学锋，中国社会科学院财经战略研究院旅游与休闲研究室主任、研究员，主要研究方向为旅游发展战略。

一、发展目标

（一）国民经济的战略性支柱产业

2009年,《国务院关于加快发展旅游业的意见》（国发［2009］41号文，以下简称2009国发41号文）发布，提出要把旅游业培育成国民经济的战略性支柱产业和人民群众更加满意的现代服务业。这两大发展目标成为制定和实施全国旅游业发展“十二五”规划的重要政策基础，并将这些发展目标延续至今而带入“十三五”发展时期。

这是在面对新时期中国经济社会发展的新形势和新任务，尤其是在应对国际金融危机冲击下，针对中国旅游业在经济社会发展中的综合功能和带动作用，着眼于中国旅游业未来发展而做出的战略新定位。把旅游业的发展目标定位为国民经济的战略性支柱产业，是要充分发挥旅游业对于稳增长、调结构、扩内需方面的重要作用，通过支持旅游业的繁荣发展，不断提高旅游业在区域统筹、城乡统筹、新型城镇化建设、文化产业繁荣发展、生态环保产业发展等方面的重要作用，不断提高旅游业发展的质量和效益，不断提高游客的旅游消费水平，通过旅游业的发展，起到拉动内需、促进经济平稳发展的目的，将旅游业发展成为名副其实的战略性支柱产业。

（二）引领社会经济全面深化改革的破冰行业

2014年，面对新一轮全面深化改革任务的大背景，国务院出台了《国务院关于促进旅游业改革发展的若干意见》（国发［2014］31号文，以下简称2014国发31号文），这个文件确立了旅游业作为引领社会经济全面深化改革的破冰行业的新定位。

当前改革的时代大背景堪比1978年启动改革的时刻，当时社会经济全面固化，处处改不动，“铁板一块”。因此，总设计师邓小平同志选择了多个领域试水改革，旅游业也是启动改革开放的重要领域之一，于是有了1979年的黄山讲话，和此后30多次关于旅游的讲话。旅游业借助改革开放之先机得到了迅速发展，旅游业的发展也促进了中国的改革开放进程，此后，全国一系列举措实现了打破社会经济“铁板一块”的目的，实现了引进外资、按劳分配、人员流动，让世界看到了我们改革开放的决心。旅游业成为启动改革的破题点之一。当前的时代背景是改革进入深水区，体制机制以及因此形成的利益关系严重固化，解决体制机制制约和深层次矛盾成为改革的关键。在这个大背景下，启动新一轮改革同样需要一些先行先试领域，旅游业似乎再一次被赋予历史的使命。

（三）作为经济社会发展的综合性产业，旅游业是国民经济和现代服务业的重要组成部分，是稳增长、扩内需的动力产业

基于近年来旅游消费和投资两旺的良好态势，国家对于旅游业发展更加寄予厚望，要求发挥旅游在扩内需、稳增长、增就业、减贫困、惠民生中的独特作用。2015 年全国两会的《政府工作报告》明确提出提升旅游休闲消费的工作任务。为进一步发挥旅游投资和消费，充分发挥其在稳增长、促改革、调结构、惠民生中的积极作用，2015 年 7 月 28 日，国务院第 100 次常务会议审议通过《关于进一步促进旅游投资和消费的若干意见》（国办发［2015］62 号文，以下简称 2015 国办发 62 号文），这是继 2009 国发 41 号文和 2014 国发 31 号文之后，以国务院名义出台的促进旅游投资和消费发展的第三个政策性文件，明确了旅游业作为经济社会发展的综合性产业，是国民经济和现代服务业的重要组成部分，是经济新常态下充分发挥旅游业在稳增长、调结构、惠民生方面积极作用的重要动力产业。

（四）提升人民生活品质，建设人民群众更加满意的现代服务业

2009 国发 41 号文的另一个重要目标是“将旅游业培育成为人民群众更加满意的现代服务业”，这是发展旅游业的宗旨，因此，也是发展旅游业的长期任务和目标。2015 国办发 62 号文也明确提出了发展旅游业、提升人民生活品质的新定位，这是旅游业发展的重要出发点和落脚点。

现代服务业初步发展于工业革命到第二次世界大战期间，确立于 20 世纪 80 年代。它本质上是社会进步、经济发展、社会分工专业化等的客观结果，相对于传统服务业，它具有智力要素密集度高、产出附加值高、资源消耗少、环境污染少等特点。在内容上，它既包括新兴服务业，也包括对传统服务业的技术改造和升级，其本质是实现服务业的现代化。

对于旅游业而言，“人民群众更加满意的现代服务业”目标，涉及旅游业从“传统”到“现代”，从满足“旅游者”基本需求到“人民群众”更加满意，涉及旅游业作为现代服务业的发展理念、目标导向、产业内涵以及支撑保障体系全方位的转型升级。从这个角度看，2009 国发 41 号文也成为中国旅游业转型升级的重要标志。如果说战略性支柱产业是对于旅游业发展的经济目标，那么将旅游业培育成为人民群众更加满意的现代服务业则是层次更高、范围更广、内涵更丰富的社会民生发展目标。

将旅游业培育成人民群众更加满意的现代服务业，就意味着旅游产品供给更

充分、产业结构更合理、功能更强大、技术更先进、效益更好、素质更高、环境更优、形象更美。但是从目前看，旅游业发展仍存在诸多问题：最基本的莫过于旅游产业发展所赖以存在的资本、土地、技术等发展要素缺失或供给不足；旅游产品总量供给不足、结构性缺失、产业业态更新慢。门票经济主导，旅游产业链较短，产业融合亟待深化，地区间旅游业发展存在不平衡现象；管理模式亟待创新。突出问题在重视标准化的同时，忽略了个性化；“过度市场化”和市场主体发育不足同时并存，旅游企业距离市场化、产业化、现代化、国际化尚有差距；旅游区季节性超载，自然灾害和安全事故频发。

二、发展趋势

（一）旅游业作为朝阳产业的特征越来越得到国家政策的关注和支持，旅游业将在国家经济社会发展中发挥更大作用

2015年3月全国两会期间，习近平主席指出，“十三五”规划是实现全面小康的规划，是实现第一个百年目标的规划。2015年5月底，习近平在浙江调研期间，对“十三五”经济社会发展进行了全面深刻的阐述，强调“十三五”时期是中国经济社会发展非常重要的时期，要明大势、看大局，深刻把握国际、国内发展基本走势，把我们所处的国内外发展环境和条件分析透，把我们前进的方向和目标理清楚，把我们面临的机遇和挑战搞明白，坚持立足优势、趋利避害、积极作为，系统谋划好“十三五”时期经济社会发展。在此基础上，提出了“十大目标”：①保持经济增长；②转变经济发展方式；③调整优化产业结构；④推动创新驱动发展；⑤加快农业现代化步伐；⑥改革体制机制；⑦推动协调发展；⑧加强生态文明建设；⑨保障和改善民生；⑩推进扶贫开发。这是习近平明确提出的“十三五”时期经济社会发展十大目标任务，在这十大目标任务中，保持经济增长排在第一位，稳增长仍是首要任务。习近平重点强调要推动产业结构优化升级，同步推进新型工业化、信息化、城镇化、农业现代化。要深入研究保持经济增长的举措和办法，着力解决制约经济社会持续健康发展的重大问题，挖掘增长潜力，培育发展动力，厚植发展优势，拓展发展空间，推动经济总量上台阶。这是面对当前中国经济下行压力的增大所提出的现实要求，为此，旅游业的经济功能在“十三五”期间必须置于更加突出的地位。

近年来，在国家经济发展总体面临下行压力，在投资增长乏力、新的消费热点不多、稳增长难度加大的情况下，城乡居民消费升级和旅游需求快速发展，旅

游消费总额创历史新高，旅游投资继续保持高速增长，旅游业成为促进经济增长的新动力和扩大内需新增长点的优势进一步显现。

2014 年全国旅游业直接投资达到 7053 亿元，同比增长 32%，比第三产业投资增速高 15 个百分点。2015 年上半年全国旅游投资达到 3018 亿元，同比增长 28%，比第三产业投资增速高 16 个百分点，比全国固定资产投资速度高 17 个百分点。西部地区比中部地区旅游投资增速高 3 个百分点；民营资本投资旅游业占 59.5%，成为旅游投资主力。旅游投资增长一直保持着非常旺盛的态势。随着中国经济结构调整开始转向服务业，旅游投资将在相当长的一个时期内继续保持旺盛增长的态势。

2015 年上半年，全国国内旅游人数达到 20.24 亿人次，同比增长 9.9%；旅游收入实现 1.65 万亿元，同比增长 14.5%；入境旅游人数 6510 万人次，同比增长 4.5%，出境旅游 6190 万人次。从投资看，2015 年上半年，全国实际完成旅游投资 3018 亿元，同比增长 28.0%，比第三产业投资增速高 16 个百分点，比全国固定资产投资速度高 17 个百分点。从消费看，2015 年上半年国内旅游消费 1.65 万亿元，增长 14.5%，比社会消费品零售总额增速高 4.1 个百分点。

根据以上发展态势展望，“十三五”期间中国旅游业发展将保持健康快速发展的势头，借助国家战略的政策扶持，旅游业可望进一步扩大产业规模、提升发展质量，对国民经济发展的贡献程度进一步凸显，努力发展成为国民经济战略性支柱产业。

（二）国家提出新时期旅游业改革开放、打造中国旅游业升级版的总体要求

经过改革开放 30 多年的发展，中国经济社会发展取得了举世瞩目的成绩，人民生活正全面进入小康阶段。在此阶段，我国既面临着迅速发展的机遇，同时也面临着发展中的诸多困难，是发展转型的关键时期。与此对应，中国改革已进入深水区，解决制约社会经济发展深层次的问题成为改革的关键。这些深层次问题主要表现在：贫富分化严重，贫困问题没有得到根治，经济发展没有惠及最广大的国民；经济增长长期过度依赖投资和出口，内需严重不足，经济下行压力增大；经济发展失衡，产业结构不合理，中西部地区发展严重滞后；增长方式粗放，生态欠账过多，环境持续恶化等。因此，中共十八届三中全会提出全面深化改革的发展思路，2014 年也被各界视为全面深化改革的“改革元年”。解决这些深层问题就必须从体制机制的制度安排层面深化改革，如改革弱势群体就业的制度性障碍，提供更多的市场就业机会；改革资金、技术、人员流动的体制机制制约，特别是向中小企业流动的制约；解决土地制约，特别是农村土地开发的制约等，从而进一步解放生产力，给每一个经济细胞注入活力等。

2014年7月2日，国务院总理李克强主持召开国务院常务会议，确定从国家层面，采取三大举措加快旅游业改革发展。国家再次肯定和明确了旅游业在国家经济社会发展中的重要地位，认为，旅游业是现代服务业的重要组成部分，带动作用大。加快旅游业改革发展，是适应人民群众消费升级和产业结构调整的必然要求，对于扩就业、增收入，推动中西部和贫困地区脱贫致富，促进经济平稳增长和生态环境改善，意义重大。要着力推动旅游业转型升级，使旅游开发向集约节约和环境友好转型，旅游产品向观光、休闲、度假并重转变，旅游服务向优质高效提升。

一要以改革开放增强旅游业发展动力。推动旅游市场向社会资本全面开放，进一步深化对外合资合作，提升旅游业水平。减少行政审批，在投融资、用地、宣传推广等方面加大政策扶持，做大、做强旅游企业。

二要优化旅游发展软硬环境。加大对旅游基础设施、公共服务和人才培养等的投入。加强旅游市场监管，严厉打击乱涨价、“黑导游”和强迫消费等行为。

三要提升旅游产品品质和内涵。大力开发老年、民俗、养生、医疗旅游等；落实职工带薪休假制度；合理安排学校寒、暑假等假期，组织好夏令营、冬令营、研学旅行；用创意设计创新旅游产品，让中外游客享受更加便捷安全、多彩快乐的旅游之美。

国务院提出的促进旅游业改革发展的政策措施，就是希望在新时期，从国家层面集聚合力，按照打造中国经济升级版的战略部署，扎实推进打造中国旅游业的升级版。2013年初，李克强总理在全国两会期间系统提出了新一届政府的施政纲领，要着力“推动经济转型，把改革的红利、内需的潜力、创新的活力叠加起来，形成新动力，并且使质量和效益、就业和收入、环境保护和资源节约有新提升，打造中国经济的升级版”。国家寄予旅游业发展的厚望和要求，实际上与打造中国经济升级版的战略部署一脉相承，是国家经济社会发展整体战略部署在旅游业的具体贯彻和落实。

新时期国家对于旅游业发展的期待突出体现了打造中国旅游业升级版的战略部署，这在国务院会议精神的字里行间都体现得非常充分，要求旅游业发展要适应人民群众消费升级；要着力推动旅游业转型升级，使旅游开发向集约节约和环境友好转型，旅游服务向优质高效提升；通过深化改革开放，提升旅游业水平，要提升旅游产品品质，让中外游客享受多彩快乐的旅游之美。转型和升级的要求，简单理解就是，国内外游客的旅游消费在升级，为此，要求包括旅游产品、旅游企业和旅游服务在内的旅游供给体系也必须适应游客的升级需求，促成这种适应的主要动力在于系统推进新一轮中国旅游业发展的改革和开放。

众所周知，中国旅游业是得改革开放之先机而发展起来的朝阳产业，旅游业发展也在服务于各个阶段国家改革开放总体战略推进中发挥过积极作用。如今，中国已经是名副其实的旅游大国，辽阔的国土、丰富的旅游资源、巨大的旅游内需、日新月异的交通设施、经济社会的稳定发展，无疑使中国旅游业发展孕育着不可限量的巨大潜力。同时，也要客观看到，中国旅游业发展从规模到质量都还有很大的提升和改善空间，比如，旅游发展还不能很好地适应人民群众和中外游客日益增长的旅游需求，这在旅游旺季表现得特别突出；受各种客观因素和日益激烈的国际旅游市场竞争影响，中国入境旅游近年出现了徘徊和下滑，从一个侧面反映了中国旅游业国际竞争力的现状；受生态环境、旅游环境和旅游产品创新能力等多方面因素的影响，出现了国内旅游需求国际化的倾向，旅游服务贸易的逆差在 2014 年已经扩大到 500 亿美元；等等。

正是在全面评估和分析中国旅游业已经取得的辉煌成就、现存的突出问题和孕育的巨大发展潜力的基础上，国家为新时期中国旅游业发展绘就了蓝图，可以展望，秉承本届政府绘就的“打造中国经济升级版”美好蓝图的战略部署，系统规划和扎实推进新一轮中国旅游业的改革开放进程，中国旅游业的升级版就一定会为圆中外游客的旅游梦不断奉献新的喜悦。

当改革进入攻坚阶段、面对新一轮全面深化改革任务的大背景下，国务院出台了《关于促进旅游业改革发展的若干意见》，实际上是要把旅游业作为进一步深化改革的重要抓手。如果说 1979 年改革开放总设计师邓小平同志黄山讲话开启了旅游业发展的先河，那么当前出台促进旅游业发展的意见，可以看成是把旅游业作为启动进一步深化改革的重要突破口。分析国家战略的这个选择，可以有以下几点认识：

一是经过 30 多年的发展，中国旅游业从无到有发生了翻天覆地的变化，但旅游业轻、小、灵等基本特点没变，旅游业的窗口效应作用没变，旅游业“船小好调头”的特点没变，总之，旅游业对改革的先行先试作用没变。

二是经过 30 多年的发展，旅游业的规模相当于 GDP 的 5%以上，正在努力建设成为国民经济的战略性支柱产业，大力发展旅游业对于缓解经济下行压力、弥合收入两极分化、扩大内需、调整产业结构、解决环境压力，实现中国梦等作用更加凸显。

三是旅游业是中国改革开放后市场化程度最高的行业之一，其内部制约相对较少，但任何行业无不打上时代的烙印，在进一步深化改革的大潮前，旅游业同样面临着深化发展的掣肘问题，而这些问题都是关系改革全局的深层次问题在旅游业中的反映。如土地制度限制乡村旅游的深化发展、小微信贷不足抑制了旅游业小型创意产业的发展、区域壁垒限制了旅游企业做大做强、产业壁垒抑制了旅游业产业链的延伸等。这些限制统统为旅游业外部限制，解决这些限制对中国社会经济的全面深化改革具有极大的示范引领作用。

通过 2014 国发 31 号文及其所附的《重点任务分工及进度安排表》可以看出，

国务院的意图非常明确，此次重点解决的是当前全社会面临的问题在旅游业中的集中反映，通过旅游业的深化改革，打破“铁板一块”的利益固化格局，带动旅游业新一轮改革发展的顺利进行。从工作任务上看，除旅游部门外，国家诸多综合和重要部门都有具体的落实任务，这种安排显然是希望通过相关部门的通力合作，解决长期制约产业发展的外部限制条件，加快旅游业的发展，同时更深刻的含义是探索启动下一轮旅游业改革发展的具体措施。因此，在这个文件发布不久，国务院就组建了促进旅游业发展的部级联席会，为解决深化改革的问题搭建了一个重要的平台。总之，2014 国发 31 号文为旅游业未来一段时间的发展指明方向，如同 1978 年的改革开放一样，此番深化改革也必定不是三两年能实现的，而要通过一个艰苦的过程，这便是“十三五”期间旅游业的主要任务。

（三）适应国民旅游休闲需求持续增长的要求，国家适时发布《国民旅游休闲纲要》，科学指导旅游业发展，满足人民群众日益增长的旅游休闲消费需求

2013 年 2 月，国务院办公厅以国办发［2013］10 号文发布了《国民旅游休闲纲要》（2013~2020）（以下简称《纲要》）。这既是旅游业发展历程中的一件大事，也是与广大百姓生活息息相关的重要事件，对中国经济社会发展具有深远影响。编制出台国民旅游休闲纲要，与我们所处的时代背景紧密相关。经过改革开放 30 多年的发展，中国的综合国力和人民群众的生活水平有了显著提升，2010 年，中国已成为世界第二大经济体，人均 GDP 已超过 5000 美元，公共假期已有 115 天。初步解决了“有钱”、“有闲”的问题之后，老百姓的旅游需求快速增长，旅游业进入大众化发展的新阶段。我们已经形成了近 30 亿人次的国内旅游市场规模，位居世界第一；出境旅游人数已超过 1 亿人次，中国成为全球最大出境旅游消费国，中国出境旅游对世界旅游市场的贡献率超过 7%。公民旅游越来越成为大众生活的重要方式和选择。顺应大众旅游休闲时代的到来，由国务院批准发布《纲要》，引导全社会树立健康、文明、环保的休闲理念，更好地满足广大人民群众旅游休闲消费需求，提高国民生活质量，反映了执政理念和发展理念的重大变化，显示了对民生福祉的关怀和时代发展的进步，具有重要的现实意义。

《纲要》对国民生活方式和生活质量的关注，既是对人的基本权利的尊重，也充分彰显了科学发展观“以人为本”的理念。随着城市化水平的日益提高，工作和生活节奏不断加快，人们普遍承受较大的工作压力，亚健康问题受到越来越多的关注，科学处理工作与生活的节奏，确保身心健康与生活幸福成为了不容回避的问题。《纲要》就是从满足人们旅游休闲需求出发，合理安排生活内容，调整生活节奏，通过各种旅游休闲活动，使人们既能舒缓工作压力、缓解精神紧张，

也能陶冶情操、增长知识、益智健身，进而提高个人和家庭的幸福指数，推动人与经济社会的全面、协调、可持续的发展。

旅游休闲是小康生活的重要内容，《纲要》的出台有利于提升人民生活质量。中共十八大提出了到2020年实现全面建成小康社会的宏伟目标，届时国内生产总值和城乡居民人均收入将比2010年翻一番，而且经济发展质量、社会文化建设、人民生活水平等都将踏上新的台阶。《纲要》以满足人民群众日益增长的旅游休闲需求为出发点和落脚点，推广旅游休闲理念，提出保障国民休闲时间、改善休闲环境、建设基础公共设施、完善公共服务等工作任务，明确了落实带薪休假、提升休闲共识、提高休闲质量等一系列发展目标，进一步丰富了小康生活内涵。《纲要》的颁布实施，不仅促进了国民休闲发展，也反映了国家加快建成小康社会的国家战略和全局思维，顺应了让各族人民过上美好生活的新期待，契合了全面建成小康社会的宏伟目标。

旅游休闲是人民分享改革开放成果、体验“美丽中国”的重要载体。中共十八大报告首次将生态文明建设和经济建设、政治建设、文化建设、社会建设并列在一起，作为中国特色社会主义事业的“五位一体”总体布局，提出努力建设“美丽中国”，实现中华民族永续发展。“美丽中国”的建设为旅游休闲提供了环境与内容，为中国旅游业创造了更大的发展空间。“美丽中国之旅”已经被确定为中国旅游总体形象。《纲要》进一步引导国民旅游休闲，积极创造开展旅游休闲活动的便利条件，不断促进国民旅游休闲的规模扩大和品质提升，最终把“美丽中国”的建设成果转化成为广大城乡居民的美好生活，让全体国民能够共享“美丽中国”。

发展旅游休闲顺应了旅游业发展趋势，有利于推动旅游业转型升级。一直以来，中国旅游业多以观光旅游为主体，随着经济社会的发展，旅游消费需求逐渐升级，特别是度假休闲需求日益旺盛，但是我们目前的产品结构和产品体系还远远不能满足大众度假休闲的需求，“黄金周”的集中出游就反映了我们旅游产品结构与度假时间安排的不合理。《纲要》将在增强国民旅游休闲意识、转变旅游休闲观念、保障国民旅游休闲时间、促进旅游休闲产业发展等方面发挥积极作用，顺应大众旅游消费需求，遵循旅游业发展的基本规律，进一步推动中国旅游业转型升级。随着旅游休闲体系的建设，国民休闲制度的完善，到2020年，中国旅游业不仅在总量规模上，在质量、效益等方面也都将基本达到世界一流水平，从而实现中国旅游业发展的战略目标。

《纲要》的出台有利于进一步发挥旅游业拉动内需、促进就业的功能，加快推动国民经济结构调整。当前，旅游休闲已经成为老百姓日常消费支出的重要组成部分，《纲要》的出台施行，将进一步促进旅游休闲消费，创造新的消费热点。旅游业还是吸纳就业的重要领域，特别在吸纳农村富余劳动力、解决弱势群体收入方面有着突出的作用，目前中国旅游直接从业人数超过1350万人，与旅游相关的就业人数约 8000 万人。随着旅游产业的发展壮大，特别是旅游休闲在乡村的拓展，旅游业在吸纳就业方面的功能将会进一步增强。旅游业是服务业的重要组成部分，对于相关产业的发展具有较强的关联带动作用，推进旅游休闲产业的发展，可以带动服务业全面发展，加快国民经济产业结构调整。

（四）适应国内外游客旅游消费升级的需求，旅游业向现代服务业发展的内在要求更加显著，一系列旅游新业态、新产品将成为“十三五”时期全国旅游业发展的亮点

如果从现代服务业视角解读旅游业转型升级，至少包括以下特征：旅游产品供给的充足性，能满足不断增长的旅游消费需求；旅游产业链条延伸的充分性，能产生很高的附加值；旅游服务模式的创新性，催生新的服务业态；旅游服务的优质性、标准化和个性化有机统一；旅游消费的文化性、高品位和深度体验相互融合；旅游服务手段的高技术性、智能化和智慧化支撑保障；旅游产业的集群性、时间和空间的高度集聚；旅游产业的绿色性，发展的可持续特征。

旅游已经突破传统的“六要素”体系，延伸和覆盖到经济、社会、文化以及城市、乡村建设的各个方面。要以旅游目的地体系建设为依托，最大限度地整合城乡各涉旅资源、行业、产业，拉长产业链，丰富旅游业态，拓展旅游功能。要大力推进旅游度假区建设。“十三五”时期，全国将逐步落实职工年带薪休假制度，标志着大众化休闲度假市场的到来。为适应休闲度假市场的巨大需求，适应国内外游客旅游消费升级的需求，旅游业向现代服务业发展的内在要求更加显著，一系列旅游新业态、新产品将成为“十三五”时期全国旅游业发展的亮点，国家也从政策扶持角度，鼓励旅游业新业态的发展，需要加快推进旅游装备制造、邮轮、游艇，以及低空旅游、中医药养生等现代旅游新业态产品开发，用现代信息技术武装传统旅游产业，提高旅游产业的信息化水平。2009 国发 41 号文明确指出把旅游房车、邮轮游艇、景区索道、游乐设施和数字导览设施等旅游装备制造业纳入国家鼓励类产业目录，大力培育发展具有自主知识产权的休闲、登山、滑雪、潜水、露营、探险、高尔夫等各类旅游新业态，成为旅游业新的经济增长点。培育和发展旅游新产品新业态，是适时推动旅游产业转型升级，从而对旅游经济提质增效，并提高旅游经济贡献的有效途径。结合当前经济社会发展现状及居民旅游需求，在政府引导下，以市场为主导，可以逐步推进各类旅游新业态发展，促进旅游业转型升级。企业是旅游新业态的创造主体、推广主体，同时需要政府适时适当地推动和支持加速新业态的成长成熟。要特别重视市场在资源配置中的决定性作用和企业作为市场主体在新业态发展的主导作用；同时也要发挥政府在新业态产业规划、新业态标准制定、新业态政策扶持、新业态市场秩序维护等方面的不可或缺的作用。

三、政策建议

（一）以深化改革促进旅游业发展的转型升级

综上所述，“十三五”期间，旅游业的发展目标除经济效益和人民群众满意度两大目标外，更为重要的是应发扬中国旅游业的优秀传统，树立引领全社会深化改革的担当精神和全局意识，把深化改革作为重点目标。为此，应注重以下工作：

首先，要树立宏观大局意识，以中共十八届三中全会、四中全会、五中全会精神为指导思想，深刻把握当前社会经济的深层次矛盾和问题，深入研究那些具有普遍性、全局性的问题，特别是这些问题由于体制机制固化、利益格局固化，在旅游业内部的反映。要深入研究、找准这些不合理的体制机制和现有规章制度的核心问题，把解决这些带有普遍性的问题作为深化改革的突破口。

其次，要建立一支具有从国家战略视角研究问题的能力、了解当前国家社会经济发展体制机制深层次矛盾，同时熟悉旅游业内部运行规律的国家级研究团队。这支团队不仅熟悉旅游业内部运行，更重要的是能够从宏观发展战略视角研究制约旅游业发展的外部因素，为战略性突破提供依据。要充分认识到，当前的问题比 1978 年复杂得多、深刻得多，因此，这个团队的战略思维和现有制度安排层面的微观研究同样重要，要形成比 20 世纪 80 年代经济学家孙尚清带领的团队对旅游业的研究更深刻的系列研究成果。

再次，要充分利用部级联席会这个平台，通过这个平台把上述研究成果，即那些关系全局的典型矛盾暴露出来，从国家战略发展的视角厘清把旅游业作为深化改革先行先试的突破口的重要性和可能性，利用这个平台获得突破现有体制机制和规章制度的相关授权，实现旅游业先行先试的目标。这个重要平台不应成为解决旅游业内部发展小问题的议事平台，应成为 20 世纪 80 年代旅游领导小组类似的平台。

最后，要充分利用 2014 国发 31 号文已经提出的深化改革内容，开启旅游业深化改革进程。如针对目前各地旅游项目由于缺乏土地而无法落实的现实情况，根据文件提出优化土地利用政策，提出“编制和调整土地利用总体规划、城乡规划和海洋功能区规划时，要充分考虑相关旅游项目、设施的空间布局和建设用地要求，规范用海及海岸线占用”。针对用地紧张的现实，文件提出“年度土地供应要适当增加旅游业发展用地”。针对乡村旅游由于缺乏土地支持，难以真正发展的问题，文件提出“在符合规划和用途管制的前提下，鼓励农村集体经济组织依法以集体经营性建设用地使用权入股、联营等形式与其他单位、个人共同举办旅游企业，修建旅游设施涉及改变土地用途的，依法办理用地审批手续”。再如针对中小企业融资难等问题，文件提出“通过企业债、公司债、中小企业私募债、短期融资券、中期票据、中小企业集合票据等债务融资工具，加强债券市场对旅游企业的支持力度，发展旅游项目资产证券化产品。”“加大对小型、微型旅游企业和乡村旅游的信贷支持”。从全社会看，这些制约旅游企业的问题，也是下一轮深化改革的重点。因此，应把这些问题作为旅游业带动下一轮深化改革的突破口，使全社会认识到旅游业在新一轮改革中的重要作用，为旅游业全面带动深化改革创造条件。

总之，在当前中国社会经济面临深化改革的历史转折点上，“十三五”时期，旅游业的核心定位应是社会经济全面深化改革的先行先试行业。并在事关旅游业发展的诸多具体领域和环节取得突破。

要深化旅游管理改革，不断创新体制机制。积极稳妥推进旅游综合改革试点。根据旅游涉及面广的特点，坚持顶层设计与基层创新相结合的原则积极稳妥推进旅游综合改革试点工作，不断释放改革红利。努力做好顶层设计，鼓励基层大胆实验。重点推进城市旅游综合改革试点，与新型城镇化结合抓好县域旅游综合改革试点。协调有关部门，对旅游综合改革试点地区和单位下放有关审批权限，力争在旅游用地、旅游立项、财政转移支付、基础设施建设等方面，对旅游综合改革试点予以重点支持。

要探索构建有利于部门协调的旅游发展管理机制。旅游行业管理的综合性特点决定了旅游的管理体制必须是综合协调机制。“十二五”期间，海南、北京、云南、广西、江西、西藏等省自治区、直辖市根据“发展大旅游、培育大市场、建设大产业”的现实要求，组建“旅游委”的强化旅游管理格局，推动建立由党委、政府主要领导牵头，宣传、发改、财政、交通、规划、国土、建设、旅游等相关部门组成的旅游领导机制，实现旅游发展的“统筹协调、共建共治”；在城市层面，杭州等地的旅游委发展模式已经运转多年，取得积极效果，山东枣庄组建的旅游服务委也取得积极探索。“十三五”期间，全国要继续创造条件积极探索推动旅游管理部门转变工作机制，推动旅游管理部门由单一行业管理部门转变为产业促进、资源统筹、发展协调和服务监管部门。

（二）落实 2015 国办发 62 号文要求，在经济新常态下努力扩大旅游供给的规模，提高质量，充分发挥旅游业在稳增长、调结构、惠民生方面的积极作用

根据当前中国旅游供给存在的供给规模、结构以及空间、时间上的失衡问

题，要结合传统旅游区的提质扩容，推进景区、城市和乡村复合型旅游目的地建设；结合“新型城市化”进程，推进城市休闲旅游发展，加快休闲城市建设，发展海洋旅游；结合国家中西部地区大开发和“一带一路”及京津冀区战略实施，推进中西部旅游业发展和旅游区域合作。推动旅游产品的多样化进程，培育新的旅游消费热点。以高A级旅游区为重点，解决公共资源属性旅游产品过度市场化问题。推动企业经营行为的有序规范以及游客的规范和引导。规范旅游市场秩序、保护旅游者合法权益，提升旅游服务质量，培育负责任的游客。针对市场主体发育滞后的问题，应以改革促发展，强化市场主导地位。放宽旅游市场准入，打破行业、地区壁垒，简化审批手续，鼓励社会资本公平参与旅游业发展，鼓励各种所有制企业依法投资旅游产业。通过国有旅游企业改组改制，支持民营和中小旅游企业发展，支持各类企业跨行业、跨地区、跨所有制兼并重组，培育一批具有竞争力的大型旅游企业集团，推进企业产业链条的延伸，提高企业综合效益。积极引进外资旅游企业，发挥鲶鱼效应，以开放促改革，以改革促发展。要解决旅游用地等要素支撑问题，并在法律和制度体系予以明确，特别是在以旅游业为主导的中西部地区以及东部产业升级压力比较大的地区，推进旅游与文化、体育、农业、工业、林业、商业、水利、地质、海洋、环保、气象等相关产业和行业的融合发展，在旅游用地上要充分保障。针对服务模式创新问题，重点是通过新理念、新技术、新经营管理模式，改造旅游产业链条，提升旅游消费品质、推进旅游产业智慧化和品牌化进程，并培养和催生出新的旅游服务业业态。

（三）推进带薪休假制度落实，提高人民生活质量，持续扩大旅游消费，推动旅游业健康快速发展

目前我国的法定休假时间已经实现了人均115天，如果落实带薪休假10~15天，休假时间将会达到125~130天。为了落实带薪休假制度，国务院出台了《国民旅游休闲纲要》（以下简称《纲要》），以及《关于进一步促进旅游投资和消费的若干意见》，明确提到要进一步推动带薪休假制度的落实。实施带薪休假安排，本质上是实现错峰休假，为游客提供更有品质的旅游活动，提升游客的满意度，以解决集中休假造成的景区 “人满为患”、到了平日又门可罗雀的状态。实施带薪休假安排，也是落实国务院要求，把旅游业建设成为人民群众更加满意的现代服务业的要求使然。

落实国民休闲纲要和带薪休假制度，要扩大旅游消费，提升人民生活品质。《纲要》以满足人民群众日益增长的旅游休闲需求为出发点和落脚点，坚持以人为本、服务民生、安全第一、绿色消费，重点从提倡绿色环保的旅游休闲理念、保障国民旅游休闲时间、鼓励国民旅游休闲消费、丰富国民旅游休闲产品、完善国民旅游休闲公共服务五个方面提出意见加以贯彻落实。

一是推进绿色环保的旅游休闲理念。《纲要》在指导思想中明确提出，要大力推广健康、文明、环保的旅游休闲理念，促进社会和谐。把“让健康、文明、环保的旅游休闲理念成为全社会的共识”作为旅游休闲发展的重要目标和国民旅游休闲质量的重要内容。在主要任务和措施中，绿色旅游的理念贯穿始终，不管是将游客运输纳入当地公共交通系统、发展家庭旅馆和面向青年学生的经济型酒店，还是完善国民旅游休闲公共服务、制定旅游休闲服务规范和质量标准等，都着力倡导更加环保的出行方式、更加亲近自然的旅游方式、更为文明健康的休闲生活。

二是保障国民旅游休闲时间。重点强化推动落实带薪年休假制度的有关内容，努力实现到2020年，职工带薪年休假制度基本得到落实，为实现这一目标建议提出以下措施：①提出要加强带薪年休假落实情况的监督检查，加强职工休息权益保障方面的法律援助；②鼓励机关、团体、企事业单位创造条件引导职工灵活安排全年休假时间；③提出完善针对民办企业和非企业单位、有雇工的个体工商户等单位职工的休假保障措施，推动休假保障全面覆盖。此外，根据《纲要》要求，在放假时间总量不变的情况下，高等学校可结合实际调整寒、暑假时间，地方政府可以探索安排中小学放春假或秋假。

三是鼓励国民旅游休闲消费。鼓励国民旅游休闲消费，主要是从提高旅游产品供给和刺激旅游消费需求两方面加以推进。在提高供给方面，要稳步推进公共博物馆、纪念馆和爱国主义教育示范基地等免费开放。城市休闲公园应限时免费开放。鼓励设立公众免费开放日。在刺激消费方面，一方面要稳定城市休闲公园等游览景区、景点门票价格，并逐步实行低票价。落实对未成年人、高校学生、教师、老年人、现役军人、残疾人等群体实行减免门票等优惠政策。另一方面要明确提出，鼓励企业安排职工旅游休闲作为奖励和福利措施，鼓励旅游企业采取灵活多样的方式给予旅游者优惠，逐步推行中小学生研学旅行，鼓励学校组织学生进行寓教于游的课外实践活动，建立健全学校旅游责任保险制度。

四是丰富国民旅游休闲产品。提倡多样化产品开发，鼓励开发适应不同人群需要的、多元化的旅游休闲产品，组织丰富多彩的旅游休闲活动。提倡多元化产品供给，逐步增加旅游休闲公共投入，加强城市休闲公园、休闲街区、环城市游憩带、特色旅游村镇建设，同时还鼓励社会资金建设旅游休闲设施，鼓励和支持私人博物馆、书画院等民间休闲设施和业态发展。加大旅游设施设备的研发力度，提升旅游休闲产品的科技含量。

五是完善国民旅游休闲公共服务。为给大众旅游休闲活动创造便利条件，促进国民旅游休闲扩大规模、提升品质，促进社会和谐，提高国民生活质量和幸福感，必须全面完善旅游休闲活动公共服务。①加强旅游便捷化设施建设，建设旅游咨询公共网站、公共场所旅游咨询中心，完善道路标识系统等。②加强旅游休闲的安全、卫生等保障工作，加强突发事件应急处置能力建设，健全旅游安全救援体系。③加强人才队伍建设，不断提高管理和服务水平。

（四）贯彻实施《旅游法》，规范旅游市场秩序，着力改善旅游消费软环境，努力把旅游业建设成为人民群众更加满意的现代服务业

《旅游法》出台的时代背景就是为把旅游业建设成为“人民群众更加满意的现代服务业”保驾护航。为此，对于旅游业可持续发展问题，应以《旅游法》为依据，建立健全旅游安全保障体系；以绿色低碳为导向，推进旅游业节能环保，并实现中、东、西部旅游业融合和国内旅游和境外旅游协调发展。通过进一步优化旅游消费环境，提升旅游产品和服务质量，使旅游发展更好地满足人民群众日益增长的旅游需求，促进旅游业的转型升级，使旅游业成为服务业的龙头和先导产业。按照《旅游法》的要求，建立健全旅游产品和服务质量标准，规范旅游经营服务行为，提升宾馆饭店、景点景区、旅行社等管理服务水平。大力整治旅游市场秩序，严厉打击虚假广告、价格欺诈、欺客宰客、超低价格恶性竞争、非法“一日游”等旅游市场顽疾，进一步落实游客不文明行为记录制度。健全旅游投诉处理和服务质量监督机制，完善旅游市场主体退出机制。深化景区门票价格改革，调整完善价格机制，规范价格行为。大力弘扬文明旅游风尚，积极开展旅游志愿者公益服务，提升游客文明旅游素质。

参考文献

[1] 戴学锋：《旅游业应定位为引领社会经济全面深化改革的破冰行业》，《旅游学刊》2015年第3期。

[2] 窦群：《旅游发展与规划》，首都经济贸易大学出版社2007年版。

[3]《关于进一步促进旅游投资和消费的若干意见》（国办发［2005］62号）。

[4] 国家旅游局：《中国旅游业发展“十二五”规划纲要》，中国旅游出版社2011年版。

[5]《国民旅游休闲纲要》（2013~2020）（国办发［2013］10号）。

[6]《国务院关于促进旅游业改革发展的若干意见》（国发（2014）31号）。

[7]《国务院关于加快发展旅游业的意见》（国发［2009］41号）。

[8]《中华人民共和国旅游法》（2013年中华人民共和国主席令第3号）。

迈向“十三五”的健康服务业：发展趋势与政策建议

张颖熙*

摘　要：健康服务业是“十三五”时期中国经济发展最有前景的行业之一。本文在总结中国健康服务业发展现状和问题的基础上，从人口结构、慢性病管理、消费升级、医疗体制改革和互联网技术的普及与运用等方面，深入剖析了未来一段时期促进中国健康产业发展的主要驱动因素。新时期，中国健康服务业发展的重点领域主要围绕专科连锁的集团化医疗服务机构、高端医疗服务、移动医疗和智慧养老等领域。促进中国健康服务业实现跨越式发展重在改革上深入推进，在政策上有所突破，在顶层设计上作出制度性安排。

关键词：健康服务业　人口老龄化　消费升级　医疗体制改革　互联网

健康是人人所需，关系着一个国家和民族发展的根本，健康服务业关系着经济发展和民生福祉。健康服务业不只是满足人民群众多层次、多样化需求的必需产业，同时更是扩大内需、增加就业、转变增长的重要方式。加快发展健康服务业，是深化医改、改善民生、提升全民健康素质的必然要求，是进一步扩大内需、促进就业、转变经济发展方式的重要举措，对稳增长、调结构、促改革、惠民生，全面建成小康社会具有重要意义。

《国务院关于促进健康服务业发展的若干意见》(国发〔2013〕40号)（下文简称《意见》）中对健康服务业的概念有了准确的界定，即健康服务业是以维护和促进人民群众身心健康为目标，主要包括医疗服务、健康管理与促进、健康保险以及相关服务，涉及药品、医疗器械、保健用品、保健食品、健身产品等支撑产业，覆盖面广，产业链长。《意见》作为中国首个健康服务业的指导性文件，从中国国情出发，借鉴国外经验，明确了健康服务业的范围，包括医疗服务、健康

* 张颖熙，中国社会科学院财经战略研究院副研究员，主要研究方向为健康服务业和农村产业化服务体系。

管理与促进、健康保险以及相关服务四个方面。[①]

一、现状与问题

（一）从国际比较看中国健康服务业的发展

保罗·皮尔泽在《财富第五波》[②] 中指出，健康产业将是引发全球财富的第五波明星产业。部分发达国家的发展经验表明，由于健康产业在国民经济中的地位体现了社会经济发展的先进程度，健康产业在世界国民经济中所占比重呈现持续增加的态势，成为信息化产业后下一个规模最大的新兴行业。目前健康产业的增长速度几乎超过了世界上很多国家 GDP 的增速，而且由于其行业周期性较弱，具有较强的应对经济变化的能力。因此，经济危机时期健康产业的高速发展成为最具吸引力的产业风景线。美国总统奥巴马把投资医疗健康产业看作是保留或创造新就业岗位的重点行业，将其重要性仅排在新能源产业之后。在产业构成上，健康产业成为美国最大的服务业。

学术界在研究一个国家或地区的健康医疗投入高低时，经常采用一个指标，即卫生总费用。卫生总费用是指一个国家或地区在一定时期内（通常是一年）用于医疗卫生服务所消耗的资金总额。从人均卫生费用指标看，据世界卫生组织统计，自 20 世纪 90 年代以来，大多数国家（除低收入和中低收入国家）人均医疗卫生费用都呈现出明显的上涨趋势，尤其是发达国家的人均卫生费用从 1995 年的 1867 美元上涨到 2013 年的 4480 美元，增长趋势非常迅猛（见图 1）。医疗卫生费用的不断上涨导致其占国内生产总值（GDP）的比例也在不断上升，在发达国家，这一比例从 1995 年的 9.3%上涨到 2013 年的 12.0%，尤其是美国的医疗卫生费用占 GDP 比重达 17.1%，居全球之首（见图 2）。从全球水平来看，中国人均卫生费用增长趋势相对平稳，人均水平远低于中高收入国家。中国卫生费用的占比基本为美国的 1/3，德国、加拿大和日本的 1/2。医疗卫生支出水平的差距悬殊说明中国老百姓普遍享有的医疗资源和服务水平还很低，但也间接反映出中国医疗健康产业的投入空间还是非常广阔的。

---

① 郭清主编：《中国健康服务业发展报告（2013）》，人民卫生出版社 2014 年版。

② 保罗·皮尔泽：《财富第五波》，中国社会科学出版社 2011 年版。

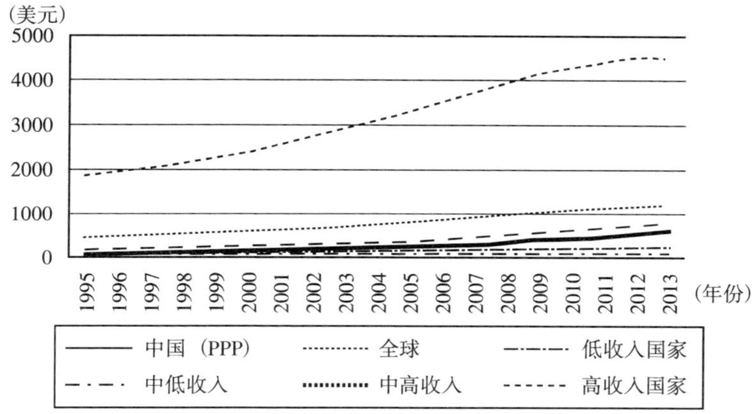

图1　1995~2013年不同发展阶段国家人均医疗卫生费用

注：人均医疗卫生费用用购买力评价（PPP）表示；根据世界卫生组织统计数据库相关数据整理而成，http：//apps.who.int/gho/data。

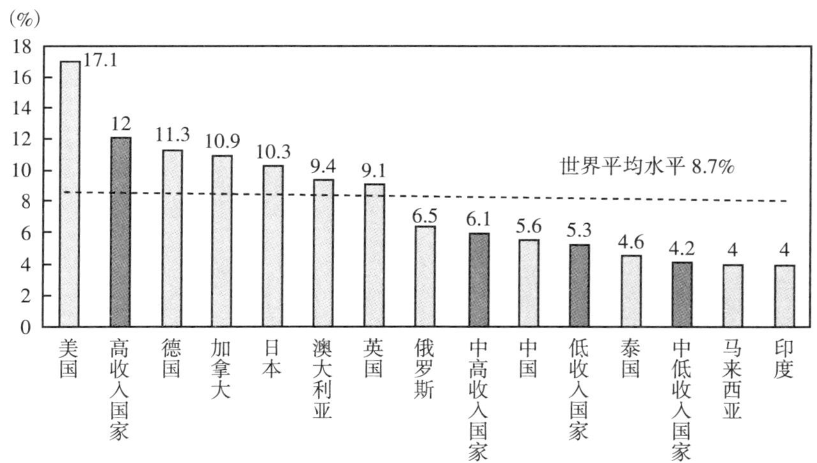

图2　2013年代表性国家全部卫生费用占GDP比重

资料来源：根据世界卫生组织统计数据库相关数据整理而成，http：//apps.who.int/gho/data。

目前，中国健康产业规模大约为2万亿元~3万亿元，假定2020年中国用于医疗卫生相关服务业的支出占GDP比重达到世界水平10%的话，那么中国健康产业的规模将达到8万多亿元。这意味着中长期内健康产业年均复合增速约为21%。[①] 健康服务业作为健康产业的核心，从产值构成看，2012年，中国健康、社保服务业增加值占GDP的比重为1.6%，远超药品制造业的0.9%；从就业构

① 中信证券：《健康产业：下一个规模最大的产业》，2014年9月2日。

成看，中国健康、社会保障部门从业人员占全部城镇就业人员的比重约为4.7%。相比较，药品医疗设备等制造业领域吸纳就业非常有限，而美国健康服务业从业人员占全部就业人数的比重高达11%，药品制造业仅为0.2%。[①] 因此，无论从产业规模，还是从就业吸纳能力上，健康服务业都是中国未来成长空间最大的一个行业。

（二）从相关行业看中国健康服务业的发展

1. 医疗服务业

医疗服务是健康服务业的关键环节和核心内容。据统计，2014年末，全国共有医疗卫生机构982443个，其中医院25865个，乡镇卫生院36899个，社区卫生服务中心（站）34264个，诊所（卫生所、医务室）188415个，村卫生室646044个，疾病预防控制中心3491个，卫生监督所（中心）2975个。[②] 尽管在过去的几年里医疗基础设施不断完善，但仍然存在医疗服务比重偏低以及人均医疗服务供给明显不足等问题。具体体现在：

第一，医疗服务占医疗产业的比重偏低。根据日本内阁府的数据，2010年全世界医疗行业市场规模为4.4亿美元，其中医疗服务、药品和医疗器械的市场规模分别占医疗行业市场规模的82.6%、13.4%和3.8%，医疗服务市场规模是药品的6倍左右。[③] 但是，中国2013年健康服务市场规模为2万多亿元，而药品为11463亿元，也就是说医疗服务市场规模仅为制药板块的2倍，远低于世界平均的6~7倍水平。

第二，医疗设施和医务人员严重不足。由于人口老龄化、精神压力、医保普及率提高等原因，国内医疗需求持续增长。2000年以来我国年诊疗人次增长超2倍，近年来增速也一直保持在8%~10%。上文已经提到，虽然医疗基础设施在持续完善，但依然跟不上日益上涨的医疗需求。从每千人拥有的医院数和每千人拥有的床位数来看，我们依然明显低于主要发达国家（见图3和图4）。另外，从每千人拥有的医务人员数量看，也存在供给不足，护理人员配置不够。2013年，我国每千人拥有执业医师2.06人，每千人口拥有注册护士2.05人。如图5和图6数据显示，我国执业医师和护理人员的配备与先进国家有着明显的差距。

① 中信证券：《健康产业：下一个规模最大的产业》，2014年9月2日。

② 中华人民共和国国家统计局：《2014年国民经济和社会发展统计公报》。

③ 安信国际：《医疗服务，把握行业变革的机遇》，2014年12月24日。

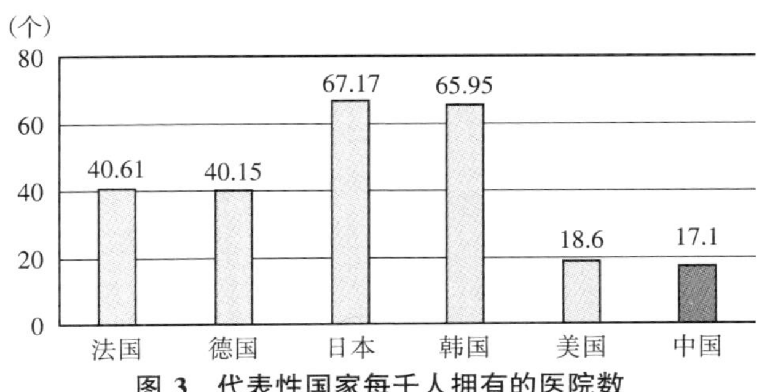

图 3　代表性国家每千人拥有的医院数

注：资料来源为世界卫生组织统计数据库和中国卫生部，美国数据为 2010 年，其他国家均为 2012 年。

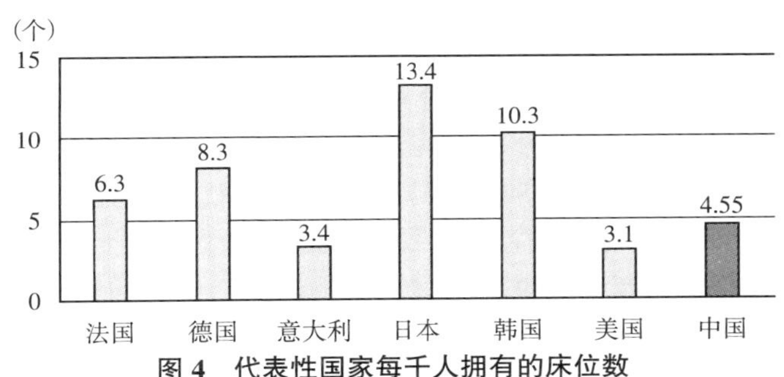

图 4　代表性国家每千人拥有的床位数

注：资料来源同上，中国数据为 2013 年，其他国家均为 2012 年。

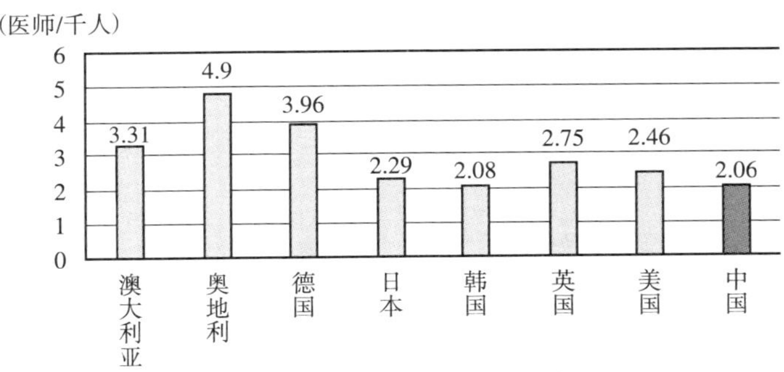

图 5　代表性国家医师数量比较

注：资料来源同上。中国数据为 2013 年，其他国家均为 2012 年。

第三，基层医疗服务能力不足。和二级、三级医院相比，中国基层医疗机构（包括社区卫生服务中心、乡镇卫生院、村卫生室和诊所）数量占全部医疗卫生机构的 99.10%，但其承担的诊疗人次却不足 70%（见图 7），这导致城市大医院负担过重，而且部分真正有需要的患者不能及时治疗。2014 年，国家卫计委宣布正在起草分级诊疗制度相关文件，各省将至少挑选一个公立医院改革城市先进

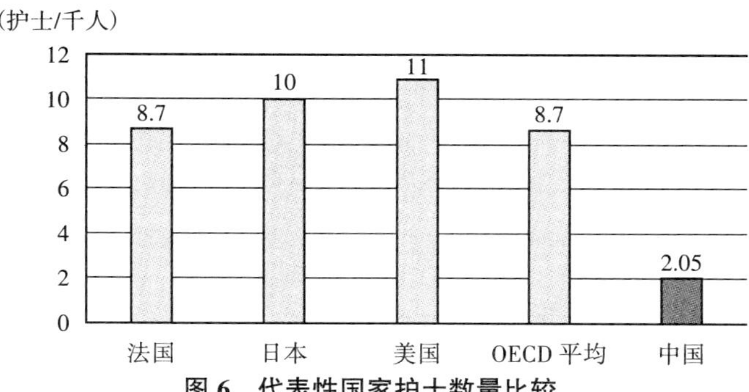

图 6　代表性国家护士数量比较

注：资料来源同上。中国数据为 2013 年，其他国家均为 2012 年。

行试点分级诊疗制度。分级诊疗，即按照疾病的轻、重、缓、急及治疗的难易程度进行分级看病，不同级别的医疗机构承担不同疾病的治疗，小病到社区医院，大病到大医院，实现基层首诊和双向转诊。通过这种制度，将目前由大中型医院承担的一般门诊、康复和护理等疏散到基层医疗机构。大医院由此可减负，没有简单病例的重复，可将主要精力放在疑难危重疾病方面，有利于医学水平的进步。而基层医疗机构可获得大量常见病、多发病人，大量的病例也有利于基层医疗机构水平的提高。

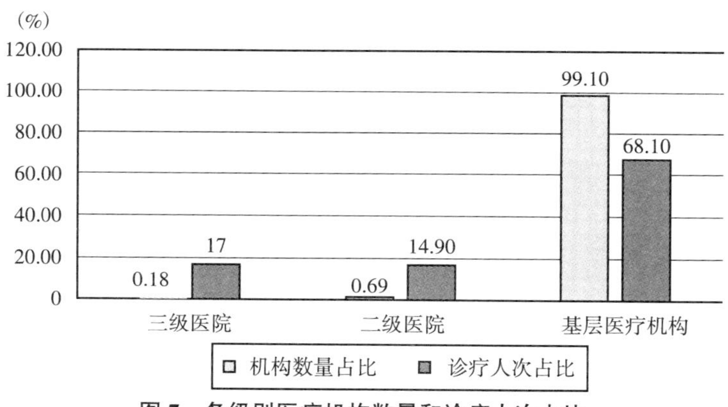

图 7　各级别医疗机构数量和诊疗人次占比

资料来源：根据《2013 我国卫生和计划生育事业发展统计公报》相关数据整理。

第四，国内民营医疗行业资源不足。近几年，国内民营医疗机构数目不断增长，已经接近半数，但是受到医保没有在民营医院普及、资金和设备资源有限、医师多点执业没有推开等因素的影响，在单点执业的情况下，大中型公立医院的医师无法去私立医院注册，导致私立医院只能请到一些退休医生或者初级卫生员，技术水平有限。因此接近半数的民营医疗机构只能承担约 10%的服务量。

2. 健康管理

健康管理服务以个性化健康管理与促进、健康咨询服务、健康调理康复为核心，涉及健康体检市场、医疗（医院）市场、健康保险市场、健康用品市场、健康娱乐市场、健康管理软件开发市场、养老机构及养老地产等。健康体检是目前中国健康管理服务最主要的投资领域，体系也最为成熟。2000 年以来，中国健康体检机构以每年 25%的速度增长。[①] 虽然中国健康体检行业尚处于快速发展期，属于朝阳行业，特别是民营体检拥有巨大成长空间。由于工作压力、环境污染、食品安全、生活习惯等原因，近年来中国心血管慢性病和癌症患者显著增加，尤其是肺癌、乳腺癌、胃癌等癌症正严重威胁着国人的生命。但是实际上这些疾病很多都是可以通过体检发现并及早预防的，因此随着健康意识的提高，体检行业的需求将显著提升。相对于公立医院和民营医院而言，民营体检医疗机构在市场运作和经营体制上比较灵活，服务质量明显高于前两者，因而其成长空间更加广阔。

3. 健康保险

健康保险有狭义和广义之分。狭义的健康保险只包括商业健康保险，广义的健康保险，既包括商业健康保险，也包括社会医疗保险。目前，中国健康保险发展基本上处于初级阶段。以商业保险来说，2014 年前 8 个月，中国健康险保费累计为 1113 亿元，占人身险总保费比例约为 12%。2000~2012 年，健康险保费占比还一直不到人身险总保费的一成。从医疗体系发达国家的经验看，健康保险业是各国医疗筹资体系中的一个重要组成部分。根据 Wind 数据显示，在同样施行法定国民医保体制的德国与荷兰，它们的商业健康险保费占比均超过了 30%。2012 年，中国商业健康保险赔付支出占国家医疗卫生总支出比例为 1.07%，而发达国家的这个数字在 10%左右，美国在 33%左右。[②] 未来，中国商业健康保险发展空间广阔，除受益于行业内在发展需求推动，还将受益于国家一系列促进政策（见表 1）。2014 年，国务院发布《关于加快发展商业健康保险的若干意见》，提出要丰富商业健康保险产品种类，提高医疗执业保险覆盖面，全面推进大病保险，预计商业健康保险占总保费比例将提升至 2020 年的 14%~20%，2020 年商业保险市场规模将提升至 7000 亿~10000 亿元。中国健康保险发展的市场空间十分广阔。

① 郭涛主编：《中国健康服务业发展报告（2013）》，人民卫生出版社 2014 年版。

② 中国产业信息网：《2014 年我国商业健康保险市场发展概况及产业面临的主要问题分析》，http://www.chyxx.com/industry/201411/294986.html，2014 年 11 月 26 日。

表1 健康保险业相关促进政策

相关促进政策	主要内容
2014年8月27日国务院常务会议	确定加快发展商业健康保险，助力医改提高群众医疗保障水平
国务院《关于加快发展现代保险服务业的若干意见》(2014)“新国十条”	到2020年，基本建成保障全面、功能完善、安全稳健、诚信规范，具有较强服务能力、创新能力和国际竞争力，与中国经济社会发展需求相适应的现代保险服务业，努力由保险大国向保险强国转变。保险深度（保费收入/国内生产总值）达到5%，保险密度（保费收入/总人口）达到3500元/人
国务院《关于促进健康服务业发展的若干意见》(2013)	健康保险服务进一步完善。商业健康保险产品更加丰富，参保人数大幅增加，商业健康保险支出占卫生总费用的比重大幅提高，形成较为完善的健康保险机制
发改委《关于开展城乡居民大病保险工作的指导意见》(2012)	商业保险机构承办大病保险的保费收入
财政部《关于政府购买社会工作服务的指导意见》(2012)	要求健全政府购买社会服务的方式，医疗保障也可作为一个社会管理服务交给市场来管理

4. 健康产品流通服务业

健康产品流通服务业是健康产业供应链上连接供应和消费的一个重要环节。由于市场需求增长较快，医药流通业也呈现快速增长。1992~2012年美国批发领域中药物批发贸易额增速最高为9.7%，超过行业均值5.2%；零售业中药物零售贸易额年均增速为6.0%，仅次于加油站零售业（6.6%）和无店面零售额增速（8.6%），超过零售业平均增速3%。相比较，中国药品流通业销售额占全社会消费品零售额的比重约为5.4%，略低于美国6.3%~7%水平。[①] 中国健康产品流通服务存在两大制约问题：一是机构垄断。目前中国药品销售的绝大部分被医疗机构垄断，医疗机构的药品销售约占85%以上；反观美国，零售领域作为主渠道，各种药房和可以销售药品的零售商店占到59%的市场份额，而公立医院、非公立医院、诊所等医疗机构仅仅占到全部市场份额的27%，不足1/3。二是市场过度竞争。美国药品销售额占世界药品市场份额40%以上，但美国药品批发企业总共只有70家；德国有10个大型药品批发企业，其中最大的三家国内市场份额达到60%~70%，而中国目前约有1.3万家药品批发企业，远高于世界平均水平，中国最大的三家企业销售额只占医药商业市场销售额的28.8%，市场过度竞争导致行业微利。

5. 健康IT产业

伴随互联网技术的发展和应用，健康产业与互联网技术的融合成为健康产业发展的一个重要分支领域。首先，从发达国家经验看，信息技术已渗透到健康产业的药品生产、销售以及医疗服务等多个环节和领域。据国外机构研究，全球健

① 中信证券：《健康产业：下一个规模最大的产业》，2014年9月2日。

康产业 IT 年复合增速超过 16%，美国超过 24%。有关机构评估，2012 年中国医疗行业 IT 花费是 170.8 亿元，较 2011 年增长了 16.6%；预计 2017 年医疗行业 IT 花费市场的规模将达到 336.5 亿元，2012~2017 年的年复合增速为 14.5%。[①] 其次，从健康信息产业子领域看，健康数据分析市场成长性较高。虽然目前美国健康 IT 产业中硬件产业占比最大，2010 年约占健康 IT 产业的 65%，但是软件产业成长速度很快，预计 2013~2020 年，全球市场规模将从 4430.9 百万美元上升至 21346.4 百万美元，年复合增速约 25.2%。[②]

二、驱动因素

“十三五”时期，中国健康产业发展必将受益于人口老龄化、消费升级、产业资本、医疗体制改革等利好因素，呈现爆发性增长态势。

（一）人口老龄化

中国已经进入老龄化社会。根据 1956 年联合国《人口老龄化及其社会经济后果》确定的划分标准，当一个国家或地区 65 岁及以上老年人口数量占总人口比例超过 7%时，意味着这个国家或地区进入老龄化。据联合国预测，1990~2020 年世界老龄人口平均年增速度为 2.5%，同期中国老龄人口的递增速度为 3.3%，世界老龄人口占总人口的比重从 1995 年的 6.6%上升至 2020 年的 9.3%，同期中国由 6.1%上升至 11.5%，无论是增长速度还是比重都超过了世界老龄化的速度和比重。发达国家老龄化进程长达几十年至 100 多年，如法国用了 115 年，瑞士用了 85 年，英国用了 80 年，美国用了 60 年，而中国只用了 19 年（1981~1999 年）就进入了老龄化社会，而且老龄化的速度还在加快。[③]

人口结构是影响健康产业发展的最主要的因素。中国社会的快速老龄化无疑将促进医疗行业的整体快速发展。因为随着年龄的增长，老年人用于医疗健康和护理的支出会逐步增加。以美国为例，2012 年 75 岁以上老年人医疗健康支出占其总支出的 16%左右，其健康支出约是 55~64 岁老人支出的 2 倍。[④] 中国人口结构的老龄化趋势必将推动健康产业刚性增长。根据民政部发布的《2014 年社会服

① 广发证券：《医疗信息化（下）——移动医疗与健康管理》，2015 年 3 月 3 日。
② 王禅等：《美国健康产业发展及对我国的启示》，《中国卫生经济》第 33 卷第 2 期，2014 年 12 月。
③ 东方证券：《互联网医疗：一场移动互联网带来的医疗健康革命》，2014 年 8 月 28 日。
④ 世界卫生组织统计数据库，http：//apps.who.int/gho/data。

务发展统计公报》，截至 2014 年底，全国 60 岁及以上老年人口 21242 万人，占总人口的 15.5%，其中 65 岁及以上人口 13755 万人，占总人口的 10.1%。未来五年我国人口结构的变动将显著大于过去 10 年。2015 年全国 60 岁以上老年人将增加至 2.21 亿人，2020 年将达到 2.43 亿人，2025 年将突破 3 亿人，平均每年增加老年人 860 万人，老年人口比重将增加至 16%，平均每年递增 0.54 个百分点。

老年人的医疗支出远远超出平均人群水平，老年人的人均医疗费用是其他人群的多倍，老龄化将催生医疗需求的快速增加，老龄化的加剧无疑将推动社会整体医疗费用支出的上升。以日本为例，日本已经步入老龄化社会，2010 年 65 岁以上老龄人口占比达 22.8%。考虑到日本总人口总体平稳，日本的医疗卫生支出与老龄人口所占比例呈现出明显的正相关性，从 1980 年的数据跟踪至 2010 年，老龄化人口所占比重从 9.1%上升到 22.8%，比例增加 1.5 倍，医疗卫生支出从 1980 年的 15.8 万亿日元上升到 2010 年的 46.3 万亿日元，上升 1.9 倍。从老龄人口的绝对值来看，日本 2010 年 65 岁以上人口达到 2925 万人，较 1980 年的 1065 万人增加了 1.7 倍。[①] 从数据中可以看出，国家医疗卫生支出与老龄人口呈现出明显的正相关性。因此，老龄人口占比提升将伴随医疗卫生支出的明显上升。目前中国老年人口的药品消费已占药品总消费的 50%以上。

（二）病患群体基数庞大

中国人口众多，对应的病患群体基数庞大，尤其是以心脏病和脑血管为代表的心血管病，患病群体最多。根据国家心血管疾病中心发布的《中国心血管报告》中提供的数据，从总体上看，中国心血管病患病率处于持续上升阶段。估计全国心血管病患者 2.9 亿人，其中高血压 2.66 亿人，脑卒中至少 700 万人，心肌梗死 250 万人，心力衰竭 450 万人，肺源性心脏病 500 万人。每 5 个成人中就有 1 个人患心血管病。

心血管病防治对中国来说最突出的是高血压问题。根据中国疾病预防控制中心慢性非传染疾病预防控制中心最新的研究结果公布，中国成年人中高血压患病率高达 33.5%，据此估计患病总人数已突破 3.3 亿人，同时每年有 350 万人死于心血管病，这些死亡的人一半以上跟高血压密切相关，2/3 过早死亡是跟高血压密切相关的，在所有的心血管疾病中，直接医疗费用最高的疾病是高血压。高血压的患病率持续地快速上升，并且呈现出加速上升的过程。这类慢性病在中国已经呈现"井喷"的趋势，高血压患病的人数，每年的增长非常明显。而中国目前的防治能力很弱，目前仅有 25%的人在治疗，而且在治疗的病患普遍遵照医嘱状况很差，高血压基本没有得到控制。另外，中国糖尿病患者的增速在 2000 年后

① 参见 Wind 咨询。

呈现出加速增长的趋势。根据《美国医学会杂志》上的最新研究估计，中国成人糖尿病患者已超过 1 亿人。2010 年，成人患病率已经达到 11.6%，这已经达到了人口肥胖率较高的美国水平（11.3%）。

三亿高血压患者、一亿糖尿病患者、数千万的心血管和脑血管患者已经构筑起了庞大的患者基数。慢性病患者数量的增加导致医疗费用的支出也随之增加。据世界卫生组织预计，慢性病防治占中国医疗费用的 80%，到 2015 年，中国慢性病直接医疗费用将超过 5000 亿美元。因此，随着人口老龄化和居民健康意识的提高，必将促进以健康养老、慢性病管理为代表的健康产业的快速发展。

（三）消费升级

经济发展和人均收入水平的提高推动了消费结构升级，而消费升级又催生出人们对医疗服务多元化的需求。在满足基本的医疗需求外，人们希望得到更多的服务项目和更好的服务体验。如看病难、看病贵的问题，从服务业的角度来看，其本身源于医疗体制的不完善和医疗服务不到位；比如“三长一短”（即挂号、候诊、收费队伍长，看病时间短）问题，体现出医院资源分布不均和运作效率低下，这些都是给患者造成较差服务体验的因素。随着中高收入人群在中国的崛起，人们不再仅仅满足于基本医疗的保障，还迫切需要适合个体自身的防病健身、延年益寿、接触心理障碍的知识传播和相关服务的提供，传统的医疗机构及其所提供的医疗服务已远远不能满足现代人们多样化、个性化的健康需求。

另外，从统计上分析，医疗保健消费是消费结构升级中提升空间最大的一项消费支出。国际经验表明，随着收入水平的提升，居民消费结构中以享受型、发展型消费为代表的服务消费会趋于上升。其中，医疗健康消费是最具增长潜力的一项服务消费。从美国居民消费结构变化来看，1960~2010 年，其服务消费比重由 40%提高到 65%，提高了 25 个百分点；同期，医疗保健消费支出占比提高了 11.6 个百分点（见图 8）。从消费习惯比较类似的中国台湾地区看，1976~2009 年居民的服务消费比重提升了近 30 个百分点，其中医疗保健消费比重提升了 9.6 个百分点（见图 9）。

居民消费结构升级将拉动健康产业增长。中国居民消费升级正在由基本生存消费转向服务消费阶段。据统计，中国居民用于医疗健康消费支出的比例虽有所改善，但仍显著偏低于很多发达国家和地区。例如，1995~2013 年中国农村居民医疗支出占比由 3.2%提高到 9.3%（见图 10）；城镇居民医疗支出占比变化也有所上升，1985~2005 年城镇居民消费支出中用于医疗健康支出的比重由 2.5%上升至 6.2%（见图 11），这主要受中国城镇医疗体制不完善和居民健康意识淡薄的影响。较低的健康支出直接影响了中国居民的健康状况的改善，根据联合国开发计划署公布的以国民健康寿命为主要指标的人类发展指数，中国的最新排名在 101

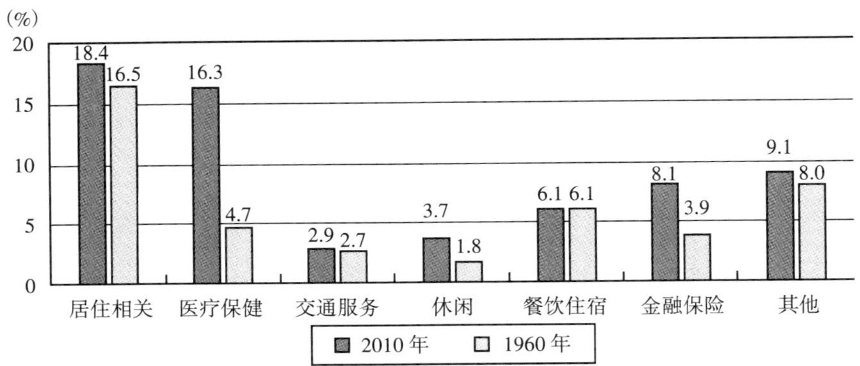

图 8　美国分项服务消费占总消费支出比重

资料来源：CEIC 数据库。

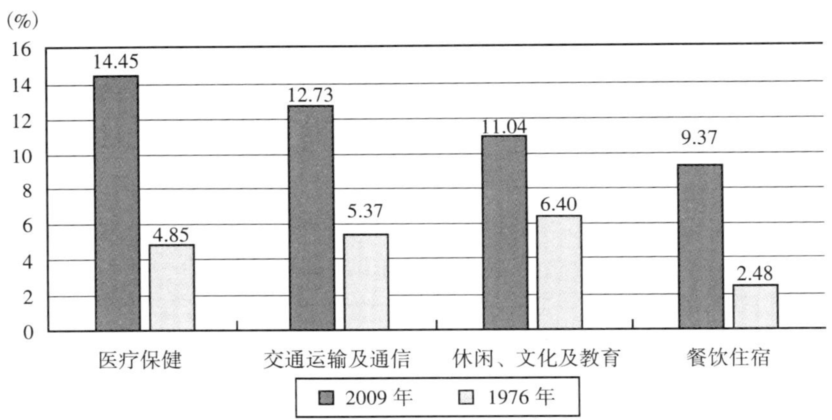

图 9　中国台湾分项服务消费占总消费支出比重

资料来源：CEIC 数据库。

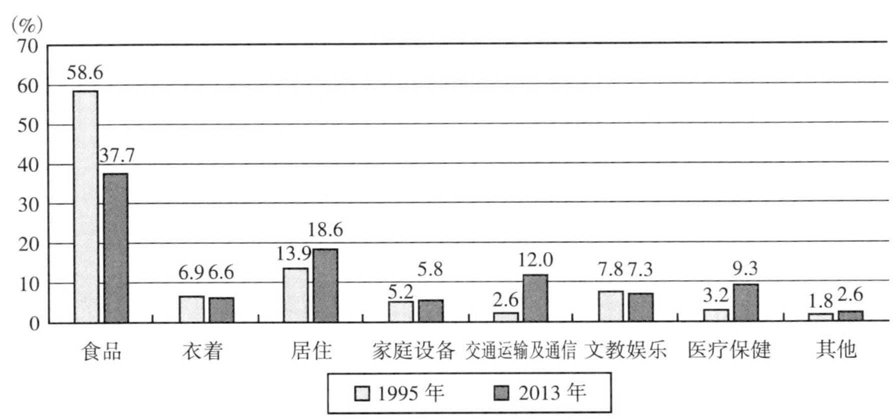

图 10　中国农村居民医疗消费支出比重

资料来源：《中国统计年鉴 2014》。

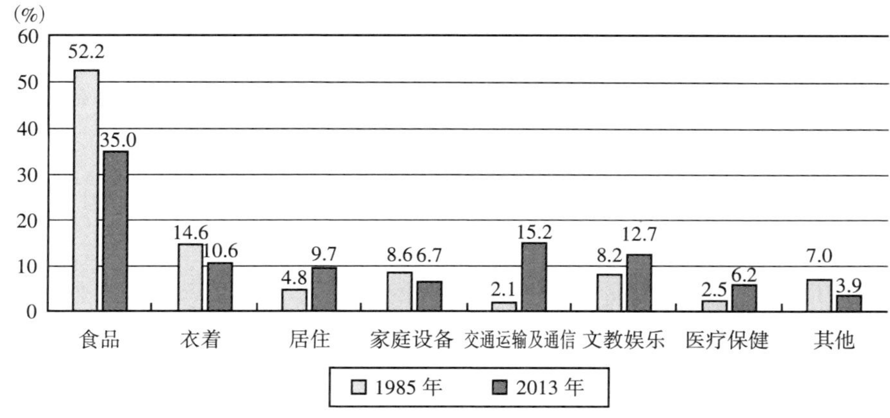

图 11　中国城镇居民医疗消费支出比重

资料来源：《中国统计年鉴 2014》。

位，比 2010 年的第 89 位还后退了 12 位。随着居民收入提升、医改推进以及健康意识提升，预计未来中国居民医疗健康支出占消费支出比重将会趋于提升。这将利好于健康产业链的相关产业，包括医药医疗器械制造业、医药批发零售流通和健康医疗护理服务业。

（四）医疗体制改革

医疗服务业市场化程度低制约了健康产业的发展。一方面，高度管制的医疗管理体制导致健康服务供给不足。以养老服务为例，目前中国民营养老院在整个养老机构中的比重不足 20%，民营医院所提供的医疗服务比重在 10%左右，而美国、德国，甚至印度等国家，其私立医院在整个医院体系中占据着诊断量和服务量的绝大部分，超过 70%。另一方面，政府管制下的医疗服务体系扭曲了居民医疗消费行为。发达国家经验证实，经济发展水平提升伴随着人均消费支出中医疗消费支出比重的上升；从世界范围看中国人均 GDP 仍处于中等收入水平国家，但中国城镇居民在 2002~2013 年用于医疗健康的消费支出占比却呈现反向变化。“十三五”时期，以市场化为导向的医疗体制改革趋势主要体现在两大领域：

1. 公立医院改革深入推进

当前中国公立医院医疗体系主要存在医疗资源分布不均衡和收入结构不均衡两大问题。

医疗资源分布不均表现在医疗分级机构与患者需求不匹配。二级以上医院与基层医院缺乏初诊和转诊制度，导致机构数量较少的大中型医院承担了过高的诊疗任务，医疗机构忙闲不均。如前面提到的，三级医院以 0.17%的机构数量承担了 17%的诊疗人次。另外，从医疗资源的地区分布看，优质医疗资源主要集中在北京、上海、江浙等经济发达地区，而有些中西部地区的医疗资源相对不足，以致出现迁徙就医的情况。

收入结构不均衡，即医疗服务价格低，以药养医问题严重。以药养医体制的形成主要有两方面的原因。一是公立医院早期由政府统一收支模式，后逐渐减少财政补贴至医院收入的9%，医院转向由提高服务收入和药品收入获取盈利的方式维持运营，政府对服务价格和项目进行了严格的限制，医院只能通过药品差价获取主要收入。中国药品收入占医院总收入的40%左右。二是公立医院一直以来的主导地位使得机构自身的运营效率和盈利能力较弱，医务工作人员的酬薪与工作强度不匹配，激励机制缺乏，导致医生产生通过药品获利的意愿。

2009年，中国的新医改正式启动，目前已进入了深水区。公立医院改革是重中之重，国家和地方政府相继出台了一系列针对公立医院改革的政策措施（见表2）。从政策导向可以看出，针对医疗资源分布和医疗机构收入不均衡的问题，公立医院的改革均提出了相应的措施，比如解决医疗资源的分配不均，需调整产业结构，通过建立完善的初诊和转诊制度，充分利用和发挥基层医疗机构的资源，使大部分的基础医疗需求在区域县级医院和基层医院解决。解决收入结构不均，需要破除以药养医机制，提升医疗服务收入占比，降低对药品加成的依赖，并引入社会资本，发挥投资主体多元化的医疗体系，通过市场竞争机制，提升医院运营效率，形成有效的薪酬激励机制，公立医院的改革将推动医疗服务行业健康有序地发展。

表2　新医改以来中国公立医院改革政策分析

时间	政策	主要内容
2010年2月	卫生部等多部委《关于公立医院改革试点的指导意见》	优化公立医院布局，建立公立医院与城乡基层医疗卫生机构的分工协作机制；积极探索管办分开的有效形式，增强公立医院的生机和活力，进一步完善分配激励机制；逐步取消药品加成政策，实现由服务收费和政府补贴来补偿的机制；加大政府补贴推进多元化办医格局
2011年3月	国务院办公厅《2011年公立医院改革试点的工作安排》	提出管办分开、医药分开、政事分开；优化医院的布局和协作，推进形成多元化办医
2012年6月	国务院办公厅《关于县级公立医院综合改革试点的意见》	改革“以药补医”机制，鼓励探索医药分开的多种形式；积极探索以多种方式建立县级医院与基层医疗卫生机构、城市三级医院长期稳定的分工协作机制。在全国选择300个左右县（市）作为改革试点
2014年5月	国务院办公厅《深化医药卫生体制改革2014年重点工作任务》	启动实施第二批县级公立医院综合改革试点，2014年将新增县级公立医院改革试点县（市）700个；扩大城市公立医院综合改革试点，研究制订城市公立医院综合改革试点实施方案，2014年每个省份都要有1个改革试点城市；破除以药补医，公立医院取消药品加成减少的合理收入通过调整医疗技术服务价格和增加政府投入，以及医院加强成本控制管理、节约运行成本等多方共担，由各省（区、市）制订具体的补偿办法

续表

时间	政策	主要内容
2014年6月	卫计委、财政部联合召开城市公立医院综合改革试点座谈会	全面启动第二批城市公立医院综合改革试点，城市公立医院改革国家联系试点城市由17个增加到34个，各地可结合实际选择扩大省级试点城市范围
2015年5月	国务院办公厅《关于全面推开县级公立医院综合改革的实施意见》	2015年在全国所有县（市）的县级公立医院破除以药补医，以管理体制、运行机制、服务价格调整、人事薪酬、医保支付等为重点，全面推开县级公立医院综合改革。2017年，现代医院管理制度基本建立，县域医疗卫生服务体系进一步完善，县级公立医院看大病、解难症水平明显提升，基本实现大病不出县，努力让群众就地就医
2015年5月	国务院办公厅《关于城市公立医院综合改革试点的指导意见》	到2017年，城市公立医院综合改革试点全面推开，初步建立现代医院管理制度。城市三级医院普通门诊就诊人次占医疗卫生机构总诊疗人次的比重明显降低；就医费用负担明显减轻，总体上个人卫生支出占卫生总费用占卫生总费用的比例降低到30%以下；试点城市所有公立医院推进医药分开，积极探索多种有效方式改革以药补医机制，取消药品加成

2. 民营医疗机构加速崛起

中国民营医疗机构过去长期受到较大限制，包括税收、机构审批、医生职称、学术科研、医保等多方面的制约，未得到充分发展。近年来，随着新医改的推行，多元化的医疗体制得到大力的推动和发展，政策的放开为社会资本进入医疗服务行业提供了机遇（见表3）。在内在需求驱动和政策鼓励下，中国民营医院近几年发展迅速。截至2013年，中国民营医疗机构数量达到11313家，床位数量从2009年的33万张发展到2013年的71万张，年复合增速为21%（公立医院为8%）；诊疗人次由2009年的1.5亿人次增长到2013年的2.9亿人次，年复合增速为17.9%。[①] 随着新医改如火如荼地进行，利好政策频现，按照2020年健康服务业达到8万亿元的目标[②]，医疗服务业的发展空间十分可观。特别是当前对社会资本办医的政策倾向日趋明显，从放宽审批准入、医师多点执业到纳入医保定点范围等一系列配套政策的“松绑”，将给民营医疗机构创造前所未有的发展机遇。

表3　新医改后鼓励社会办医的政策梳理

时间	政策	主要内容
2009年4月	国务院办公厅《关于深化医药卫生体制改革的意见》	积极推进非公立医疗卫生机构的发展，形成一个投资主体多元化、投资方式多样化的医疗体制
2010年2月	卫生部等多部委《关于公立医院改革试点的指导意见》	提出多元化办医格局、引导、鼓励和支持非公立机构的发展，创造公平竞争条件

①《2013年中国卫生事业发展统计公报》。

② 国务院印发《国务院关于促进健康服务业发展的若干意见》，2013年10月15日。

续表

时间	政策	主要内容
2010年11月	多部委《关于进一步鼓励和引导社会资本举办医疗机构的意见》	强调社会办医的重要性，首次提出鼓励社会资本参与公立医院改制
2012年10月	《卫生事业发展“十二五”规划》	规划至2015年，非公立医疗机构床位数和服务数量达到总量的20%，全面推进县级和深化城市公立医院改革
2013年10月	《国务院关于促进健康服务业发展的若干意见》	明确提出“放开准入、非禁即入”，鼓励社会资本办医，非公立与公立医疗机构同等对待
2014年1月	多部委《关于加快发展社会办医的若干意见》	将社会办医纳入区域卫生规划统筹考虑，优先支持社会资本举办非营利性医疗机构，加快形成以非营利性医疗机构为主体、营利性医疗机构为补充的社会办医体系
2014年4月	发改委《关于非公医疗机构医疗服务实行市场调节价有关问题通知》	鼓励非公医疗机构提供多样的医疗服务，非公医疗机构医疗服务价格实行市场调节
2014年5月	发改委《深化医药卫生体制改革2014年重点工作任务》	积极推动社会办医列为第二项重点任务，放开准入条件，加快落实对非公立医疗机构和公立医疗机构在市场准入、社会保险定点、重点专科建设、职称评定、学术地位、等级评审、技术准入、科研立项等方面同等对待的政策；出台推进医师多点执业的意见；创新社会资本办医机制，支持社会办医国家联系点在人才流动、土地、规划和投资补助等政策方面大胆探索创新，率先形成多元办医格局
2015年6月	《关于促进社会办医加快发展的若干政策措施》	一是进一步放宽准入，清理规范医疗机构审批事项，公开区域医疗资源规划，减少运营审批限制，控制公立医院规模；二是拓宽投融资渠道，加强财政资金扶持，丰富筹资渠道，优化融资政策；三是促进资源流动和共享；四是优化发展环境，落实税收政策，将社会办医纳入医保定点范围

（五）互联网技术在健康领域的应用与普及

随着大数据、云计算、物联网等多领域技术与移动互联网的跨界融合，新兴技术与新商业模式快速渗透到健康医疗的各个细分领域，从预防、诊断、治疗、购药都将全面开启一个智能化的时代。如网络医院（B2C）、在线咨询（C2C）和远程医疗借助互联网实现有限医疗资源的跨时空配置，提高患者和医生之间的沟通能力，突破传统的现场服务模式，缓解医疗资源匮乏的现状；可穿戴设备使患者可以随时随地进行自我健康管理，并将正常医疗流程无法获取的数据转换为实时动态数据流，为及时筛查、预防疾病奠定基础，同时可及时享受专业医护人员的各种健康咨询、筛查、预防、监护和干预服务；医药电商B2C和O2O模式为用户带来更加快捷的购药体验。据统计，2014年中国互联网医疗市场整体规模预计为113.9亿元（不包括医药电商），其中移动医疗达到30.1亿元，占比26.4%。调查显示用户普及度处于培养期，低渗透率背后是巨大的市场空间。以在线医疗为例，目前 61%人群听说过在线医疗，使用过的用户只占 27.2%，医院拥挤是患者使用在线医疗的主要原因。[①] 因此，在人口结构与健康需求变化、政策扶持、资本驱动以及技术变革等因素驱动下，互联网将加速重构医疗健康生态圈，互联网医疗基于医疗大数据平台的诊断与治疗技术，将把个性化医疗推向一个前所未有的空间。

三、重点领域

（一）专科连锁的集团化医疗服务机构

专科医院是社会资本较易进入的医疗领域，也是当前社会办医发展中商业模式最成熟、经验最丰富的模式，具有较高的盈利水平和增长速度。和公立医院相比，专科连锁医院的转入门槛较低、回本周期较短、需求明确、医疗责任范围相对较小，因此可与之形成差异化竞争。另外，专科医院连锁经营的标准化模式复制性较高，扩张迅速。从盈利水平看，专科医院盈利能力普遍较高。据统计，2012 年美容、眼科和口腔科的净利润率居前，分别达到 16.9%、16.5%和 11.9%。[②] 未来具有较强扩张能力和盈利能力的美容、眼科、口腔科以及妇产科为代表的专科连锁医疗机构具有良好的发展前景。

（二）高端医疗服务

高端医疗服务是医院在保证医疗基本需求的基础上，为满足群众的特殊医疗需求而开展的医疗服务活动，包括点名手术、加班手术、全程护理、特需病房、专家门诊等。随着人均收入水平的提高，多元化的医疗需求在不断膨胀，高端医疗服务的潜在发展空间非常大。高端医疗以服务制胜，能够满足高收入人群对于高质量医疗服务的需求。由于其医疗费用高昂，一般通过商业保险或者自费的方式进行付费。目前在北、上、广等一线城市的发展最为迅速。未来高端医疗服务主要集中在两大领域：一是高端社区医疗。健全社区医疗网络，使患者小病进社区，大病进医院是较为合理的医疗资源配置方式。高端社区医疗服务进驻高端小区，面向高收入人群，是预防保健、基本医疗、健康教育、疾病控制等社区卫生服务的主体。建立社区首诊、双向转诊的多级医疗，继之以改善医疗资源分布不

① 中国互联网信息中心（CNNIC），http：//www.cnnic.net.cn/。

② 数据来自 Wind 咨询。

均现象也是中国医改的重要内容之一。近年来，社区医疗机构的数量在不断增长，并且在医改的大环境下，能够获得更高的医保报销比例。因此，高端医疗服务进驻社区医疗卫生机构的发展机会十分广阔。二是治疗型向消费型延伸的高端医疗。由高端医疗向中端和消费领域延伸的医疗服务机构较易通过获得较大的客流量，实现客户群规模的扩大和盈利空间的提升（消费领域的价格敏感度相对医疗服务较低）。如妇婴医院向月子中心的拓展，综合医疗机构向体检中心的延伸。

（三）移动医疗

移动医疗健康服务正在全世界范围内迅猛发展。世界卫生组织对全球 114 个国家的调研发现，许多国家已经推出了移动医疗健康服务计划①，其中最常见的是建立健康呼叫中心为患者提供咨询服务（约占 38%），其次是短信预约提醒（约占 25%）、远程医疗（约占 18%）、访问患者病历（约占 18%）、跟踪治疗效果（约占 17%）、提高医疗健康意识（约占 10%）、检测患者状况（约占 8%）和为医生提供决策支撑（约占 6%）。在移动医疗方面，发达国家和发展中国家存在明显的差距。据预测，到 2017 年，全球移动医疗健康市场规模将达到 230 亿美元，其中欧洲及亚太地区将成为全球最大的移动医疗健康市场，其次是北美，而拉美和非洲拥有的市场份额最少。② 纵观中国医疗互联网化历程，已呈现出“医疗信息化”、“在线医疗”和“移动医疗”三步走形态。如今医疗信息化已基本完成，在线医疗和移动医疗共同发展，且逐步向移动医疗大趋势转变。移动医疗第三方应用程序（App）是移动医疗模式的重要载体和用户窗口，正如医院 HIS 系统之于医疗信息化，医疗服务 Web 端之于在线医疗。随着 4G 时代的来临以及云计算设施的完善与技术的成熟，贯穿医疗互联网化的一条核心技术线也在不停地进化更新，这也将在移动医疗 App 的医疗服务中得到体现。

（四）智慧养老

2015 年，发改委、民政部、财政部、卫计委等十部委联合发布《鼓励民间资本参与养老服务业发展政策意见》。从医养结合、医疗资源对接、明确政府领导以及支付主体、投融资政策与税收优惠四大领域为社区养老与健康管理 O2O 奠定政策基础。老年人健康管理是整个养老服务当中不可或缺的环节。老年人对于各种服务与健康管理的需求具有三大特点：一是对于健康、养老服务需求持续，

① World Health Organization，“mHealth：New Horizons for Health through Mobile Technologies”，Global Observatory for eHealth Series，Volume 2，2011.

② GSMA，“Touching Lives through Mobile Health Assessment of the Global Market Opportunity”，2012.

具有高度社区黏性（社区是老年人集中居住的场所）；二是对于健康医疗资源的需求层次化清晰，需要紧密的浅层次的医疗健康咨询与反馈，同时需要与后端医疗资源进行密切对接；三是渴望快捷及时地得到支持，对互联网信息化提出强烈需求。在老年人的强社区黏性、基层医疗资源释放、医疗资源区域性显著的当前环境下，社区智慧养老服务平台将是最有发展前景的领域。其可通过对接移动App、健康管理智能硬件等手段有效连接社区内的老龄人与后端基层医疗资源，并与当地后端医疗机构完成有效对接，形成转诊机制，从而有效形成闭环。因此，笔者认为，将来智慧养老与健康管理O2O有望与中国医保、养老保险、商业健康保险等支付主体充分对接，在有效降低保费支出、充分获取老年人健康数据资源的基础上打开盈利模式的想象空间。

四、政策建议

健康服务业具有双重属性。从经济属性而言，它是服务产业的重要内容；从社会事业属性而言，它是社会保障体系的重要组成部分。通过对中国健康服务业发展现状、问题、趋势等问题的总结，笔者认为，“十三五”时期中国健康服务业要实现跨越式发展，要重在改革上深入推进，在政策上有所突破，在顶层设计上作出制度性安排。

第一，深化医改，建立健康导向型医疗保健服务体系。中国的医改正处在关键时期，要让百姓真正获得健康利益，必须高度重视健康导向型医疗保健服务体系的构建。数据表明，美国健康服务业发展的重点在家庭及社区保健服务和健康的风险管理领域，强调以健康为核心，在预防上下功夫。在落实医改任务，加强公共卫生服务体系、医疗服务体系、医疗保障体系和药品供应体系建设的过程中，要以人群的健康服务为导向，以强化基层、基本、基础医疗卫生保健工作为核心，在推进高科技的医疗保健服务能力提升的同时，加大推进优质医疗资源下沉的力度，把完善城乡社区卫生服务体系建设、提高基层医疗卫生服务能力作为政府工作的重点，以满足城乡居民多层次、多样化的健康服务需求。

第二，强化协作，增强发展健康服务业的政策合力。健康服务业发展涉及卫生、医保、养老、就业、相关产业等诸多方面，需要政策的互补联动。如上海、广州、成都等地以政府主导、市场化运作、国际合作等方式，出台系列政策，建立国际医学园区和健康医疗综合体，打造高端医疗服务集群和高科技医疗器械及生物医药相关产业基地，全面推动健康服务业的发展。因此，在“十三五”时期实现经济结构转型和全面建设小康社会的过程中，要高度重视健康服务业在政府转型、经济转型和社会转型中的相互作用。建议成立政府层面的健康服务业发展领导机构，组织相关部门协同研究出台区域健康服务业的发展规划和扶持健康服务业发展的优惠政策，推动健康服务业有序、有效发展。

第三，公私合作，推进民营健康服务机构的茁壮成长。根据国际经验，单纯依靠政府财政投入与公立医疗卫生机构的运营无法解决健康服务供给与需求的深层次矛盾，必须辅以规范化的市场机制和多元化的资本投入，形成公共和私人健康服务产品共同供给的局面。鼓励民营资本投入健康服务业，需要各级政府和有关部门进一步解放思想，实施开放政策。在价格、财税、用人、用地、融资和服务外包等政策上有新的突破，加大政策引导和支持的力度，积极探索 PPP（Public-private Partnership，公私合作关系）的合作模式，要彻底打破阻碍民营健康服务机构发展的“玻璃门”、“弹簧门”，即看着很漂亮、美好，但无法进入的现象。积极总结国内各地区社会资本办医的先进经验（如温州经验），及时推广，促进民营健康服务机构的茁壮成长。

参考文献

[1] GSMA，“Touching Lives through Mobile Health Assessment of the Global Market Opportunity”，2012.

[2] World Health Organization，“mHealth：New Horizons for Health through Mobile Technologies”，Global Observatory for eHealth Series，Vol. 2，2011.

[3] 安信国际：《医疗服务，把握行业变革的机遇》，2014 年 12 月 24 日。

[4] 保罗·皮尔泽：《财富第五波》，中国社会科学出版社 2011 年版。

[5] 东方证券：《互联网医疗：一场移动互联网带来的医疗健康革命》，2014 年 8 月 28 日。

[6] 郭清主编：《中国健康服务业发展报告 2013》，人民卫生出版社 2014年版。

[7] 罗力：《特大型城市发展高端健康服务业的政策分析》，《中国卫生政策研究》2009 年第 11 期。

[8] 倪荣等：《促进浙江省健康服务业发展的政策研究》，《卫生经济研究》2015 年第 7 期。

[9] 齐鲁证券：《新三板医疗服务专题报告——星星之火可成燎原之势》，2015 年 7 月 16 日。

[10] 任欢：《中国学者对健康服务业研究概况综述》，《经济研究导刊》2014 年第 36 期。

[11] 任伟：《发展健康服务业是促进经济社会转型升级的重要突破口》，《宏观经济管理》2013 年第 11 期。

[12] 王禅等：《美国健康产业发展及对我国的启示》，《中国卫生经济》2014 年第 2 期。

[13] 吴晓隽等：《大都市健康服务业的产业结构与生态初探》，《卫生经济研究》2014 年第 8 期。

[14] 邢伟：《健康服务业发展的实践探索和政策思考》，《宏观经济管理》2014 年第 6 期。

[15] 中信证券：《健康产业：下一个规模最大的产业》，2014 年 9 月 2 日。

迈向“十三五”的体育服务业：发展趋势与政策建议

宋　洋*

摘　要：中国经济正处于服务业快速发展的新阶段，增长质量和生活水平的提升已经成为衡量经济社会发展的关键指标。而体育服务业的发展在调整经济结构、提高健康水平、丰富文化生活等多个方面具有十分重要的意义。本文首先在理论研究的基础上，概括了体育服务业对于中国经济社会发展的现实意义，并指出了未来的发展目标。其次，对体育服务业的现状进行了系统的概括，进而对发展趋势做出了判断。最后，本文归纳了制约中国体育服务业发展的关键因素，并给出了相应的五点政策建议：①加快体制改革，完善市场机制；②通过财税政策促进快速发展；③鼓励公益性社会捐赠；④最大化公共场馆的社会价值；⑤优化政府公共投资助推体育服务业快速发展。

关键词：体育服务业　体育赛事　体育健身　国际化经营

一、基本概念

随着中国经济社会逐渐进入新的发展阶段，服务业在经济结构中占有越来越重要的地位，而与健康、文化、娱乐等高质量生活密切相关的体育产业更是发展迅猛，按可比价计算，2006~2013 年，中国体育产业增加值平均年增速为 16%，明显高于同期 GDP 年均增长速度。体育服务业是体育产业中的重要组成部分，体育服务业的发展对整个体育产业的发展起到关键性作用。对中国体育产业，尤

* 宋洋：中国社会科学院财经战略研究院应用经济学博士后流动站研究人员，主要研究方向为服务经济理论与政策。

其是体育服务业的深入研究，有助于制定完善国民经济结构，提高人民生活质量的相关政策。

（一）体育产业与体育服务业

由于研究视角的不同，国内外学者对于体育产业理论内涵的理解不尽相同。国外学者对体育产业的界定通常从操作层面进行，侧重于体育产业研究的现实性和可操作性，将体育产业看作是体育物质产品和服务产品生产企业和组织的集合。多数体育产业发达国家将体育健身娱乐、体育竞技赛事、体育用品制造和销售、体育场馆服务作为体育产业的主体内容。国内学者对于体育产业的界定主要有三种观点：①体育产业就是体育服务业；②体育产业是由体育部门主办的、向社会提供体育运动和服务的经济组织；③体育产业是与体育运动有关的一些生产性经济企业与活动的集合。还有学者对体育产业理论做了进一步的分析，认为体育产业是近现代人类经济社会出现的一种新的产业形态，它是体育运动由原来的自给自足模式向组织化、生产化、消费化和营利化的产业运营模式转变的产物。这种转变最显著的特征就是体育商品（包括体育物化商品和体育服务产品）的大量涌现，以及大众体育消费的活跃和体育专业化市场的形成，体育商品的生产者、推广者经营者和消费者组成了一个完整的产业链，并对一个国家或地区的经济总量和结构产生影响。本文认为这种观点更加符合体育产业发展的现实。

体育服务业是服务业中的一个新兴产业门类，它以提供体育服务产品和劳务为主，其产品具有非实物性、不可储存性、生产与消费同时性等特征。体育产业由体育用品制造业和体育服务业构成，其中体育服务业与体育活动的关系最为密切，各类体育赛事的主办和管理、体育场地的安排和使用、体育健身娱乐活动的组织等，都属于体育服务业的范畴，因此体育服务业是体育产业的主体部分。根据钟天朗的观点，体育产业的价值源于体育活动的开展，而体育制造业和相关建筑业虽然提供了体育活动开展的必要条件，但并不是体育产业的核心价值，只有体育服务业与体育活动密切关联，才是体育产业的内核。所以，体育服务业不仅在价值形态上是体育产业的主要部分，而且在价值内容上也构成了体育产业的主体。

（二）体育服务业的分类

根据国家统计局和国家体育总局联合颁布的《体育及相关产业分类（试行)》，体育服务业包括体育组织管理活动、体育场馆管理活动、体育健身休闲活动、体育中介服务以及其他体育服务五个类别。其中，其他体育服务又包括体育培训服务、体育科研服务、体育彩票服务、体育传媒服务、体育展览服务、体育市场管理服务、体育场馆设计服务、体育场馆保洁服务和体育文物及文化保护服务九个小类。就发展现状来说，我国体育服务业主要包括六大块：体育健身娱乐设施、运动竞赛表演、体育康复、运动训练、群众体育辅导和体育科学研究。其中，体育健身娱乐设施和运动竞赛表演是中国体育服务业的核心组成部分，对体育服务业其他构成有着根本性的推动作用。

（三）体育服务业的特征

从国民经济门类看，体育服务业是第三产业的子门类，具有典型的服务业特征。但是，由于其与体育活动密切关联，在行业关联、发展趋势、产业结构、文化影响等方面有着显著特征，这决定了体育服务业的特殊属性。

1. 体育服务业是关联面极广的上游产业

人们对体育的需求是多种多样的，只依靠直接生产和提供体育产品、服务的体育服务业是难以满足的。因此，各种各样的体育活动除了依赖体育服务业之外，还需依赖其他的与体育服务业相关联的产业。因此，体育服务业可以带动纺织、机械、建筑、电子、营养品、食品等制造业，以及旅游、保险、博彩等相关产业的发展。这一特点也决定了体育服务业的发展不能单靠自身，而必须与其相关联的产业同步发展。

2. 体育服务业是产值高、影响大的朝阳产业

体育服务业形成规模是现代经济发展的结果。社会的分工、经济的发展，使体育服务业从非独立行业逐渐成为独立行业，在国民经济中发挥特定的功能。随着社会经济的发展，人们进行各种体育活动的需求在不断增长，体育服务业的产值在大幅度提高。同时，体育服务业还是一种“无烟工业”，消耗能源少，不会造成环境污染，符合转变经济增长方式的要求。因此，体育服务业是一个可以长期存在和持续发展的产业。

3. 体育服务业是进入全球经济的国际化产业

体育运动是一种规则性很强、国际化程度很高的文化形态，体育运动的国际性决定了体育服务业必然具有同样的国际性。竞技体育国际化的趋势，注定了体育服务业必然要突破国界成为一项全球性的经济活动。体育服务业的国际化使体育人才的国际流动性加大，体育竞赛的国际竞争性增强，体育产品与服务更加面向国际市场，体育服务业背后的金融活动更具有国际流动的性质。

4. 注重体育服务业的文化特征

体育是游戏、是技艺，但更是文化。现代体育的发展除了需要宽厚坚实的社会基础和市场基础，还需要理性能动的文化基础。体育文化是体育发展的深层动力，体育发展内在向心力、凝聚力、协同力和战斗力，以及体育发展外在的感召力、动员力和品牌影响力均来自体育文化。体育文化建设对于国民素养的提高、健康生活方式的形成都具有十分重要的意义。

二、现状与问题

（一）发展现状

1. 体育服务业规模

近年来，随着中国经济的快速增长，体育产业也得到了大幅发展，体量不断扩充。数据显示，2006 年全国体育产业从业人员为 256 万人，实现总产出 3013 亿元，增加值为 982 亿元；到了 2013 年全国体育产业从业人员已经达到 387 万人，实现总产出 10913 亿元，增加值为 3563 亿元。2006~2013 年，全国体育产业从业人员增加 131 万人，实现总产出增加 7900 亿元，创造增加值增加 2581 亿元，2013 年增加值是 2006 年的 2.6 倍。对 2006~2013 年中国体育产业的数据进行描述性统计分析，结果如表 1 所示。

表 1　2006~2013 年中国体育产业结构描述性统计分析

指标	体育产业增加值（亿元）	体育服务业（亿元）	体育用品业（亿元）	体育建筑业（亿元）
平均	2155	427	1639	89
标准差	915	215	654	46
最小值	982	168	782	33
最大值	3563	764	2640	159

资料来源：姜同仁、夏茂森：《新常态下中国体育产业发展与趋势预测研究》，《武汉体育学院学报》2015 年第 5 期。

体育产业规模发展表现强劲。伴随体育产业的快速增长，体育服务业也表现出良好的发展势头，但是体育服务业占体育产业的比例仍然较小，表 2 给出了体育服务业在体育产业中的比重。可以发现，从增加值和从业人员的角度看，体育服务业占体育产业的比例总体上呈现上升趋势，但是所占比重依然较小，且增速较慢。

表 2　2006~2010 年全国体育服务业占体育产业比重

类别	2006 年		2007 年		2008 年		2009 年		2010 年	
	增加值（亿元）	从业人员（万人）	增加值（亿元）	从业人员（万人）	增加值（亿元）	从业人员（万人）	增加值（亿元）	从业人员（万人）	增加值（亿元）	从业人员（万人）
体育服务业	168.15	46.96	211.73	51.25	275.26	61.07	357.95	65.35	432.26	72.44
体育产业	982.89	256.30	1265.23	283.74	1554.97	317.09	1835.93	319.13	2220.12	336.98

续表

类别	2006 年		2007 年		2008 年		2009 年		2010 年	
	增加值（亿元）	从业人员（万人）	增加值（亿元）	从业人员（万人）	增加值（亿元）	从业人员（万人）	增加值（亿元）	从业人员（万人）	增加值（亿元）	从业人员（万人）
体育服务业占体育产业比重（%）	17.11	18.32	16.73	18.06	17.70	19.26	19.50	20.48	19.47	21.50

资料来源：黄海燕：《“十一五”时期我国体育服务业发展审思》，《上海体育学院学报》2012 年第 4 期。

服务经济理论显示，产业结构具有逐步软化的发展趋势，即服务比例逐渐增加。软化程度一般用软化度指数（服务业占产业比重）来衡量，软化度指数小于 40%的产业称为硬产业，软化度指数在 40%~60%的产业称为低软化产业，而软化度指数大于 60%的产业称为高软化产业。图 1 展示了 2006~2013 年中国体育产业结构的变化趋势，从图 1 中可以看出，中国体育产业软化度指数较低，平均仅为 19%，整体优化程度缓慢且幅度极小，最高时也仅为 21%，属于比较典型的硬产业。国外发达国家的体育服务业通常占据主导地位，例如，欧盟国家 2011 年体育服务业平均值超过了 70%，其中英国、瑞典、卢森堡、丹麦、奥地利、芬兰六个国家甚至达到 80%以上，体育产业的服务化程度明显高于中国该阶段水平。

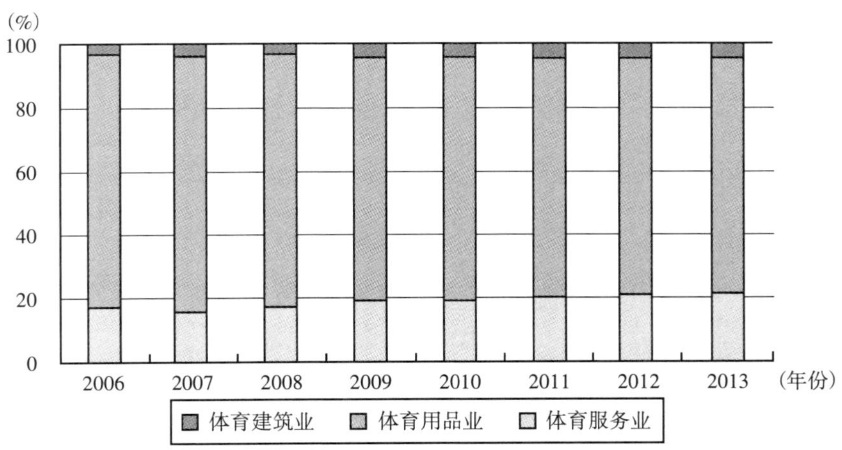

图 1　2006~2013 年中国体育产业结构

资料来源：姜同仁、夏茂森：《新常态下中国体育产业发展与趋势预测研究》，《武汉体育学院学报》2015 年第 5 期。

2. 体育服务业的结构

中国体育服务业的内部结构也具有一些值得关注的特征，体育组织管理活动和体育健身休闲活动两个子行业所占比例较大，而体育培训活动和体育中介服务活动所占比例偏小。这种特点一方面和产业特征有关，因为体育管理活动和体育健身休闲是最能体现体育服务业价值的行业，但是另一方面，说明中国体育服务业发展相对落后，市场化水平较低，还有很大的发展空间。例如，在 2006 年全国体育服务业总增加值中，体育组织管理活动和体育健身休闲活动所占比例排在前两位，分别为 44.48%和 27.94%；体育彩票活动和体育场馆管理活动排名第三位和第五位，分别占体育服务业增加值的 12.77%和 10.85%；体育培训活动和体育中介活动所占体育服务业的比重最小，分别为 2.76%和 1.20%。而到 2010 年，体育服务业结构变化依然不大，排名前两位的仍是体育组织管理活动和体育健身休闲活动，但所占比例略有下降，分别为 39.97%和 26.15%；排名第三位、第五位的为体育彩票活动和体育场馆活动，占体育服务业的比重为 12.43%和 10.12%；排名后两位的依然是体育培训活动和体育中介活动，所占比例比 2006 年略有提高，分别为 9.05%和 2.28%。表 3 给出了中国体育服务业结构的相关数据，从中可以看出中国体育服务业结构状况和变化趋势。

表 3　2006~2010 年全国体育服务业结构

类别	2006 年		2007 年		2008 年		2009 年		2010 年	
	增加值（亿元）	从业人员（万人）	增加值（亿元）	从业人员（万人）	增加值（亿元）	从业人员（万人）	增加值（亿元）	从业人员（万人）	增加值（亿元）	从业人员（万人）
体育组织管理活动	74.80	18.71	89.36	18.98	117.56	20.87	155.71	19.63	172.77	19.84
体育场馆管理活动	18.24	2.58	23.04	2.41	30.00	2.62	34.04	2.55	43.73	2.58
体育健身休闲活动	46.98	11.78	58.79	13.32	74.49	15.03	94.63	15.64	113.05	15.78
体育中介活动	2.02	0.87	3.00	0.96	4.46	1.35	6.63	2.14	9.86	3.06
体育培训活动	4.64	1.91	7.91	2.21	13.48	3.56	22.97	6.46	39.14	10.59
体育彩票	21.47	11.11	29.63	13.37	35.27	17.64	43.97	18.93	53.71	20.59
总计	168.15	46.96	211.73	51.25	275.26	61.07	357.95	65.35	432.26	72.44

资料来源：黄海燕：《“十一五”时期我国体育服务业发展审思》，《上海体育学院学报》2012 年第 4 期。

3. 体育服务业的劳动生产率

体育服务业的劳动生产率是指每个体育服务业的从业人员所创造的增加值。如表 4 所示，2006 年全国体育服务业的劳动生产率为 3.80 万元/人。其中体育场馆管理活动劳动生产率最高，为 7.07 万元/人；排在第二位的是体育组织管理活动，为4.00万元/人；体育健身休闲活动劳动生产率排第三位，为3.99万元/人；排名最后的是体育彩票，仅为1.93万元/人。与2006年相比，2010年全国体育服务业的劳动生产率明显增加，达5.97万元/人，每个分领域的劳动生产率亦有不同程度的增加。

表4　2006~2010年全国体育服务业劳动生产率

单位：万元/人

类别	2006年	2007年	2008年	2009年	2010年
体育服务业	3.80	4.13	4.51	5.48	5.97
体育组织管理活动	4.00	4.71	5.63	7.93	8.71
体育场馆管理活动	7.07	9.56	11.45	13.35	16.95
体育健身休闲活动	3.99	4.41	4.96	6.05	7.16
体育中介活动	2.32	3.13	3.30	3.10	3.22
体育培训活动	2.43	3.58	3.79	3.56	3.70
体育彩票	1.93	2.22	2.00	2.32	2.61

资料来源：黄海燕：《“十一五”时期我国体育服务业发展审思》，《上海体育学院学报》2012年第4期。

（二）存在的问题

1. 体育服务业在体育产业中比例偏低

在整个体育产业中比例偏低是中国体育服务业存在的主要问题之一，主要体现在体育产业内部本体产业产值和相关产业产值比例不合理。甚至有学者认为，中国体育产业的发展正处于相当畸形的状态，这种畸形主要表现在体育用品制造产值比重过大，接近80%，而在体育产业发达的美国，这一数字仅有30%。与此同时，在中国作为以体育竞赛表演业和体育健身休闲业为核心的体育本体产业的增加值比例只有约15%，这一比例远低于发达国家，导致体育服务业的主要价值未得到体现，也影响了体育产业的整体发展。也有学者认为，中国体育产业整体上还处于发展的初级阶段，与发达国家相比还有很大差距，其原因主要在于体育产业的发展需要一个自然的过程，在这个过程中体育服务业的比重会逐渐增大，以至达到一个合理的水平。

体育健身休闲业和体育竞赛表演业是体育服务业的组成部门，体现了体育产业的主要价值，可以认为是本体产业，这是由相关行业所提供的效用决定的。但是，目前中国体育产业的主导产业却是体育用品业。根据产业经济学理论，主导产业是指那些产值占有较高比重，采用了先进技术、增长率高、产业关联度强，对其他产业和整个区域经济发展有较强带动作用的产业。中国体育用品业拥有国内巨大的市场和良好的发展前景，产值巨大并提供大量的就业机会，同时，中国体育用品业在过去增速很快，远高于国民经济增长率，其产值也在体育产业增加值中占有绝对优势，并且中国体育用品业还具有明显的关联效应，对体育服务贸易、体育赛事赞助、体育媒介广告等体育服务业具有极大的带动作用。所以，中国体育产业发展的一个特点是，本体产业与主要产业不一致，且两者之间的差距非常巨大。可以看出，当前中国体育产业的主导产业是体育用品业，而非体育竞赛表演业和体育健身休闲业，中国体育产业结构调整升级的重点之一就是做好体育用品业的产业结构优化升级工作。

2. 体制和机制问题突出，市场化程度偏低

现阶段中国体育产业发展面临的体制机制性矛盾较为突出。这个突出矛盾同样也是“十三五”时期中国体育产业所必须面对和解决的。当前，中国体育行政管理部门通常具有多重身份。例如，运动项目管理中心同时具有机关法人、事业法人、社团法人、企业法人四类角色，造成了管理体制垄断封闭的运行机制。这种情况导致大量的体育竞赛资源被体育行政管理部门垄断，给社会民间资本进入体育产业造成了极大的障碍；同时，在这种混乱的管办不分的局面下，俱乐部没有市场主体地位，经营者利益也难以得到尊重，导致职业联赛收入萎缩，没有盈利的正常途径，只好从赌球、收受贿赂打假球等非法途径获利，从而更加不利于良好市场环境的建立。与职业体育相关的大量体育服务业很难获得健康发展的外部环境，必然导致发展缓慢甚至停滞。因此，破解制约体育服务业发展“瓶颈”的当务之急是，加大对垄断性部门、行业的体制改革，努力遏制并改变资源配置不公、行政及行业垄断等问题，完善体育服务业的市场环境。

3. 对体育服务业的认识存在偏差

从政府层面看，近年来对体育服务业的认识尽管有所深化，但重竞技体育、轻群众体育的思想仍然根深蒂固。第一，中国传统的体育事业和教育、卫生、文化一样是社会服务事业的一部分，政府一直把体育作为一项公益事业发展。随着社会经济的发展和人民生活水平的提高，体育事业发生了很大的变化，政府对体育事业的财政支持已经无法满足人们对体育活动日益多元化的需要。曾经被认为是公共产品的体育服务性质也发生了很大的变化，体育事业内部有些部分已不再具有公共产品的性质，逐渐具有了准公共产品或私有产品性质；但由政府向社会提供体育公共服务观念的改变并非易事，这在某种程度上限制了中国体育产业，尤其是体育服务业的发展。第二，相对于体育服务业，抓竞技体育、“抓金牌”更容易产生短期效益，体育部门的工作重点往往片面强调竞技体育的发展，对体育服务业缺乏足够的重视和应有的政策支持。另外，从社会层面看，目前中国居民的体育消费意识还较弱薄，“花钱买健康”的观念并没有完全深入人心，这导致体育消费市场需求不足，制约了中国体育服务业的发展。

4. 对体育服务业发展的政策力度不足

长期以来，中国对体育服务业政策关注度较低，与其他产业特别是文化产业相比，存在多方面的不平等。第一，税费政策。在体育项目经营上缺乏税收优惠政策的扶持，甚至射击、攀岩、滑水、卡丁车等部分体育项目的经营活动，多年来与歌舞厅、夜总会等娱乐业等一样征收20%的营业税。过重的税费负担导致很多企业经营困难甚至倒闭，抑制了社会投资的积极性。此外，对体育捐赠、赞助的税收问题缺乏积极的政策导向，尚未形成稳定的政策。由于捐助企业和受助体育组织要承受较重的税收负担，而且办理过程手续烦琐，不但影响了资金使用效益，也影响了企业发展体育服务业的积极性。第二，投融资政策。目前中国体育服务业发展存在着投资渠道单一、国有投资比例过高、民间投资总量仍然较小、体育企业融资渠道不畅、起步困难等问题；同时，还缺乏国家对体育服务业投融资政策的支持。

5. 缺乏对体育服务业发展政策的执行力度和评估机制

《体育产业“十二五”规划》在“发展目标”中明确指出：“‘十二五’期间，全面落实《国务院办公厅关于加快发展体育产业的指导意见》确定的各项目标和任务，进一步完善体育产业扶持政策，建立体育产业发展政策体系；积极推进体育产业法律法规和政策的研制。”但当前，中国体育产业发展所出台的相关政策在目标落实、绩效评估和配套政策等方面仍存在着较多的问题。例如，2000年12月国家体育总局发布的《2001~2010年体育改革与发展纲要》提出：“我国体育产业增加值要在2010年达到国内生产总值1.5%左右的目标。”但通过10年的发展，2010年中国体育产业实现增加值2220亿元，仅占当年全国GDP比重的0.55%，与1.5%的目标相去甚远，10年前所设定的目标10年后并没有实现。类似问题还有许多，究其主要原因乃是对这些体育产业政策缺乏有效性实施和绩效评估，继而造成政策目标未实现或政策措施根本未落实的结局，而且由于没有政策绩效的评估又可能导致新的体育产业政策制定缺乏有效性，最终形成一种不良的体育服务业的政策运行环境。

三、发展目标

体育服务业的健康发展对中国经济社会全局具有重要意义。结合当前的实际情况，在“十三五”时期，中国体育服务业应具有较为清晰的发展目标。首先，应确立逐步体育服务业在体育产业中的重要地位，建立门类齐全、结构合理的体育产业体系和规范有序、繁荣发展的体育市场，其次，形成多种所有制并存，全社会竞相参与、共同兴办体育服务业的新格局，最后，应促进居民体育消费水平的增加和体育服务贸易较快发展，使体育服务业人数占全社会就业人数比例明显增加，产业增加值在国内生产总值中所占比重明显提高。具体而言，应做到以下几个方面：

（一）发展体育健身休闲市场，引导大众体育消费，开展城市社区体育服务，培育农村体育健身市场

开展新兴的户外运动、极限运动等项目的经营活动。因地制宜地开发和培育具有地方特色的体育健身项目，加强对民族民间传统体育项目的推广。大力开发体育竞赛和体育表演市场，引导和规范各类体育竞赛的市场化运作。支持地方根据当地自然人文资源特色举办竞赛活动，鼓励企业举办商业性体育比赛，引进国际知名的体育赛事，打造有影响、有特色的赛事品牌。进一步完善体育产业政策，制定并组织实施体育产业发展规划。鼓励创新体育产业示范园区和基地，合理规划产业布局，促进中国体育产业的协调发展。加大政府引导资金投入力度，积极鼓励民间和境外资本投资体育产业，完善税费优惠政策。

（二）积极培育体育中介市场，鼓励发展体育中介组织，大力开展技术指导、信息咨询、体育保险等中介服务

充分发挥中介组织在赛事筹划推广、人才流动、组织保障等方面的作用。逐步推动体育场馆业务，探索公共体育设施运营管理的新模式，鼓励社会力量参与体育场馆经营管理活动，逐步实现投资多元化、运营市场化、管理企业化。对用于群众健身的体育设施日常运行和维护给予经费补助，以及一定的政策优惠。加强对体育产业的指导与服务，加强体育产业管理机构和队伍的建设，加强体育产业的基础研究和应用研究，完善规范的体育产业统计指标体系和统计制度，为社会投资提供咨询服务。按照体育标准内容体系表，健全体育标准化内容体系。加强对体育市场的规范管理，建立、健全相关法规，明确各类市场主体的权利义务，规范主体行为。加强体育经营活动的安全监管，推行体育服务质量认证制度，建立和完善体育服务规范，推行体育行业特有的职业技能鉴定制度，提高体育服务水平。

（三）促进体育无形资产的开发和保护，加强对体育组织、体育赛事和活动名称、标志等无形资产的开发，加大对相关知识产权的保护力度

鼓励各类体育组织、体育赛事主办者面向市场，依法开发、推广和使用无形资产，不断提高品牌效应，提升市场价值。大力促进体育服务贸易，以体育劳

务、赛事组织、场馆建设、信息咨询、技术培训等为重点，积极开拓海外市场。鼓励各类运动项目，特别是中国的优势项目和民族特色项目“走出去”，积极参与国际竞争，树立中国体育服务贸易品牌。

（四）协调推进体育产业与相关产业互动发展

发挥体育产业的综合效应和拉动作用，推动体育产业与文化、旅游等相关产业的复合经营，促进体育旅游、体育会展、体育影视等相关业态的发展。进一步探索和推动体育赛事电视转播权的开发工作，协调与媒体的合作。加快公共体育设施建设，用五年的时间，合理完善体育设施布局，优化公共体育设施建设投资模式等措施，基本建成符合国情、覆盖城乡、功能完善的公共体育设施。制定公共体育设施建设规范、标准和用地定额指标，提升公共体育设施功能质量。

四、发展趋势

（一）产业规模将持续增加

经济服务化理论认为，产业结构重心具有渐次从农业向工业并进而向服务业转移的规律性，服务业的迅速发展已经成为发达国家的普遍经济特征并进一步成为国际性的发展趋向，表5列出了美国、日本、韩国这三个体育服务业发达的国家，其体育产业构成的相关数据，可以看出这三个国家的体育服务业比例均接近或超过了80%，远高于中国现在的水平。

表5　发达国家体育产业服务化趋势

国家	年份	体育产业产值（亿美元）	体育服务业产值（亿美元）	体育服务业比例（%）
美国	1999	2125	1851	87.1
韩国	2007	248	203	81.9
日本	2003	834	652	78.2

资料来源：姜同仁等：《发达国家体育产业演进的趋势与启示》，《武汉体育学院学报》2012年第9期。

另外，从发达国家体育产业演进态势来看，体育服务业逐步占据产业构成的主导地位。1988年美国体育产业总产值为631亿美元，其中健身娱乐业、竞赛表演业、体育广告业、赛事转播权出售四项服务业收入就达到349.17亿美元，占总产值的55.34%；而体育用品业收入为190亿美元，占总产值的

30.11%。到 1999 年，美国体育产业产值达到 2125 亿美元，其中体育服务业占到 87.10%，10 年间上升了约 32 个百分点，产业结构已经完全实现服务化。韩国国家统计局的数据显示，1996 年韩国国内体育用品业市场是 10 亿美元，占整个体育市场容量的 44%，体育服务市场是 13 亿美元，占 56%；到 2007 年韩国体育服务业产值扩大到 203 亿美元，已经占 81.90%，成为绝对主导产业。日本体育产业结构也在逐渐转变，从 1993 年以来日本体育消费结构演进可以看出，体育物质产品需求比例逐年下降，体育服务产品比例逐年上升；1995 年日本体育服务业产值达到 236 亿美元，占体育产业 GDP 的 57.37%；2003 年体育服务业产值扩大到 652 亿美元，占体育产业的比重已达 78.20%。从发达国家体育产业演进态势看，体育服务业逐渐壮大，主导地位进一步稳固。

根据发达国家体育产业和体育服务业的发展经验，有学者对中国体育服务业发展趋势进行了数量研究，图 2 展示了研究结果：中国体育服务业将进入一个快速增长阶段。从增加值角度看，到 2020 年中国体育服务业规模将接近 2015 年的 3 倍，达到约 3228 亿元，而到 2025 年，体育服务业增加值将达到 2015 年的 8 倍，约为 8837 亿元。

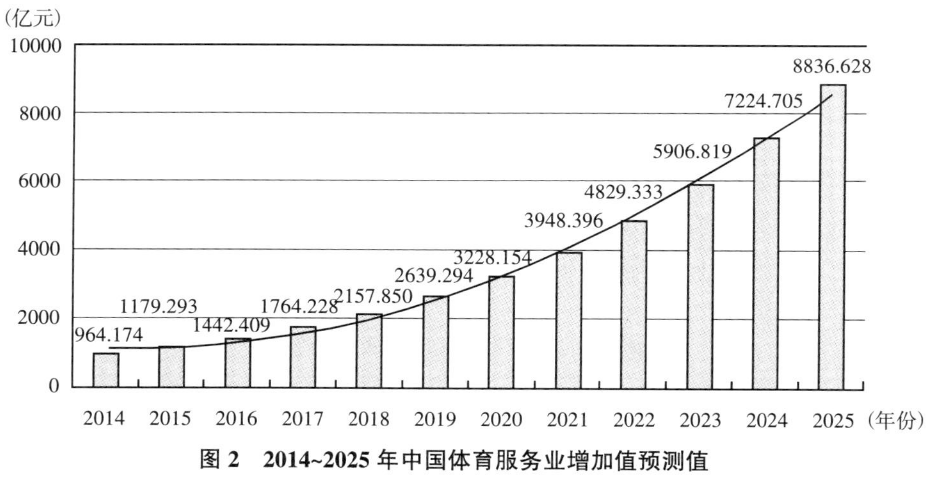

图 2　2014~2025 年中国体育服务业增加值预测值

资料来源：姜同仁、夏茂森：《新常态下中国体育产业发展与趋势预测研究》，《武汉体育学院学报》2015 年第 5 期。

（二）市场化程度进一步增加

以市场为主导的体育产业管理模式的形成，是市场经济发展的必然结果。市场主导型管理模式下的体育产业发展的原动力来自市场主体自身对商业利润的追求，以及不同市场主体间相互竞争所产生的压力。从政府在体育产业发展中所扮演的角色来看，采用这种模式的政府对体育产业中的各类市场主体实行“市场决定”的自由政策，而政府通过立法和政策引导，来促进各类体育企业的合理有效竞争，维护市场的正常、稳定秩序。例如，美国体育产业完全实行以市场需求为主导的专业化管理模式，政府主要通过体育立法和实行鼓励政策等手段帮助和支持体育产业发展，利用国会质询、联邦行政机构调查和司法部门裁定等方式积极干预并指导体育及其产业发展。同样，德国具有高度发达的健身娱乐业、职业体育产业，并在其中引入市场化运作模式，所有职业体育俱乐部都采用面向市场的法人治理结构，商业化程度极高，政府则制定引导政策，实行对非营利性体育俱乐部和协会减税政策，从而引导体育产业的健康发展。英国体育产业遵循“消费决定论”，体育产业直接面向市场，市场之间相互启动需求，而政府对此却少有介入，甚至在市场需求变化之时，政府还会及时实行协调对话，修改不适应市场的产业政策。可以看出，在发达国家体育产业演进的过程中，逐步形成了以市场为主导的产业管理模式，而这种管理模式在一定程度上不仅成为各国管理体育产业的经验模板，而且也代表了世界体育产业管理模式的主流和方向。因此，中国体育服务业的发展也将遵循这一趋势。

另外，发达国家体育产业演进趋势显示，体育产业与资本市场存在的亲密关联性趋于牢固，体育产业资本在经济发达国家资本市场上的融资率越来越高。这与体育产业经营内容的特殊性密切相关，在发达经济体，体育产业市场拓展空间较大，资本报酬率明显高于社会资本报酬率。数据显示，美国大量体育股份有限公司实现上市融资，获得可观的市场资本，1998 年美国证券二级市场中以经营体育产品及劳务为主业以及与体育产业相关的产业资本，占总市值的 8.12%；意大利二级市场足球股票占总市值的 7.21%。目前，体育产业资本化趋势已经成为发达国家体育服务业发展的重要特征。

（三）国际化趋势明显

伴随着全球经济一体化进程，体育产业演进过程中正越来越多地走向国际垄断化经营。德国的阿迪达斯（Addidas）、美国的耐克（Nike）和锐步（Reebok）等公司已经完全实现国际化，当今世界运动服、运动鞋市场的 80%已经被这些跨国公司的产品所占有。世界上一些著名的体育健身娱乐公司也已经实现国际化和连锁化（见表 6）。近年来，体育产业全球化趋势更加多元化。例如，20 世纪日本为了扩大相关产业规模，在国外购买体育场馆，收买体育团队，就地实行商业经营，在 1995~1998 年，日本至少花费了 5.5 亿美元购买美国的体育场馆，并在夏威夷收购了 24 个高尔夫球场，占夏威夷全部高尔夫球场的约 40%。发达国家体育服务业国际化的趋势已经十分明显，在经济全球化的背景下，这一趋势将更加快速地发展。

表 6　世界发达国家体育服务业国际化经营情况

公司名称	成立时间（年）	经营范围	分布国家（个）	分支机构（个）
IMG	1960	体育、娱乐、媒体	38	78
POWER HOUSE	1973	健身、经营俱乐部	10	300
OCTAGON	1960	体育营销、经纪、音乐娱乐	18	60
WORLD'S GYM	1976	健身、经营俱乐部	8	550
Fitness Holdings Worlwide	1991	健身、经营俱乐部	11	430

资料来源：姜同仁、刘娜、侯晋龙:《发达国家体育产业演进的趋势与启示》,《武汉体育学院学报》2012年第9期。

五、政策建议

（一）加快体制改革，完善体育服务业发展的市场机制

在市场经济条件下，中国体育服务业的发展应遵循市场经济、价值规律和市场运行机制，改变计划经济体制下体育必须由国家兴办的思想。在市场经济体制下，体育服务业的资源要充分利用市场供求机制配置。政府必须转变职能，要由微观管理变为宏观管理，由直接管理变为间接管理，采用法律、经济和必要的行政手段进行管理。消除各种体制性障碍和垄断因素，搭建各种公共服务平台，降低准入门槛，扩大非公有经济比重，促进服务业数量和规模的发展，尽快形成多元化投入、多样化经营的发展格局。

与此同时，应坚持政府支持与社会兴办相结合。研究、制定有关政策措施，鼓励社会力量支持体育赛事、公益性体育机构和公共体育设施建设。加强对赞助活动的管理和监督，充分调动企事业单位和个人的积极性，保障和维护其正当权益。政府重点支持公益性体育设施建设，群众性体育组织和体育活动以社会兴办为主，鼓励、支持企事业单位和个人兴办面向大众的体育服务经营实体，积极引导群众的体育消费。大力培育体育市场，加强规范管理，逐步形成有利于体育产业发展的社会氛围。

（二）实施有利于体育服务业发展的财政税收政策

体育健身休闲业是体育服务业中市场化程度最高的领域。随着全民健身意识的提高，各类经营性体育场所已成为广大群众参加体育健身活动的重要途径之一。然而，卡丁车、射击、射箭、攀岩、滑水、棋牌、高尔夫球等项目的经营场

所执行20%的娱乐业税率，再加上3%的文化事业建设费，相当于23%的营业税税率，给这些行业的经营带来了很大压力。

为了推动体育服务业发展，应将各类体育服务业列入鼓励类服务业指导目录，加大税费优惠幅度。一是对政府鼓励的新办体育服务企业，自工商注册登记之日起，免征三年企业所得税。二是对体育服务企业所需的自用设备及配套件、备件等免征进口关税和进口环节增值税。三是对体育服务企业特别是结合环境改造，使用荒地、滩涂等开发建设的经营性体育场所，在土地使用税上给予一定的优惠。四是对体育服务业的水、电、气、热等能源费用方面实现与工业同价。

（三）鼓励对公益性体育事业的捐赠和赞助

自然人、法人或其他组织向公益性体育组织捐赠财产，依照有关规定，在年度应纳税所得额中扣除。境外向公益性体育组织捐赠的物资，依照有关规定减征或者免征进口关税和进口环节的增值税。对公益性体育组织的捐赠收入，免征企业所得税。自然人、法人或其他组织赞助公益性体育组织和体育事业单位，用于体育事业的捐赠，按照有关规定，在年度应纳税所得额中扣除。对取得的赞助收入，按照营业税税目中的文化体育业项目缴纳营业税。

（四）公共体育场馆建设应实现社会价值最大化

一是明确公共体育场馆的公益性质，进一步提高运营效益。政府在硬件维护等方面提供相应的财政支持。对于经营条件差的场馆，政府提供财政保障，面向社会提供公共服务。二是加强公共体育场馆的建设规划，加快公共体育场馆建设标准和用地指标的研究制定工作，以规范和指导各地体育场馆的建设，提高场馆规划、建设的科学性和合理性，避免盲目贪大、重复建设，为日后运营奠定基础。体育场馆的规划设计应突出体育的使用功能，并综合考虑配套设施建设，实现“紧扣本体、全面发展、服务社会”的目标。三是加大公共体育场馆的财政支持力度。通过建立公共体育场馆维修专项资金等，为公共体育场馆的大修和日常维护提供经费保障。四是对公共体育场馆在房产税、城镇土地使用税等税收和水、电、气、热等能源费用方面实行优惠政策。

（五）优化政府公共投资扶持体育服务业发展

政府利用公共投资扶持体育服务业的形式主要有：政府资助体育场馆建设，政府付费引进、培育体育赛事，资助体育用品业发展和直接投资职业体育俱乐部等。但在政府以公共投资的形式资助体育产业发展的形式选择中，建议以建设场馆和引进、培育体育赛事为主。政府不应介入微观领域的生产，应注意角色的定位，规避公共投资进入体育产业后的运行风险，从而实现推动体育产业发展的最初目的。

首先，应注重扶持形式的多元化，尽量避免资金直接注入政府公共投资扶持体育产业发展，应用手段应逐步多元化，发挥公共投资在体育市场培育、体育消费引导和体育用品制造科技创新等正外部性较强的领域。针对中国职业体育俱乐部普遍存在的自身造血能力低、市场融资能力差等问题，政府可以通过银行贷款贴息、税收优惠等取代对职业体育俱乐部的资金投入。基于扶持体育竞赛市场的目的，政府除对办赛经费进行补助外，可能通过政府购买门票的形式扩大赛事组织的收入。其次，应明确公共投资扶持体育产业的定位，发挥公共投资的引致效应。政府对体育服务业的投资是产业投资引导基金的构成部分，产业投资引导基金由政府出资设立，应是公益型基金，且不以营利为目的，不宜直接进行企业股权投资，投资方向集中于国家政策鼓励且急需发展的行业，通过公共投资吸引民间资本进入体育产业领域，缓解资金短缺的弊病，“弱化体育产业的行政主导色彩，推进体育产业体制改革，提高体育产业的市场化水平”，实现体育产业发展的市场属性。最后，需要强化利益约束，规避社会风险市场经济条件下，公共投资应立足于弥补市场失灵，向社会提供公共产品。体育服务业发展过程中，通过政府资金的引导作用，促进投资主体的多元化，不仅可增加对公共服务的供给，同时也能培育体育消费市场。公共投资应有的公共属性，变成部分企业的私益部分，必然引发社会不满。鉴于此，政府对体育服务业的投资，应强化利益约束和问责机制，规避可能诱发的社会风险。

参考文献

[1] 鲍明晓：《当前制约我国体育发展的若干问题》，《山东体育科技》2013 年第 4 期。

[2] 鲍明晓：《体育产业基本理论问题研究》，《体育科学》2005 年第 4期。

[3] 郇昌店等：《政府公共投资扶持体育产业发展的形式及优化建议》，《北京体育大学学报》2014 年第 1 期。

[4] 黄海燕：《“十一五”时期我国体育服务业发展审思》，《上海体育学院学报》2012 年第 4 期。

[5] 姜同仁、刘娜、侯晋龙：《发达国家体育产业演进的趋势与启示》，《武汉体育学院学报》2012 年第 9 期。

[6] 姜同仁、夏茂森：《新常态下中国体育产业发展与趋势预测研究》，《武汉体育学院学报》2015 年第 5 期。

[7] 杨叶红等：《体育产业概念界定及分类研究》，《安徽师范大学学报》（自然科学版）2011 年第 4 期。

[8] 袁鹏等：《美国体育服务业主导产业研究》，《武汉体育学院学报》2013 年第 7 期。

[9] 曾海清等：《对体育产业内涵和属性的研究》，《广州体育学院学报》2012 年第 4 期。

[10] 钟天朗：《拓展我国体育产业的若干问题研究》，《上海体育学院学报》1993 年第 2 期。

专题报告

中国服务业对外开放的基本趋势与政策建议

姚战琪*

摘　要：以中国产业国际竞争力进一步提升为核心和不断促进服务贸易与货物贸易的互动发展，推动中国服务业更好地“走出去”、服务业利用外资的质量和水平逐步提升，是中国服务业对外开放的重要目标。提升中国服务业国际竞争力，既需要更大力度的对外开放，也需转向促进内资服务业快速发展，特别是生产性服务业快速发展。“十三五”期间，要大力推动服务贸易出口增长以及减少服务贸易逆差，不断优化服务业对外投资结构，紧密结合“一带一路”战略和全球经济治理新体系，更加科学务实地实施服务业开放，提高服务业开放水平。

关键词：“十三五”规划　服务贸易　外商直接投资　对外投资

一、基本背景

“十三五”时期是中国全面建成小康社会、启动新一轮改革、实现中华民族伟大复兴“中国梦”的关键时期。自 2013 年起，中国服务业利用外资占比首次超过了 51%，服务业吸收外商投资持续增长，服务业利用外资规模连续三年超过了制造业。同时，中国对外直接投资逐渐向服务业集聚，当前中国服务业对外投资规模超过制造业，已突破了传统的对外投资动机，利用外资已经名副其实地进入了“服务经济时代”。另外，中国的服务贸易迅速发展，服务贸易进出口总额已居世界第三位。因此，服务业在中国对外开放中发挥着越来越重要的作用。

* 姚战琪，中国社会科学院财经战略研究院服务经济研究室副主任、研究员。主要研究方向为服务经济与国际投资。

从国际上看，复杂局势中蕴含着新机遇。虽然当前全球经济复苏不稳定，世界经济环境仍然比较复杂，2008 年金融危机以来中国实施的积极主动的服务业对外开放战略受到巨大的冲击和影响，全球经济增长引擎存在失速风险，国际直接投资和国际贸易也处于波动区间，中国服务业对外开放仍面临一个不稳定的外部环境（迟福林，2015），但在较长时期内和平与发展是国际社会的主流，软件和信息技术服务业等现代服务业可能成为推动全球经济走向复苏的重要力量，既有斗争又有合作的大趋势不会改变，我国发展的重要战略机遇期仍存在（姚战琪，2015；戴斌，2014；陈雨露，2015；胡鞍钢、周绍杰，2015）。在经济新常态背景下，中国面临前所未有的进行全球布局和大开放的发展机遇。一是中国对外投资迅速增长，海外并购突飞猛进。二是“一带一路”打造对外开放新格局。三是亚投行的成立打破美欧一统国际金融的格局。四是由于美元、欧元不再可靠，人民币会成为填补这个空缺的全球货币。

当前全球贸易竞争焦点开始向服务业转移，而中国正处于提升服务业国际竞争力的关键期。2014 年 12 月底，中国加入 WTO 保护期结束，2015 年，中国拟全面放开外资准入。中国服务业必须，也只能在开放的环境下发展，相应地，政府及服务业管理部门必须，也只能以创新思维、包括自我改革在内的系统变革的勇气来引导“十三五”新时期的服务业发展。2015 年 2 月 14 日国务院发布的《国务院关于加快发展服务贸易的若干意见》，对新形势下加快发展服务贸易做出了总体战略部署。另外，2015 年 4 月 10 日开始实施新版《外商投资产业指导目录（2015 年修订）》，鼓励外商投资现代服务业等领域，承接高端产业转移，为“十三五”时期服务业发展提供了重要指导。

二、现状与问题

（一）改革开放后中国对世界服务贸易贡献度不断提升，但中国服务贸易开放度仍较低

1978 年以后，中国服务贸易增长较快，但是自 1992 年后中国服务贸易处于逆差状态，并且服务贸易逆差绝对额不断扩大，2008~2013 年中国服务贸易逆差分别达 115 亿美元、295.07 亿美元、220 亿美元、545 亿美元、896 亿美元、1184.6 亿美元，在 2013 年出现改革开放以来的逆差最大值，为世界第一大服务贸易逆差国，同时，旅游、运输、特许权转让和专利三项技术交易为主要服务贸易逆差行业。

各国服务贸易开放度的度量方法主要是服务贸易依存度，即服务贸易依存度=（该国服务贸易出口额+该国服务贸易进口额）/该国 GDP，同时，使用服务贸易竞争力指数衡量该国服务贸易国际竞争力，服务贸易竞争力指数 =（服务贸易出口-服务贸易进口）/（服务贸易出口+服务贸易进口），使用服务贸易出口依存度和服务贸易进口依存度分别衡量服务贸易出口和进口国际竞争力，服务贸易出口依存度（即出口开放度）= 该国服务贸易出口额/GDP，服务贸易进口依存度（即进口开放度）= 该国服务贸易进口额/GDP。通过各国服务贸易开放度和竞争力横向对比可以发现（见表 1），虽然中国服务贸易开放度略高于巴西，但远远小于欧盟、美国、印度、韩国等国家。

表 1　2013 年各国服务贸易开放度和竞争力对比

	服务贸易开放度（%）	出口市场占有率（%）	TC 指数
中国	5.68	0.9	–0.227
巴西	5.60	0.2	–0.378
韩国	17.83	0.5	0.027
印度	13.27	0.7	0.09
美国	7.02	3.0	0.204
欧盟	21.11	8.6	0.087

资料来源：根据 UNCTAD 网站数据计算。

通过对中国服务业贸易竞争力指数进行分析可以发现（见表 2），中国服务贸易总体的贸易竞争力指数为负，表明中国服务贸易国际竞争力始终较弱。根据笔者的一项研究，制造业贸易竞争力指数均值为 0.02 左右，服务贸易竞争力指数平均值（0.002）远远小于制造业，这与中国制造业已深入地参与全球分工以及制造业已具有较强的国际竞争优势的发展事实完全相符。由此可见，虽然中国服务贸易增长较快，但服务贸易全球化指数较低。

表 2　中国服务贸易竞争力指数

年份	2000	2005	2006	2007	2008	2009	2010	2011	2012	2013
服务贸易出口（亿美元）	301	739	914	1217	1464	1286	1702	1820	1904.4	2105.99
服务贸易进口（亿美元）	359	832	1003	1293	1580	1581	1922	2365	2801.4	3290.5
差额（亿美元）	–58	–93	–89	–76	–116	–295	–220	–545	–897.0	–1184.5
服务贸易竞争力指数	–0.0	–0.05	–0.04	–0.03	–0.03	–0.10	–0.06	–0.13	–0.19	–0.22

续表

年份	2000	2005	2006	2007	2008	2009	2010	2011	2012	2013
中国服务贸易开放度（%）	5.48	6.92	7.02	7.12	6.67	5.67	6.00	5.58	5.56	5.68
中国服务业出口开放度（%）	2.50	3.26	3.35	3.45	3.21	2.54	2.82	2.43	2.25	2.22
中国服务业进口开放度（%）	2.98	3.67	3.67	3.67	3.46	3.12	3.18	3.16	3.31	3.47

（二）中国的服务业 FDI 规模不断增长，但服务业外商投资对中国经济增长和结构调整的促进作用十分有限

本文使用以下方法计算中国服务业外资开放度：服务业 FDI 流入依存度=服务业 FDI 流入额/第三产业 GDP，服务业 FDI 流出依存度=服务业 FDI 流出额/第三产业 GDP，服务业 FDI 依存度 =（FDI 流出额+FDI 流入额）/第三产业 GDP。

中国服务业 FDI 流入依存度、FDI 流出依存度、FDI 依存度如表 3 所示。可以看到，中国服务业 FDI 流入额占服务业 GDP 比重不断下降，由 1997 年的 3.59%下降为 2013 年的 1.49%，这表明随着服务业国际资本的大规模进入，虽然进入中国的服务业外商投资规模不断增长，但其对中国服务业经济增长和结构调整的促进作用十分有限。同时可以看到，FDI 净流入占 GDP 比重反复波动，FDI 净流出占 GDP 比重稳中有升，这说明中国在吸引大量国际资本进入的同时，FDI 流出规模也在不断增长，但 FDI 流入依存度大大高于 FDI 流出依存度，表明 FDI 对中国开放度的贡献主要体现在中国吸引外资对经济增长的贡献上。

（三）中国服务贸易规模迅速增长，但服务贸易开放度指数仍不高

通过对中国、韩国、中国香港、印度等国家和地区服务贸易显示性比较优势指数进行对比（见表 4），可以发现：第一，韩国、中国香港、印度等国家和地区服务贸易显示性比较优势指数大于中国，中国服务贸易 RCA 指数始终处于 0.8 之下，表明中国服务竞争力弱；而在多数年份其他国家服务贸易 RCA 指数始终处于 0.8 之上，说明该国服务业具有较强的国际竞争力，例如，韩国的 RCA 指数总体在 0.4~0.8，中国的 RCA 指数总体在 0.4~0.6，这表明从服务贸易显示性比较优势指数对比角度进行分析，韩国、中国香港、印度等国家和地区服务贸易国际竞争力高于中国。第二，中国、韩国、墨西哥三国服务贸易 RCA 指数仍小于 1，表明该国仍以劳动和自然资源密集型的传统服务贸易为主，但是中国、韩国等国的服务贸易都有朝知识技术密集型方向发展的趋势。

表3　中国服务业FDI依存度

单位：%

年份	1997	1998	1999	2000	2001	2002	2003	2004	2005	2006	2007	2008	2009	2010	2011	2012	2013
FDI流入占服务业GDP比重	3.59	3.56	2.81	2.18	2.03	1.98	1.92	1.76	1.59	1.74	2.05	1.94	1.71	1.87	1.75	1.49	1.49
FDI净流入占GDP比重	4.72	4.43	3.7	3.38	3.52	3.61	3.24	3.12	4.93	4.91	4.85	4.13	3.35	4.6	4.53	3.59	3.76
FDI净流出占GDP比重									0.92	1.22	0.87	1.59	1.6	1.47	1.36	1.45	1.76

资料来源：World Bank Wdi Database。

表 4　中国与其他国家服务业显示性比较优势指数（RCA）比较

年份	中国	韩国	中国香港	印度	墨西哥	年份	中国	韩国	中国香港	印度	墨西哥
1980	—	0.79	1.45	1.64	1.29	1997	0.59	0.83	0.90	1.07	0.48
1981	—	0.76	1.42	1.54	1.07	1998	0.6	0.37	0.83	1.27	0.46
1982	0.62	0.83	1.44	1.43	0.84	1999	0.58	0.38	0.86	1.44	0.40
1983	0.59	0.77	1.29	1.52	0.75	2000	0.58	0.40	0.89	1.47	0.40
1984	0.61	0.71	1.27	1.52	0.85	2001	0.57	0.42	0.92	1.45	0.38
1985	0.60	0.64	1.25	1.61	0.87	2002	0.55	0.38	0.92	1.42	0.37
1986	0.56	0.72	1.16	1.44	0.92	2003	0.49	0.72	0.87	1.47	0.36
1987	0.52	0.68	1.00	1.29	0.87	2004	0.49	0.71	0.89	1.71	0.37
1988	0.45	0.67	1.05	1.26	0.87	2005	0.46	0.70	0.94	1.87	0.33
1989	0.46	0.68	1.03	1.17	0.88	2006	0.46	0.69	0.99	2.05	0.32
1990	0.46	0.67	0.98	1.11	0.82	2007	0.48	0.74	1.00	2.00	—
1991	0.49	0.63	0.91	1.14	0.82	2008	0.5	0.79	1.01	1.95	—
1992	0.54	0.61	0.86	1.01	0.81	2009	0.52	0.84	1.02	1.90	—
1993	0.62	0.66	0.85	0.95	0.69	2010	0.54	0.89	1.03	1.85	—
1994	0.60	0.75	0.88	1.01	0.74	2011	0.52	0.94	1.04	1.80	—
1995	0.45	0.81	0.89	0.98	0.58	2012	0.54	0.99	1.05	1.75	—
1996	0.62	0.79	0.93	0.94	0.52	2013	0.55	1.04	1.06	1.70	—

资料来源：笔者根据世界贸易组织网站相关数据计算得出。

（四）中国生产性服务业开放度较低

中国生产性服务业发展滞后，国际竞争力不足。在全球价值链视角下，由于生产性服务业发展滞后，制造业与生产性服务业出现不良互动发展的特点，生产性服务业对中国企业国际竞争力促进作用仍较弱，同时中国制造业和农业对生产性服务业需求较少。中国生产性服务业发展滞后和国际竞争力薄弱是导致中国企业“走出去”存在诸多问题的根本原因之一。1982 年以来的多数年份，通过分析中国生产性服务业贸易竞争力指数可以发现，中国生产性服务业的大多数行业 TC 指数为负，表明中国生产性服务贸易国际竞争力较弱。同时，中国生产性服务业贸易竞争力指数具有长期波动和长期为负的特征。除了广告宣传业具有一定竞争优势以外，通信服务、金融业和保险业、运输业、专有权利使用费和特许费都是中国具有明显竞争劣势的生产性服务业。另外，笔者计算了 2002~2013 年中国生产性服务业细分行业显示性比较优势指数（见表 5），可以发现中国生产性服务业 RCA 指数为 0.2，因此我国生产性服务业国际竞争力较弱。在中国生产性服务业中，金融服务、保险、通信服务、运输、计算机和信息服务、专利许可等产业 RCA 指数均小于 0.72，表明中国生产性服务业国际竞争力较低。

表5 中国生产性服务业细分行业显示性比较优势指数

年份	2002	2003	2004	2005	2006	2007	2008	2009	2010	2011	2012	2013	均值
商业服务	0.37	0.30	0.27	0.25	0.28	0.24	0.26	0.36	0.37	0.29	0.33	0.37	0.31
运输	0.20	0.20	0.17	0.19	0.23	0.23	0.26	0.47	0.46	0.25	0.34	0.43	0.29
通信服务	0.71	0.10	0.15	0.14	0.09	0.06	0.08	0.13	0.15	0.10	0.09	0.08	0.16
保险	0.04	0.07	0.05	0.09	0.07	0.08	0.07	0.09	0.13	0.15	0.15	0.15	0.10
金融服务	0.01	0.01	0.00	0.01	0.00	0.00	0.00	0.00	0.01	0.01	0.03	0.06	0.01
计算机和信息服务	0.12	0.10	0.10	0.14	0.15	0.13	0.16	0.23	0.27	0.25	0.31	0.37	0.20
专利许可	0.01	0.01	0.01	0.00	0.01	0.00	0.01	0.01	0.02	0.01	0.02	0.03	0.01

(五)“走出去”的中国服务业企业规模不断增长，但仍存在对外投资不足等突出问题

改革开放后，中国服务业对外投资逐年显著增加，在总的对外直接投资中服务业所占比重逐年攀升，2013年中国服务业对外直接投资存量占中国对外直接投资存量的比重达71.8%，当前服务业已成为中国对外投资的主体。在对外开放进程中，服务业更好地“走出去”对不断提高中国参与全球价值链的广度和深度具有重要意义。虽然东道国服务业发展水平显著促进了中国对外直接投资，中国服务业对外直接投资显著促进了中国就业，中国生产性服务业进口显著促进了中国全要素生产率提高和制造业技术进步，但是中国服务业“走出去”存在以下突出问题，不容忽视：

第一，近年来中国对外投资迅速增长，但中国海外投资存在投资不足而非投资过度，并且投资不足程度极其明显。首先，中国在各洲间投资不足的严重程度不同（乔晶、胡兵，2014），对欧洲投资不足程度大大高于对北美投资（见表6），中国海外投资东道国主要是美国和新加坡等国，对欧洲投资不足程度较明显。其次，中国对技术水平和制度质量较高的国家和地区、发达国家和地区的投资不足程度比对发展中国家和地区的投资不足程度更严重。

第二，生产率对中国企业“走出去”投资于服务业和制造业决策的影响程度不同，“走出去”投资于服务业的企业生产率大大低于“走出去”投资于制造业的企业生产率。当前，中国各省份“走出去”与未“走出去”的企业之间差异主要表现为，“走出去”的制造业企业生产率高于未“走出去”的制造业企业生产率，与制造业不同，未“走出去”的服务业企业生产率高于“走出去”的服务业

企业生产率。这是因为实际上中国“走出去”的大部分企业主要在国外设立分支机构从事批发零售以及贸易中介等服务，其主要目的是提升出口市场份额和能力，而多数出口企业的生产率要低于国内非出口企业或出口企业及未出口企业的生产率均值并无明显差异，“走出去”的大部分企业的主要动机是拓展市场份额而投资于贸易中介以及批发零售等服务，因此“走出去”的服务业企业生产率低于未“走出去”的服务业企业生产率。

第三，当前在中国“走出去”的进程中，建设全球销售网络和经营自主品牌的目标仍未实现。当前中国服务业“走出去”主要集中在租赁和商务服务业、批发和零售业等劳动密集型服务业，而信息传输、计算机服务和软件业、科学研究、技术服务和地质勘查业、金融业等生产者服务业规模极小。同时，在中国企业“走出去”的进程中，即在中国制造业承接生产者服务业国际外包的进程中，全球价值链的每一个环节，即产品概念、研发设计、生产制造、销售和售后服务都需要生产性服务业，而在中国制造业升级进程中，全球领导厂商将创造概念、树立品牌和产品开发、创建品牌、建立销售渠道等核心生产者服务业留在其内部，而中国企业仅承接生产制造、原料采购、加工装备技术等低端生产者服务业，虽然中国生产能力大大增强，竞争力提升，但是中国企业仍然需要依靠全球领导厂商。

第四，东道国的高技术出口贸易规模对中国服务业对外直接投资具有显著的替代效应，尤其是发达国家高技术出口额对中国服务业直接投资替代效应更强。同时 2008 年金融危机爆发以来，发达国家实施的贸易保护主义对中国出口贸易的负面影响较大，美国和西欧制定的贸易保护主义措施对中国出口规模的冲击较明显。

表 6　2014 年中国海外投资指数

排名	国家和地区	排分
1	美国	54.9
2	新加坡	48.9
3	中国香港	45.9
4	日本	43.8
5	澳大利亚	43.7
6	加拿大	43.2
7	瑞士	40.2
8	挪威	39.8
9	俄罗斯	39.6
10	德国	37.7

资料来源：Economist Intelligence Unit。

三、主要目标

在中国服务业快速增长的进程中，“十三五”时期，中国服务业对外开放的总体目标为：实现一个提升，突出三个重点。即以中国产业国际竞争力进一步提升为核心，以不断促进服务贸易与货物贸易的互动发展、推动中国服务业更好地“走出去”、服务业利用外资的质量和水平逐步提升为三个重点，推动中国服务业持续健康发展。具体目标包括以下几个方面：

保持服务业中高增长。“十三五”时期，中国服务业增加值占 GDP 的比重不断提高，吸纳就业的能力不断增强，内部结构不断改善，产业素质和竞争力不断提升。服务业增加值占国内生产总值比重稳步提高，未来六年，服务业增加值年均增长保持在 10% 左右，2020 年服务业总规模扩大到 48 万亿~53 万亿元，实现该年服务业规模倍增。

服务贸易规模日益增加，服务贸易占比明显扩大。到 2020 年，服务进出口额超过 1.3 万亿美元，服务贸易占比达到 20%左右，服务贸易对经济增长的拉动作用进一步增强。“十二五”时期服务贸易结构日趋优化，新兴服务领域占比逐年提高。

生产性服务业对国际贸易的引领作用逐渐体现，中国服务贸易竞争力逐渐提升。“十三五”时期，加快实施企业“走出去”战略，生产性服务业“走出去”的步伐加快，实现中国制造业对外投资与生产性服务业良性互动发展，中国主导的制造业全球产业链初步形成。

国内服务业竞争力不断提升。“十三五”时期，大力发展国内服务业，推动中国服务型中小企业快速增长，不断提升中国服务业国际竞争力，为实现“中国梦”作出更大贡献。

服务业外商直接投资规模持续扩大，结构不断优化。“十三五”时期，采取外商投资准入前国民待遇和负面清单管理的外商投资管理模式，逐步把服务业外商投资审批制改为登记备案制，不断加强与国际市场的深度融合。

四、基本趋势

在未来五年，中国服务业将快速增长，服务业将成为拉动经济增长的“新引擎”，中国服务业对外开放将面临新格局。2015~2020 年是中国从工业化中后期走向工业化后期的关键时期，服务业对外开放将对实现中国中长期的公平可持续的发展目标产生决定性影响。总的来说，未来五年中国服务业的对外开放呈现出如下几种趋势：

第一，提升中国服务业国际竞争力的主要因素正由对外开放转向促进内资服务业快速发展。针对不同时期中国服务业开放度对中国国际竞争力的影响程度可发现，若不考虑中国加入 WTO，服务业真实开放度对中国服务业竞争力的影响是正向的，促进了中国服务业显示性比较优势指数增长，也促进了中国服务贸易增长。据测算，改革开放后中国服务业真实开放度提高 1 个百分点，中国服务贸易竞争力平均提高 0.35 个百分点，但是加入 WTO 以后，服务业真实开放度提高 1 个百分点，服务贸易竞争力平均下降 0.17 个百分点。这表明中国加入 WTO 以后，服务业开放度的提升对中国服务贸易竞争力的促进作用显著下降。“入世”给中国贸易竞争力带来明显的不容忽视的不利影响，尤其是“入世”给中国具有明显比较优势的传统产业带来较大冲击，中国企业不但面临更激烈的国内市场环境，尤其是成本较高、管理落后、技术水平低的企业面临严峻的挑战，而且外商投资非国民待遇对内资企业具有明显的冲击。同时可以看到，加入 WTO 以后除了中国制造业比较优势显著提升以外，中国服务业和农产品比较优势仍处于弱势地位。因此，加入 WTO 后，中国服务业开放度的提升对中国服务贸易竞争力的促进作用较弱的事实不容忽视，要尽快制定政策，促进国内服务业快速发展。为此，在未来五年，在服务业对外开放背景下，将通过建立透明、公平、规范的市场准入标准和鼓励民间资本投资服务业，推动中国服务业国际竞争力提升。消除和着力解决当前行业垄断、部门分割和地区封锁等突出问题，逐步形成统一、开放、竞争、有序的服务业市场。逐渐消除制约民营经济发展的制度性障碍，将制定政策，促进民营经济快速发展，全面落实促进民营经济发展的政策措施，凡是对外资开放的领域将全部对民营资本开放，“十三五”时期将尽快向社会资本尤其是民营资本开放服务业。

第二，国际产业转移逐步朝高科技化、服务化方向发展，并且发达国家的金融、保险、房地产、商业服务业等生产性服务业的转移开始成为服务业的主要国际投资主体。随着中国投资环境的日益改善，服务业对外开放领域的进一步扩大，生产性服务业仍将成为中国吸引外资、承接国际产业转移的新热点。在未来五年，中国生产性服务业将不断增长，并将不断增强生产性服务业国际竞争力。从现实情况看，中国在“十三五”期间，推进服务业发展和产业升级的突出矛盾仍是生产性服务业占服务业比重太低，为此，“十三五”期间，关键是加快发展现代生产性服务业，重点发展金融服务、保险、通信服务、运输、计算机和信息服务、专利许可等生产性服务业，提高中国生产性服务业国际竞争力。其一，在

“十三五”期间，将进一步扩大生产性服务业领域的对外开放，制定政策鼓励外资积极参与软件开发、跨境外包、技术研发、物流服务等领域的合作与交流；其二，在“十三五”期间，为了防止服务业外商投资对中国现代服务业的低端化锁定，因此将鼓励外资企业与国内购买方和服务供应商之间建立广泛的联系，同时，将间接地扩大制造业整体对国内生产性服务业的需求范围，不断提高本土生产性服务业为外商制造业企业提供生产性服务的能力；其三，“十三五”时期，将鼓励民间资本和国外资本投向生产性服务业，促进投资主体多元化；其四，将抓住中国服务领域对外开放的机遇，加快对外开放的步伐，大力引进国际知名服务机构进驻中西部地区，带动整个生产性服务业经营理念和管理技术等各个层面的提升；其五，将继续做好服务设施招商引资。

第三，在“十三五”时期，在中国服务贸易规模继续增长的同时，服务贸易出口将稳步增长，服务贸易逆差将逐年降低。根据国家统计局提供的数据，2013年中国服务贸易出口和进口分别为 2105.99 亿元、3290.5 亿元，针对中国服务贸易逆差较大和增速较快的现实，在“十三五”时期，中国将推动服务贸易出口增速快于进口增速，推动中国服务贸易出口增速在多数年份超过服务进口增速，并且大力推动服务贸易逆差增幅保持大幅收窄趋势，笔者估计在大力推动服务贸易出口快速增长的情形下，到 2020 年中国服务贸易出口将增长到 6320 亿~6325 亿美元，服务贸易进口将增长到 7741 亿~7746 亿美元。“十三五”期间，服务贸易累计逆差增幅将明显收窄，并且中国服务贸易逆差增幅将不断降低，根据笔者测算，2015~2020 年中国服务贸易逆差增幅将分别为 26%~28%、21%~23%、17%~19%、14%~16%、12%~14%、10%~12%，将不断改变中国服务贸易逆差形势严峻的现实，不断增强中国服务贸易国际竞争力。为了实现以上目标，“十三五”时期，要大力支持通信、计算机和信息、咨询等知识、技术密集型服务业快速发展，不断提升其国际竞争力。适应国际服务贸易发展的新趋势，在“十三五”时期，中国将要不断下调以建筑和运输服务为代表的传统服务业在世界服务贸易中的比重，不断提升以金融服务和信息服务为代表的现代服务业在国际服务贸易的比重。

第四，在“十三五”时期，服务业对外投资规模将继续增长，中国对外投资的产业结构进一步优化，同时，在各国投资所占比重将进一步调整。中国对欧洲投资将迅速增长，对欧投资不足程度大大降低。我们认为，“十三五”期间，中国对外投资仍将处于快速上升时期，中国对外投资规模将超过吸收外资规模。商务部预测，2015 年中国对外投资规模或超吸收外资规模。根据笔者测算，2014~2020 年中国累计实现非金融类对外直接投资将分别为 70623757 万美元、91810884 万美元、119354149 万美元、155160393 万美元、201708512 万美元、262221065 万美元、340887384 万美元；2014~2020 年中国非金融类外商投资规模将分别为 71870922 万美元、82651560 万美元、111579607 万美元、150632469 万美元、195822210 万美元、225195541 万美元、258974872 万美元，根据测算，从 2015 年开始中国对外投资规模将明显超过吸收外资规模，并且中国对外投资规模和吸收外资规模之间的差额将逐年增长。从微观层面看，改革开放后中国企业在电子信息等多种服务行业有国际竞争力，该行业对外投资快速增长，在金融服务业、租赁和商务服务业、批发和零售业等服务业保持竞争优势，因此，我们认为，“十三五”期间，中国对外投资将进一步集中在租赁和商业服务业、金融业、采矿业、批发和零售业、制造业五大行业中，占中国对外直接投资存量总额的比重将保持在九成以上。中国服务业对外直接投资将继续增长，结构将进一步优化。中国服务业对外投资将继续增长，在租赁和商业服务业、批发和零售服务业等劳动密集型产业的对外投资继续增长的同时，将加大信息传输计算机服务和软件业、科学研究技术服务和地质勘查业等技术密集型行业对外投资增长速度。经过测算，“十三五”期间，信息传输计算机服务和软件业将保持 50%~52%的平均增长速度快速增长，批发和零售服务业以及租赁和商业服务业将分别保持 25%~28%和 10%~12%的年均增长速度，中国将继续保持技术密集型服务业对外投资增长速度快于劳动密集型产业增长速度的发展趋势。“十三五”时期，中国将加大对研发资本存量丰富的国家进行直接投资，通过对外投资获得科技进步带来的收益。当前，研发投入不足和人力资本吸收能力制约是造成中国对外直接投资的技术吸收能力不足的主要原因。因此，在对外投资进程中，中国企业将注重加大技术获取型对外投资力度，尤其是要加大对研发资本存量丰富的国家进行直接投资，通过各种投资方式获取国外丰富的研发资源。同时将制定政策，鼓励企业在研发资本存量丰富的国家和地区建立研发基地，为企业“走出去”提供全方位服务。

第五，当前经济全球化趋势不断增强，特别是现代服务业和高科技产业的跨国转移呈快速增长之势，为中国在更高层次上承接国际产业转移、发展总部经济、参与国际竞争、提升综合竞争力和城市国际化水平创造了有利条件。因此，“十三五”时期，服务业外商投资将继续增长，为逐渐形成服务贸易强国的新优势创造有利条件。在外资来源方面，随着“一带一路”战略的推进，中国今后对外开放的重要区域将是亚洲地区，来自亚洲地区的外商投资规模将较快增长，而来自北美、欧洲的外商投资额将快速下降，服务业外商投资更是如此。制造业外商投资将继续保持负增长，而房地产、批发零售、租赁和商务服务业三大服务业外商投资占比都将继续提高，其中房地产业外商投资仍将增长最快。“十三五”期间建设服务贸易强国，关键在于尽快打破服务贸易壁垒，并且实行更加开放的服务贸易市场准入机制（迟福林，2015）。中国必须尽快实施负面清单管理制度和外商投资准入前国民待遇，只要是国家法律法规未明令禁止的服务业领域，都将全部向外资开放，并保障内外地、内外资企业享受同等待遇。中国在市场准入方面的限制已显著减少，国民待遇方面的自由化发展程度更显著，近年来中国服务贸易的国际地位有了显著提升，但仍将放宽外资在股权比例、经营范围、注册资本等方面的限制。

第六，在“十三五”时期，将以外贸结构转换为出发点，促进中国服务贸易与货物贸易协同发展，不断发挥服务贸易高附加值优势，逐渐提高中国货物贸易的附加值和技术含量，延长货物贸易价值链，虽然当前货物贸易与服务贸易两者之间缺乏互动发展，但“十三五”期间，在国家政策的大力支持下，中国货物贸易与服务贸易两者之间将日渐表现出互相促进的关系，中国服务贸易结构将要加速调整。“十三五”是中国服务贸易增长的关键期，若中国服务贸易继续保持10% 的增长速度，2020 年服务贸易总额将达到 1 万亿美元以上，占外贸总额比重将达到 20%。中国知识密集型服务进出口贸易将快速增长（知识密集型服务业包括通信服务、建筑服务、保险服务、金融服务、计算机和信息服务、专有权利使用费和特许费、咨询、广告和宣传、电影和音像及其他商业服务），知识密集型服务进出口贸易由 2001 年的 266 亿美元增加到 2014 年的 2180 亿美元，增加了 7.2 倍，初步预算结果表明，未来五年中国知识密集型服务贸易将保持年均增长 16%左右的实际增速，知识密集型服务贸易将由 2014 年的 2180 亿美元增加到 2020 年的 5370.18 亿美元，增加 1.5 倍。

五、政策建议

第一，进一步完善关于服务业对外开放方面的法律法规。中国服务业方面的相关法律法规还很不健全，尤其是部分加入 WTO 时所承诺的部门目前仍然尚未立法，因此，急需根据服务业相关部门的重要性，结合时刻表的进度，早日健全中国服务业的相关法制建设。早在 20 世纪五六十年代发达国家就颁布了关于服务业对外开放的法律法规，而中国加入 WTO 后，仍然在不断完善服务业法律法规体系，扩大服务业开放，随着 2015 年中国服务业开放的承诺已全面到位，作为一个发展中国家，我们必须采取渐进的开放政策，彻底清理中国现行有关服务业开放的法律、法规，使其尽快符合 WTO 的要求，避免引起贸易争端。

第二，进一步推动中国服务贸易与货物贸易互动发展。目前中国政府在制定服务贸易和货物贸易发展战略时，不仅仅要看到服务贸易和货物贸易对中国经济增长的促进作用，还要注意到中国货物贸易条件恶化带来的福利损失，应坚持积极稳妥的原则，采取逐步开放和参与的战略，推动中国服务贸易与货物贸易互相促进、互动发展。考虑到通信、建筑和咨询这三类服务业的净出口对提高中国货物出口产品的生产率具有正向作用，以及计算机和信息服务、电影音像的净出口对中国货物贸易条件改善具有积极的促进作用，因此，当前应优先发展通信、建筑、咨询、计算机和信息服务、电影音像五大类服务出口贸易，制定鼓励措施优先促进此类服务贸易出口，积极发挥其对改善中国货物贸易条件的促进作用。

第三，进一步推动中国服务业产业结构转型。要使中国的服务贸易取得长足的发展，运输业等传统服务业必须尽快地向现代服务业转型，而发展现代服务业最重要的投入就是人力资本。因此，各地区都要建立专门的科研机构和培训机构，逐渐提高中国服务贸易的技术含量；要加强人力资本投入，加大对高等教育的投资力度，培养适应现代服务业发展要求，精通国际商法、国际运输的复合型专业人才；要加大教育投资，促进教育机构调整，建立和完善产、学、研一体化发展流程。

第四，进一步制定能协调服务业各部门出口、外商投资和“走出去”的对外开放政策。尽管中国在服务贸易具体承诺减让表中海运服务等的市场准入方面存在部分限制，海运服务外资不得超过合资企业注册资本的49%，董事会主席和总经理由中方任命，合营企业可享受国民待遇，但中国在海运服务市场准入方面作了较广泛的承诺，同时也基本给予了国民待遇，“十三五”期间，中国航运企业要坚持以可持续发展为目标，遵循逐步自由化原则，贯彻透明度原则。

第五，进一步扩大金融服务业开放，提升中国金融服务业国际竞争力。金融服务业作为中国加入WTO后最为敏感的行业，金融服务业开放应采取三步走的发展战略，在第一阶段，建立准入前国民待遇和负面清单管理模式，同时清除“玻璃门”或“弹簧门”的限制措施；第二阶段，逐步缩短负面清单，用审慎监管代替准入要求；第三阶段，将金融业整体从负面清单中移除。

第六，进一步加强服务贸易相关产业的协调与支持，完善基础设施和发展基础产业，推动相关产业的协调配合。中国政府要制定相应的融资、税收等优惠政策和产业倾斜政策，鼓励知识技术密集型服务业的发展，并引导人们对旅游、信息、房地产、金融、保险等行业的需求，刺激服务业总体竞争力的提高。

第七，进一步培育中国服务业国际竞争力。针对国内服务业发展滞后和服务贸易竞争力反复波动的现实，需要进一步培育中国服务产业国际竞争力。同时培育服务业出口竞争力和提高对外投资竞争力，大力促进服务贸易发展，不断提升“中国制造”的国际竞争力。

第八，进一步提升中国生产性服务业国际竞争力。正确认识当前推动产业集群发展的生产性服务业规模较小、生产性服务业的产业集群仅限于计算机和电子等领域、市场竞争力较弱的缺点，要通过各级政府的引导和扶持，广泛开展，积极联动，大力发展面向产业集群的生产性服务业。

参考文献

[1] Hoekman B., Karsenty G.. Econmic Development and International Transaction in Services. Development Policy Review, 1992, Vol. 10, No. 3, pp. 62–66.

[2] Hoekman Bernard, Liberalizing Trade in Services. Word Bank Discussion Papers, 1995.

[3] 陈雨露:《新常态下中国经济发展的七大机遇》,《光明日报》2015 年3 月 19 日。

[4] 迟福林:《走向服务业大国 2020:中国经济转型升级的大趋势》,《经济体制改革》2015 年第 1 期。

[5] 戴斌:《我国旅游业"十三五"发展思路探讨》,《旅游学刊》2014 年第 10 期。

[6] 胡鞍钢、周绍杰:《"十三五":经济结构调整升级与远景目标》,《国家行政学院学报》2015 年第 2 期。

[7] 姚战琪:《中国服务业真实开放度测算:1978~2013》,《经济纵横》2015 年第 5 期。

积极有序推进服务业改革：挑战与建议

夏杰长 *

摘　要：服务业改革长期滞后的格局仍然没有实质性改变。“十三五”时期推进服务业改革任重而道远。当前，中国服务业改革面临着诸多挑战：体制机制僵化、市场化程度不高；社会分工程度较低；政府规制不到位；公平竞争机制缺失；等等。要积极有序推进服务业改革，在“十三五”时期服务业改革要有实质性的突破，就必须打破服务业行业垄断和行政垄断、鼓励公平竞争、改革市场准入机制、提高政府规制水平，建立社会征信制度、加强市场监管等。

关键词：服务业改革　公平竞争　打破垄断　社会征信制度　市场监管

一、主要挑战

（一）体制机制僵化，市场化程度不高

按照最一般的理解，制度是一个社会普遍接受的游戏规则，是为决定和约束人们的相互关系而设定的“契约”。美国著名的制度经济学家道格拉斯·C.诺斯通过对经济增长现象的思考和对美国经济增长的实证分析，提出了制度因素对经济增长的巨大影响，他甚至认为：即便在技术没有发生变化的情况下，通过制度创新也可以提高生产效率，实现经济增长。从这个意义上讲，制度是影响经济增长、交易成本和经济效率的最重要因素。健全的市场机制与规范的市场秩序是发展现代服务业的基本条件。农业和制造业提供的是看得见摸得着的有形商品，而服务经济中交易的主要对象通常表现为一项权利而不是实物，它更加依赖知识、

* 夏杰长，中国社会科学院财经战略研究院副院长、研究员，研究方向为服务经济理论与政策。

创新、人力资本、声誉、品牌等高级生产要素和无形资产，所以服务业发展需要更加完善的市场机制和制度。除了餐饮、商贸批零、旅游等传统服务业外，中国许多现代服务业领域的体制机制和政策安排，比如准入机制、服务标准、行政监管、定价机制还是有着较浓厚的计划经济色彩，市场机制的基础性作用远没有发挥出来。正是这种不合理的制度安排，造成了本应该具有广阔市场潜力的现代服务业缺乏足够的发展动力和活力，竞争力严重不足。

造成中国服务业体制机制僵化且市场化程度相对不高的原因是多方面的，但行政审批环节过多且多头管理是其最主要的原因。据国家发改委等联合调研组（2006）对服务业前置审批项目的不完全统计，除涉及国家法律 17 部、国务院行政法规 33 部、国务院政策文件 20 件外，涉及中央和国务院有关部门的规章、文件 106 件。各地方依据这些法律、法规和规章、文件制定的地方性规定就更加繁多。由于这些法律、法规和规章、文件可能不能随着现代服务业新业态、新问题、新形势的变化而及时修订或废止退出，自然也就成为现代服务业发展与改革的障碍因素之一。再加上由于上下级之间的沟通问题、部门之间的利益问题，以及各政府部门之间的政策条例、管理办法的诸多不衔接和不配套之处，也为服务业企业正常运行带来许多干扰。如此过多过滥的行政审批、僵化低效的管理，已经成为服务业发展和改革的最大障碍之一。减少行政审批，还权于市场是服务业领域下一步改革的重要议题。

（二）工业企业“服务内置化”现象比较严重，社会分工程度较低，制约了服务业发展的市场需求

市场经济的一个重要特征就是强调分工与交易。分工是技术进步、效率提高和经济增长的重要条件。但长期以来计划经济思想根深蒂固，中国的工业企业组织大多是“大而全、小而全”，大量的服务业或服务环节被安置在工业企业内部，为数不少的工业企业依然处于自我封闭、自我服务、自我循环阶段，依旧采用传统的生产模式，即由工业企业内部提供其所需的服务生产和服务产品。工业企业外包服务不多且涉及面窄，即便有一些服务外包，也主要以产品生产为主，多是单一功能或是生产经营的某个环节，而与产品制造相关的物流、规划咨询、研发设计、金融租赁、商务服务、采购营销、人力资源等生产性服务业占全部支出的比重偏小。这样的结果，使得大量本应市场化、产业化、社会化服务的生产性服务业变成了工业企业自我提供的服务，既严重压抑了生产性服务业的市场需求，也降低了服务业效率和供应质量，因为工业企业毕竟不是专业的服务供应商，服务业不是其擅长的领域。

（三）服务业的政府规制不到位

关于政府规制，现有文献中一般认为政府应当提供一个有效、综合的政策保证，从而促进服务业发展，西方经济学家一般倾向于对服务业放松管制。尼克利特和斯卡尔皮塔（Nicoletti & Scarpetta，2003）通过模拟研究和跨国比较指出政府规制对于服务业的影响巨大。特别是对于ICT服务部门如批发、金融、保险和商业服务的规制可能损害新经济的外部性，对生产力的增长造成负的外部性。布兰特（Brant，2003）认为不合适的限制性归置损害了企业的动力，特别是限制了服务部门的增长。布兰特认为，各国政府在制定服务部门规制时，应当在经济增长的框架中考虑问题。如金融、通信以及交通运输服务已经成为商品生产的主要投入要素，这些要素构成了产品成本的绝大部分，服务投入效率成为影响公司竞争力的重要因素，又如教育、培训以及医疗卫生服务更是成为整个经济增长率提高的关键原因，而具体的服务政策导向将会直接影响这些部门的生产率水平，因此各国政府部门在制定产业政策应结合本国实际情况相机而择。

由于服务业提供的是无形的产品，供求双方信息不对称比较严重，有效合理的规制对服务业的发展尤其重要。需要进行微观规制的产业绝大部分都集中在服务业，如公共运输业、电信服务业等。此外，还有一些服务行业的产品性质具有严重的信息不对称，如医疗服务业、教育服务业等。这些行业也需要政府部门进行微观规制。但是，从现有的政策架构看，政府在对服务业进行微观规制时缺乏一个基本的理念与明晰的政策思路，规制的对象和方法都出现了偏差，其结果导致很多需要政府规制的服务业不但没有健康发展，反而出现了严重短缺、价格快速上涨、服务质量低下的情况。

（四）服务业部分行业严重垄断

行政垄断在中国许多经济领域都存在，但以现代服务业领域最甚，如金融、电信、铁路、民航、教育、新闻出版传媒等就是典型的行政垄断行业。这些行业普遍存在产权不明晰、竞争力不强、效率低下的特点。例如，目前，国有金融企业的金融资产大概占整个金融资产的95%。2011年银行的毛利是26000多亿元，净利是10400多亿元，按照银监会的统计，比上年增长36.3%。与之形成鲜明对比的是，实体经济企业的运营却日益艰难，所获金融服务严重不足。而且，国有银行利润的快速增长是在人民群众的储蓄存款长期负利率、资产贬值的情况下实现的，这与金融垄断是分不开的。

（五）产业组织结构不合理、企业治理结构不完善

从中国服务业的产业组织结构来看，要么是准入门槛偏低，政府干预严重，

造成无序竞争，经营混乱；要么是独家垄断，效率低下。以会计服务业为例，根据中国注册会计师协会行业管理信息系统最新显示数据，截至 2012 年，全国共有会计师事务所 8128 家，注册会计师 99085 人，非执业会员 98089 人。目前，中国注册会计师协会个人会员人数近 20 万人，全国具有注册会计师资质的人员超过 25 万人，但收入达千万元以上的只占少数。与此相对应的还有，中国注册会计师职业服务市场的资格种类多达 20 余种，难以形成综合服务。再加上政府对市场介入过度，干扰了市场的正常竞争秩序，使得中国会计服务市场优胜劣汰的机制难以形成，影响了服务质量。从而导致无序竞争，经营混乱。由于大家都在抢市场，行业自律难以形成，丑闻也层出不穷，同样的问题在律师、广告等服务业中也存在。而铁路运输、邮电通信等产业则呈现出独家垄断之势，服务质量难以提高，经营质量低下。另外，目前有不少专业服务机构虽然名义上已经脱离政府，但实际上还依附于政府部门，没有形成有效的内部治理结构，竞争力较弱，在日趋激烈的专业服务国际竞争中处于不利地位。例如，上海现有 24 家规模较大的展览公司，大多没有建立现代企业制度，机制不灵活，责、权、利划分不明晰，办展的国际化和专业化程度不高，企业治理结构不完善，使服务业发展缺乏活力。

二、政策建议

“十二五”时期以来，中国服务业的发展得到政府的高度重视，国家采取了大量支持服务业发展的政策措施，颁布了一系列的指导意见、管理办法等政策文件。如高技术服务业发展的政策体系和统计体系进一步完善，2011 年 12 月国务院办公厅出台了《关于加快发展高技术服务业的指导意见》，进一步细化了有关高技术服务业发展的政策措施。科技服务业发展得到国家高度重视，2014 年 10 月，国务院印发了《关于加快科技服务业发展的若干意见》，部署、培育和壮大了科技服务市场主体，创新了科技服务模式，延展了科技创新服务链，促进了科技服务业专业化、网络化、规模化、国际化发展，为建设创新型国家、打造中国经济升级版提供了重要保障。这是国务院首次对科技服务业发展作出的全面部署。此外，国务院还颁布了一系列有关服务业发展的文件，如《国务院关于加快发展生产性服务业促进产业结构调整升级的指导意见》、《国务院关于加快发展体育产业促进体育消费若干意见》和《国务院关于加快发展养老服务业的若干意见》等政策。这些有关推动服务业发展和改革的政策措施，事实上已经发挥了重要的作用。但是，我们也要清醒地看到，中国服务业发展总体水平还不高，亟待改革的领域还有很多，在“十三五”时期，建议从以下几个方面着力，全面深化服务业改革，从而推动中国服务业又好又快发展。

（一）打破服务业的垄断，积极促进服务业公平自由竞争

服务业内部行业繁多，各个行业性质千差万别。有些服务行业（如电信）具有自然垄断性质，还有些服务行业具有外部性（如教育业）。但是，从政策的一个总体趋势看，就是逐渐消除进入壁垒，基本实现进入退出的自由化。在一些行政垄断严重的行业，如电信、金融、保险、铁路运输、航空运输、广播电视、出版传媒等垄断性行业中，除个别涉及国家安全和必须由国家垄断经营的领域外，都必须大刀阔斧地改革。目前的改革举措主要在于允许原国有企业“分拆”之后的企业之间开展竞争。这显然只是浅层次的改革，改革的重点是放宽服务业市场准入，引进竞争机制，允许进入和允许竞争并重，尤其是要准许新的市场主体进入。激活民间企业投资，允许非国有市场主体进入本行业是政府改革行政垄断行业的重要举措。只有民间资本广泛参与市场竞争，才能提高效率，改善服务，增进国民福利。对一些短期内完全开放进入有难度的行业，也要采取切实措施，尽可能实行“政企分开、政资分开、政事分开”。在非自然垄断性业务部门要积极引入市场机制，解除过多过滥的行政监管，开展公平竞争，提高服务效率。即使是目前行政垄断不严重的行业中，也不应设置过多的准入障碍，以促进在位企业提高效率。

中共十八大报告在所有制理论上的重大突破是提出保障不同所有制主体依法“平等使用生产要素，公平参与市场竞争，同等受到法律保护”的“三个平等”为核心内容的不同市场主体公平竞争理论。这一点体现在服务业发展政策方面的核心内容是：

一是放宽市场准入。国家“十二五”服务业规划明确指出：“凡国家法律法规未明令禁入的服务业领域，全部向外资、社会资本开放，并实行内外资、内外地企业同等待遇，各类投资者均可以独资、合资、合作等方式进入。各类服务业企业在登记注册时，除国家法律法规规定外，各部门一律不得设置或变相设置前置性审批事项。”这一原则应该是中国服务业准入机制改革的基本指导思想，必须有力贯彻实施。长期以来，我们对服务业市场准入设置了种种障碍。一个重要的原因是对市场准入的基本理论缺乏深入研究甚至有些误解。现有的对服务业准入高门槛或实施行政垄断的理论基础是“国家经济安全”或者“国家安全”。而事实证明，在政府制定的过程中，对“国家经济安全”或者“国家安全”缺乏基本的定义，其内涵与外延都非常模糊，导致了该概念的滥用，服务业垄断被无限放大。因此，在推进服务业自由化的过程中，需要加强对基本理论的研究，对国家经济安全和国家安全等关键与核心概念给出明确的定义，并确定其内涵与外

延，且随着经济发展对其进行动态修改。

二是尽可能取消所有制限制。目前，在许多垄断行业中，国有资本“一家独大”的现象比较普遍，非国有资本所占比重有限，这种严重不对称的格局导致了在市场竞争方面，国有资本较之非国有经济企业具有压倒性的“竞争优势”，而这种“竞争优势”并非市场能力差异带来的，主要是其高度垄断所致。所以，在非基本公共服务领域，要尽可能打破垄断、取消所有制限制，除了引入外资外，也要为民营企业等多种市场主体创造公平竞争的环境，提供平等竞争的机会，形成政府投资、民间投资、利用外资等多元化投融资机制，并逐渐提高非公有制经济在服务业中的比重。

三是逐步放开非基本公共服务领域，充分发挥市场配置资源作用。严格界定基本公共服务和产业化、社会化服务，扭转事业单位承办产业化、社会化服务的格局，从而壮大服务业的市场需求。还要加强研究适合新型服务业态和新兴服务产业发展的市场管理办法，以顺应新兴服务业大发展的基本要求。

四是实施有效的激励机制。目前，中国的医院、学校、金融、通信、交通等服务业人浮于事、效率低下的现象较为普遍，但只要理顺激励机制，调动供应主体的积极性，生产率进步的空间巨大，服务供应潜力也很大。

（二）力推服务业与制造业、农业融合发展，在融合互动中促进产业升级

中国制造业目前正受到双重挤压，即高端制造业有回流发达国家的趋势，劳动密集型制造业有向劳动成本、商务成本更低的发展中国家转移的现象。农业领域的低效率、低附加值、生产经营方式落后的问题没有本质改变。如何推动制造业产业升级，实现农业现代化，提升产业综合竞争力，攀升全球价值链，是一项长期而艰巨的任务。现代产业界限日益模糊，工业服务化，服务产品化，产业融合是产业发展的重要特征与趋势。我们正在致力于推动“中国制造2025”战略和农业现代化的宏伟目标，必须破除传统的生产方式，为产业融合创造良好的发展环境，用跨界融合的理念发展现代制造业和现代农业，即在制造业和农业两大产业中嵌入知识含量较高的生产性服务业，实现生产性服务业与制造业融合互动发展、生产性服务业与农业的有机融合。

一是推进生产性服务业与制造业融合互动发展，发挥生产性服务业对制造业升级转型的作用，建议从以下四个方面着手：第一，鼓励制造业分离发展服务业。国际、国内经验表明，推动生产性服务环节专业化、社会化发展与做强、做专、做精制造业密切相关。这样做，既借此释放了服务市场需求、培育了专业化的服务供应商，又让制造业企业专注于自己的“主业”，是“一举两得”的选择。第二，推动制造业延伸产业链，在最终产品中增加更多的服务元素，实现服务化

经营，从而增加制造业盈利的空间，改变制造业盈利能力连续下降的趋势。第三，改变过去制造业“重物质要素、轻服务要素”投入的传统做法，更加注重投入“研发设计、软件信息、质量控制、现代物流、供应链管理、检验检测、融资租赁、节能环保解决方案”等知识密集型服务要素，在制造业的身上插上“聪明的大脑”，助推“中国制造”走向“中国智造”。第四，改革工业化与信息化融合方式。过去强调较多的是在工业制造环节运用信息技术，但这有着明显的局限。我们不仅要重视制造生产过程的信息化、智能化，更要把信息化渗透于生产价值链全过程，并实现网络立体式深度融合，将研发设计、加工制造、营销服务这三大产前、产中和产后的产业环节整合在共同的网络化信息平台，并以此为基础打造若干智能制造产业集群，依托这个平台推动服务与制造全价值链深度融合，使生产性服务业成为支撑“工业 4.0”、落实“中国制造 2025”的重要推力。

二是推进现代服务业与农业的融合发展。建议重点抓好以下五个方面工作：第一，推进农业科技信息服务发展。科技信息服务与农业深度融合是传统农业走向现代农业的根本出路。鼓励高校、科研机构与农业产业化龙头企业建立农业科技联盟，积极打造农业科技服务云平台。高效且全覆盖的农业信息化服务是实现农业现代化的重要条件。利用现代互联网、移动互联网、物联网等技术手段，通过全程闭环式运作，初步建立食品安全领域分级标准，重点突出“食品安全检测包括安全食品检测、绿色食品检测、有机食品检测和功能食品检测”四个层面，打造食品安全领域的全球标杆与品牌形象。高度重视互联网与传统农业的结合迸发出的前所未有的巨大能量，让农民、农业从互联网的普及利用中提升开拓市场的能力。第二，创新农产品市场流通体系。农村电商已经成为盘活农村资源、搞好农产品流通、服务“三农”、提高农村收入水平的重要支撑，因此要把发展农村电商放到重要的位置。鲜活农产品物流是目前农产品流通体系的短板，因而要重点发展鲜活农产品物流，加快实施冷链物流标准化，逐步解决鲜活农产品“最后一公里”的“瓶颈”问题。第三，健全农机技术推广和社会化服务体系。建立农机化信息服务平台，组建“上下联通、资源共享”的农机化信息服务网络，开展示范推广、农机作业、技术培训、销售维修、信息咨询和中介等多领域、专业化、社会化服务，逐步形成以市场为导向，以服务为手段，融示范、推广、服务为一体的多元化的新型农机化服务机制。第四，完善农业标准化服务体系。坚持以确保产品质量安全为核心，用标准化的理念和规程规范指导生产、加工、流通全过程，要重点建设标准化信息和农产品质量安全信息服务网络平台，实现标准信息资源透明共享。建立“按标生产”、“凭标流通”，强化标明产成品的产地、质量、标准的等级标识制度，以推动完善各基层农产品质量安全检验检测站点为抓手，全面建立起农产品质量安全检测体系和追溯体系。第五，完善各类公共服务平台。农村服务业具有较强的公共公益性，服务对象为量大面广且处于市场相对弱势地位的农民和农业企业。通过构建人才服务网络平台、科技资讯平台、信息服务平台、装备服务平台等公共服务平台，集成和整合资源，降低农民或农业企业获取和利用这些资源的成本，增强他们使用现代服务要素的意愿，促进传统农业向现代农业转变。

（三）扩大服务业开放，提高服务业开放水平

中国政府在加入 WTO 时，对服务贸易的 12 个领域做了 9 项承诺，在 160 多个分领域中承诺了 104 项，接近发达国家的平均水平（108 个）。随着服务业对外开放水平的不断提升，中国服务业利用外资水平也不断提升，服务业成为利用外资的第一大部门，2015 年第二季度，吸引的外资有 67%投向了服务业，利用外资事实上进入了“服务经济时代”。

应该重视的是，服务业的开放应该是对内对外同步开放，不能“厚外薄内”。纵观中国服务业发展、改革和开放的历程，大家对服务业对外开放都很积极，引进外资效果也普遍成为衡量地方领导的政绩之一，但是服务业对内开放则比较薄弱。对内开放程度低的一个重要原因就是重要的服务业基本被国有经济垄断经营，服务要素不能在不同所有制之间自由流动。所有制垄断的症结在于对民营资本的歧视政策，不愿意“肥水流入他人田”，许多高利润服务企业基本不允许民营资本进入，即便允许进入也设置了很高的门槛。

区域垄断是对内开放不足的另一个原因。中国目前没有很好地理顺中央与地方财政关系，既有财政体制引发的地方保护主义现象比较严重，不让非本地服务要素或资源进入，服务业要素自然就不能在地区间自由流动。打破地域限制，鼓励地区间服务要素自由流动，在更广阔的区域优化服务业要素资源的配置，提高服务要素效率，增强地区间竞争程度，鼓励各地区在服务业要素流动中寻找自己的比较优势，形成各自的特色服务业，是下一步服务业改革和开放不可或缺的重要内容。

（四）改革服务业投资体制，优化服务业投资结构，提升投资效率

自 1993 年开始，服务业投资占全部投资的比重就已超过了 50%，远高于同期服务业增加值的占比。服务业在整体上并没有表现出“投入少、产出高、见效快”的特征。从发展趋势看，在 20 世纪 80 年代，为了使服务增加值增长 1 元，需要投入 3 元左右的资本。然而从 20 世纪 90 年代开始，这个数据增加到了 5 元以上，这说明从动态上看，服务业越来越具有资本密集的特征。从服务业投资内部结构特征看，交通运输仓储邮政业、房地产业都具有非常高的投资，约占服务业全部投资的 60%以上。从投资主体来看，服务业投资仍然主要以国有投资为主。服务业 14 个大类行业中，除批发和零售业、住宿和餐饮业、房地产业、租

赁和商业服务业、居民服务业和其他服务业五个行业外，其他九个行业国有投资均占 50%以上，其中交通运输仓储和邮政业、水利环境和公共设施管理业、教育三个行业国有投资占 80%以上。

一是要对现有的投资审批体制进行改革。中国现有的投资审批体制，仍对服务业有着较多的限制。例如，对铁路、高速公路、快递、房地产等诸多服务行业的投资方面，仍存在着大量的政府审批现象。现有的投资审批体制是一种对市场投资决策的扭曲，因为投资审批者并不对投资结果负责任，而审批的标准、原则、程序等又不够透明。这也是造成服务业投资效率低下的重要原因。从未来发展看，应对现有的投资审批体制进行全面清理，除了政府投资的项目之外，民间投资项目的审批应该全部予以取消。

二是要大力鼓励服务业的民间投资。在破除垄断的基础上，要利用金融、土地、财政等多种政策手段，积极引导民间资本投入到服务业中。

三是通过税收等多方面的政策，鼓励投资方式的多样化。在服务业投资中，除了由建设单位直接投资进行基本建设和技术改造之外，还应鼓励采用项目融资、股权投资、项目并购、租赁投资、BOT 等国际上比较广泛采用的多种投资方式。尤其是要对这些新型投资方式的税收政策进行整合，使各种投资方式的税负大体均衡。

四是积极推进和完善现代服务业领域“营改增”的试点工作，鼓励更多的社会资本投向现代分服务业。2012 年，上海、北京等地相继进行了部分现代服务业“营业税改征增值税”的试点工作。总体上看，这项改革是有利于促进专业化分工和促进现代分服务业发展的，从试点推广情况看，也是有利于减轻现代服务业企业负担的。但是，也有些服务业企业的负担不降反升。这是有其特定原因的，因为按照目前的增值税条例，绝大多数服务业企业的可抵扣进项税额较少。在制造业企业生产过程中物质资料所占的比重较大，但在服务业企业中大量的经营活动依靠的并非物质的消耗，而是非物质性的“知识”和“劳务”产品，即主要依靠人力资本和无形资产为中间投入。因此，建议尽快将无形资产、人力资本等非物质投入纳入增值税的进项税额抵扣范围，从而切实减轻现代服务业企业的税收负担，以吸引更多的社会资本投向现代服务业。

五是增加服务领域的公共性基础性投入，实施有利于服务业发展的财税政策。政府对服务业不宜再在竞争性领域增加投入，而是要侧重支持公共基础设施、市场诚信体系、标准体系建设以及公共服务平台等服务业发展薄弱环节建设。通过合理的税收政策鼓励制造业与服务业的高度专业分工，从分工合作中寻求制造业和服务业的“双赢”。对研发设计、检验检测认证、节能环保等科技型、创新型生产性服务业企业，应实施税收激励政策，允许其按照高新技术企业的待遇享受 15%的企业所得税优惠税率。

六是构建多层次、多元化融资服务体系，完善支撑服务业发展的金融政策体系。鼓励发展天使投资、创业投资，支持融资性担保机构发展。通过多层次资本市场体系建设，满足不同类型服务业的融资需求。拓宽机构对现代服务业企业贷款抵押、质押及担保的种类和范围，加大金融创新对生产性服务业的支持力度。借鉴一些发达国家的经验，设立“服务业特别基金”，为符合国家产业政策的小微型服务企业发展提供资金支持，破解融资“瓶颈”。

（五）破除土地垄断，降低服务业的投资成本

服务业用地成本高是不争的事实。服务业门类众多，行业千差万别，把服务业用地都归为商业用地，从而采取高地价的做法是不公平的。例如，物流、研发等生产性服务业，既具有营利性，也具有一定公共平台的性质，是典型的准公共品。如果采取土地歧视政策，这些服务业企业难以承受，只能艰难度日，勉强运行。此外，由于受“重工业轻服务业”的传统思维影响，许多地方政府在安排土地用途时，几乎都将工业用地需求置于优先地位，从而导致服务业用地需求严重不足。根据浙江省发改委课题组提供的数据，2010 年上半年浙江省累计供应工矿仓储用地为 4342.1 公顷，占土地供应总量的 36.0%；而商服及房地产用地（除住宅外）为 848.5 公顷，仅占土地供应总量的 7.0%。

当前，建设用地实行统一国有供给制，以及工业用地与服务业用地价格之间的巨大差异，都提高了服务业的投资成本，限制了服务业的投资发展。具体措施包括：试点土地创新开发模式，降低投资成本；对部分服务业用地试点年租金制；试点集体土地或划拨土地原所有权人合作开发持有型物业；土地资产证券化等。在符合城市规划、土地利用总体规划前提下，充分利用集体建设用地流转政策，鼓励现代服务业项目利用集体建设用地进行开发建设。支持以划拨方式取得土地的单位利用工厂厂房、仓储用房、传统商业街存量房产、土地资源兴办信息服务、研发设计、文化创意等现代服务业，土地用途和使用权人可暂不变更。

（六）通过开放市场、强化监管，促进服务消费

扩大居民服务消费需求，拉动内需增长，既是中国经济结构中长期战略调整的需要，也是应对国际金融危机促进经济平稳较快增长的重要举措，更是改善民生、提高人民生活水平的必然选择。服务消费是一种体验式的即时消费，从供需关系看，如果缺乏相应的服务供给，服务消费难以满足，服务消费将得到压抑。从质量评价看，消费者在享受服务之前，对服务质量及服务的具体效果缺乏足够的信息，因此，打造一个适宜于服务消费的社会环境非常重要。

一是要开放市场，提升供给水平，满足老百姓的服务需求。例如，在民用航空、出版传媒、金融服务、医疗卫生、教育文化等方面，通过引入新的竞争者，

提供适合于百姓需求的服务产品，提升服务消费水平，具有重要意义与价值。

二是要建立系统化的市场监管体系。在信息不对称的电子商务市场、家政服务钟点工市场、医疗保健市场、美容市场等方面，需要强化市场监管，尽可能做到供应者和消费者的信息对称，为服务消费提供信誉保证，培育起服务消费这个潜在市场。

（七）提升服务业微观规制水平

在市场经济条件下，鼓励自由竞争和加强市场监管都是不可或缺的。在服务业市场化的目标下，并不是政府对服务业微观市场放任不管；相反，服务市场化将使政府承担更多的责任，尤其是在市场监管方面，需要政府提供更多的系统化支持。

一是区分政府的监管责任与提供责任。在市场经济背景下，政府是公共服务的最主要的提供者。但是，并非所有的公共服务均由政府或国有企业提供。这里的关键问题是区分政府的监管责任与提供责任。对于国防、政府服务等，政府负有义不容辞的提供责任。而对于其他具有公益性的服务业，如邮政、义务教育、科研、公共文化等，虽然需要由政府来提供公共服务，但这种提供也有两种方式，一种是政府直接投资设立事业单位，并由这些事业单位直接向社会提供公共服务业，这种模式的典型就是义务教育。在中国，义务教育均由政府投资设立学校，并提供运营经费，然后由学校直接向社会提供免费义务教育服务。另一种是政府向非营利性甚至是营利性机构购买相应的服务后，再将这些服务提供给社会。从未来的改革方向看，后一种方式应该成为政府提供服务的发展方向。

二是树立正确的监管理念。政府对服务业进行微观规制的过程中，要区分市场监管、行政垄断与国有化等基本的理念。对于存在严重信息不对称、自然垄断等特殊情况的服务行业，需要政府加强监管。但是，这种监管既不是简单地进行行政垄断，也不是单纯的国有化，而是以市场化的手段，对服务质量、服务提供方式等进行监督。即使为了避免资源浪费而进行行政垄断的行业，也要保持可竞争状态，尤其是要给予民营资本平等进入这些部门的机会。

三是建立公平与透明的监管体制。从政府的视角看，大部分服务业是负有监管责任的。即政府对服务提供者的资质、服务提供质量、服务价格、服务提供时间等直接进行监管，并同时对市场准入问题进行监管。这样做一方面是为了避免服务提供者利用信息不对称或垄断地位提高服务价格、降低服务质量、排斥其他服务者进入；另一方面是为了避免资源的浪费。这种监管体制要做到以下几点：通过透明化、法制化的监管，对所有企业一律平等对待，适用同一标准，不能因某一种特殊身份而对某一些企业特殊政策，而对另一些企业进行歧视；在市场准入方面，应该对所有市场主体开放；对存在信息严重不对称的服务业，要建立统一的质量标准；对需要政府定价的服务行业，对其定价过程要加大竞争性（如引入投标机制确定价格）、透明度。

四是强化打击不正当竞争行为，促进企业树立品牌意识，提高服务质量。在这方面，解决一些行业的“政企不分”问题可能也是一个关键。例如，在一些发挥市场中介功能的行业中，为了确保经济鉴证中介真正成为独立、公正的鉴证服务市场主体，政府就应该彻底割断政府主管部门与经济鉴证中介事务所的任何隶属关系和挂靠关系，或者其他利益输送关系。再如，在金融行业，政府应从金融安全、建立健全金融服务市场、防止发生系统性金融风险等目标出发，切实加强对金融机构的监管，而不是简单地处罚金融违规行为。

五是确保服务公平。很多服务行业提供的服务，在现代社会被认为是实现社会公平的基本要求。也就是说，出于社会伦理价值观的要求，所有社会成员无论是否具备支付能力，都应当能够享有这种服务。典型的例子如基础教育、基本医疗卫生服务；甚至在一些人看来，基础电信服务、基本交通服务等都具有公共福利性质。在国有企业经营这些服务（如邮政服务、基础电信服务、公共交通服务）时，政府可以通过行政命令的方式，实现普遍服务。在市场化的背景下，政府应建立完善的普遍服务机制，使这些服务公平可获得。包括：对企业的退出加以规制，即为了满足普遍服务的需要，要求在位企业不得放弃其部分亏损地区的经营；建立普遍服务基金；通过财政与税收手段保证普遍服务的提供等。

（八）培养服务业创新团队，为服务业发展提供人才支持

人才，特别是创新型人才是服务业发展的关键，服务业最主要的“投入”就是人力资本。培养、引进高素质的现代服务业人才是政府义不容辞的责任。从资金投入和改革培养模式等方面着手，支持服务业创新团队培养，鼓励服务创新，包容创新失败。按照“不求所有，但求所用”的原则，积极推进技术入股、管理人员持股、股票期权激励等新型分配方式，建立创新型人才柔性流动机制，鼓励更多的高端人才向服务业领域集聚，为服务业发展提供强大的智力支撑。

参考文献

［1］道格拉斯·C.诺斯:《制度、制度变迁与经济绩效》，格致出版社、上海人民出版社2007年版。

［2］［美］道格拉斯·C.诺斯：《制度、制度变迁与经济绩效》，格致出版社、上海人民出版社2011年版。

［3］李勇坚、夏杰长：《服务业是节约投资的产业吗？——基于总量与ICOR的研究》，《中国社会科学院研究生院学报》2011年第5期。

［4］夏杰长：《推动我国服务业大发展》，《中国人大》2012年第8期。

［5］中国社会科学院财政与贸易经济研究所课题组：《中国服务业发展报告No.6》，社会科学文献出版社2007年版。

制造业服务化与《中国制造 2025》

霍景东　黄群慧*

摘　要：《中国制造 2025》战略目标的实现离不开与生产性服务的融合和互动，本文从《中国制造 2025》的发展目标和要求出发，分析制造业服务化与制造业转型升级的互动机理，以及全球制造业服务化的发展现状和特征，并利用面板数据分析了制造业投入/产出服务化对制造业劳动生产率提升、节能减排以及服务业发展之间的关系，在此基础上分析了制造业服务化的典型案例、提供的主要服务、主要合作伙伴和衍生的主要生产性服务业态，最后分析推动制造业服务化与《中国制造 2025》融合发展的建议。

关键词：制造服务化　中国制造 2025　融合与互动　产业升级

一、制造业服务化是《中国制造 2025》的重要支撑

《中国制造 2025》是中国制造业，乃至中国经济转型升级的行动纲领，明确提出了中国制造业发展的目标是创新能力提升、质量效益（制造业增加值率、全员劳动生产率）提升、工业化和信息化融合（数字化、智能化生产）以及绿色发展（节能减排）、结构优化（高端制造业、服务型制造业）等。制造服务化和服务型制造是其重要内容之一。

制造业服务化是指企业以顾客为中心，提供更加完整的“包”(Bundles)，包括物品、服务、支持、自我服务和知识等（Vandermerwe & Rada，1988），包括产出

---

* 霍景东，中国社会科学院工业经济研究所工商管理博士后流动站研究人员，主要研究方向为生产性服务业。黄群慧，中国社会科学院工业经济研究所所长、研究员，主要研究方向为企业管理与国有企业改革。

服务业化和投入服务化。《中国制造2025》指出要“加快制造与服务的协同发展，推动商业模式创新和业态创新，促进生产型制造向服务型制造转变”，将发展服务型制造业作为制造业发展的一项任务，实际上制造业服务化是一种制造业发展逻辑，贯穿于制造业的其他任务，制造业服务化与制造业转型升级密切相关，主要表现在服务型制造本身就是制造业的结构优化，同时制造业服务化有助于推动制造业节能减排，实现绿色发展；而且有助于提升制造业的劳动生产率。

（一）制造业服务化与节能减排

1. 投入服务化与可持续发展

由于生产方式粗放，传统制造业只能依靠大量消耗土地、矿石、森林、油气等自然资源提供产品，获得发展；而生产性服务业则是新型技术和创新的主要提供者和传播者，通过导入生产性服务业，把专业化的人力资本、知识资本和技术资本引入生产过程，加强企业内部以及与外部的联系和协调，提高自然资源的生产效率。同时，服务作为制造业的重要投入要素（Dirk & Anita，2005），加大服务投入有助于改变制造商创造价值的方式，减少对资源依赖的程度。此外，随着制造商将部分生产性服务活动外置，产生规模经济效应，制造商能够以更低的成本获得生产性服务，以较少的资源消耗完成期望的功能，进而减少制造业排放。

2. 产出服务化与可持续发展

产出服务化是一个可行的和有前途的业务策略，公司选择这一创新战略，可以分离传统的资源消耗与利润创造和生活标准改善之间的关联，在寻找新的利润中心，获取价值和社会质量的同时，减少（直接或间接）的总资源消费。具体来讲，在传统产品生产模式中，企业倾向于多卖实物产品以获取利润，而服务化模式中，企业以满足客户功能来获取收入，为了多获得利润，就会少提供实物产品，从而减少资源、能源消耗（见图1），制造业排放自然下降。

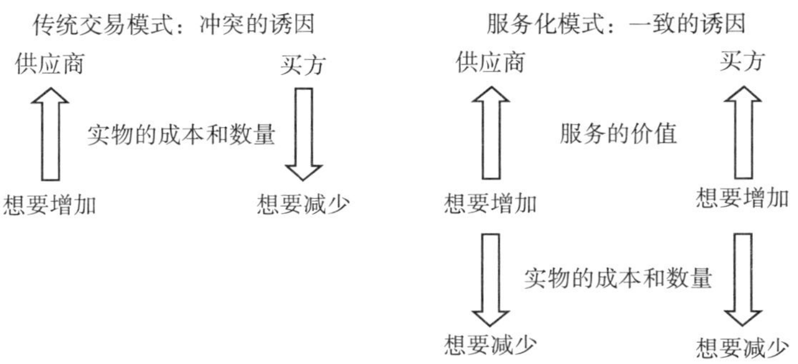

图1　诱因比较：传统交易模型和服务化模型

资料来源：根据Reiskin E. D.，White A. L.，Kauffman Johnson J. and Votta T. J.，Servicizing the Chemical Supply Chain，Journal of Industrial Ecology，2000，Vol. 3，No. 2-3，pp.19-31.

(二) 制造业服务化与制造业生产率提升

1. 投入服务化与生产率提升

从微观来看，企业是由设计、生产、营销、交货及各项支持活动所汇集，而且价值创造来自于战略环节，而并非价值链的所有环节，企业通过制造业投入服务化可以把有限的资源集中投入到战略环节，而把非战略部分的生产活动转给具有相对优势的企业，有利于企业发挥各自的专业优势，取长补短，提高企业的生产效率（Porter，1985）。从宏观来看，企业通过投入服务化购进生产性服务，生产性服务则充当人力资本和知识资本的传送器，将这两种能提高最终产出的要素导入生产过程之中，进而提高生产过程的营运效率、经济规模以及其他投入要素的实用效率，提升制造业生产率（格鲁伯和沃克，1993）。

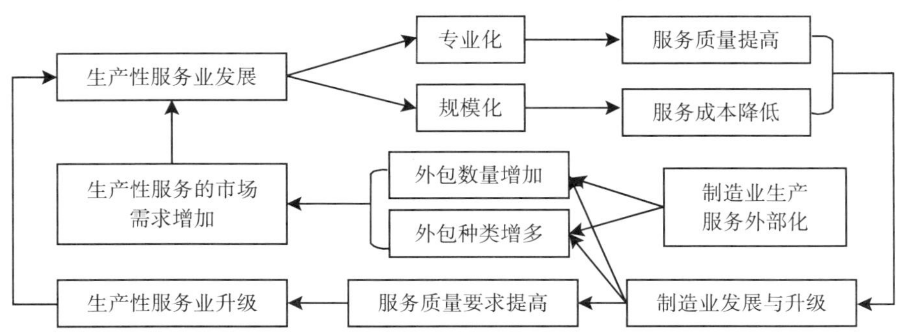

图 2　制造业投入服务化对制造业、服务业的反馈机制图

资料来源：唐强荣、徐学军：《新型工业化生产性服务业与制造业》，《工业技术经济》2007 年第 1 期。

2. 产出服务化与生产率提升

产出服务化以服务主导逻辑为核心，与产品主导逻辑相比，服务主导逻辑下，企业提供更加贴近客户需求的订制化产品服务包，为客户创造更多价值，即制造业通过商业模式创新，提供“产品+服务”的解决方案，能够为客户实现既定功能，进而获得稳定的、高边际利润的收入（Gebauer，2005）。同时，由于服务的无形性和难以被模仿，可通过服务化获得差异化竞争优势，差异化竞争优势意味着局部垄断，企业可以获得垄断收益，从而提高生产率。

二、制造业服务化发展趋势分析

（一）制造业投入服务化

制造业投入服务化的本质是服务购置或服务外包，本文借鉴Park等（1989）的制造业对服务业的依赖度来构建制造业投入服务化系数，衡量制造业投入服务化强度。某制造业部门i的投入服务化系数可表示为：$SII_i = \frac{\sum X_i^j}{\sum Y_i}$。其中，$X_i^j$表示产业i使用中间投入品j的数量，j为贸易维护和修理服务、零售服务、酒店及餐饮服务、交通运输及旅游代理服务、邮政和电信服务、金融中介服务、不动产服务、机械和设备租赁服务、计算机及相关服务、研究和开发服务、商务服务、教育服务、俱乐部服务和文化娱乐、体育服务等服务产品。Y_i表示i产业的全部投入，包括所有购买的工业、农业、服务业的中间投入以及固定资本投入和人力投入。本文选取食品、饮料及烟草业，纺织原料及纺织品业，皮革制品和制鞋业，木材产品及软木纸浆业，造纸、印刷和出版业，焦炭、精炼石油和核燃料业，化学品及化学制品制造业，橡胶和塑料业，金属制品业，机械制造业，电子和光学设备制造业，交通运输设备制造业以及回收和其他制造业等制造行业作为研究对象，根据投入产出表的使用表计算出制造业投入服务化系数。

从表1可以看出，制造业投入服务化系数总体水平总体较低，大部分国家在10%~20%之间，仅有美国、荷兰、法国、瑞典等几个国家的某些年份的制造业投入服务化系数超过20%，如芬兰2007年的制造业投入服务化系数达到21.90%；荷兰在2007年、2009年的制造业投入服务化系数均为20.22%；美国在2002年的制造业投入服务化系数达到20.68%。从纵向比较看，制造业服务化系数稳中有升，20个代表国家的算术平均数从1995年的14.36%上升到2007年的17.32%，但是受金融危机等因素的影响，2009年的制造业投入服务化系数有所下降，下降到14.56%。从横向比较看，美国、日本、意大利等国家的制造业投入服务化系数基本保持稳定，如美国1995年的制造业投入服务化系数为19.13%，2009年为19.29%，澳大利亚、巴西等国家的制造业投入服务化系数则快速攀升，澳大利亚从1995年的13.81%上升到2009年的17.34%，巴西从1995年的14.16 %上升到2009年的17.48 %，而英国、印度等国家的制造业投入服务化系数则出现了下降。中国制造业投入服务化系数相对较低，2009年为10.17%，只比俄罗斯、印度尼西亚等国家高；并且还呈现下降趋势，从1995年的11.57%

表 1　主要国家制造业投入服务化系数

单位：%

国家＼年份	1995	2000	2002	2005	2007	2009
澳大利亚	13.81	13.89	11.70	15.91	15.80	17.34
巴西	14.16	16.07	12.03	15.85	17.42	17.48
加拿大	14.27	16.03	11.79	16.41	18.27	14.58
中国	11.57	11.51	12.58	9.75	9.68	10.17
德国	15.01	15.99	13.07	14.07	19.43	16.09
丹麦	15.54	16.24	13.42	13.77	20.45	12.38
西班牙	16.04	15.31	13.88	14.30	20.52	15.15
芬兰	16.39	15.75	13.81	13.95	21.90	16.99
法国	16.29	16.90	14.54	15.02	20.96	17.09
英国	16.62	16.88	14.96	15.75	21.15	13.27
印度尼西亚	5.74	3.78	4.81	6.35	6.16	5.85
印度	16.66	16.23	13.10	15.61	20.20	14.28
意大利	16.29	16.32	13.06	15.92	20.13	16.29
韩国	16.37	15.27	12.92	15.69	19.46	15.86
日本	11.37	10.46	11.31	10.84	10.88	10.54
墨西哥	16.48	16.23	13.01	15.52	19.78	16.14
荷兰	17.48	16.99	13.27	15.86	20.22	20.22
俄罗斯	2.65	2.75	3.36	3.38	3.57	3.83
瑞典	15.42	17.41	13.33	16.24	20.74	18.42
美国	19.13	20.04	20.68	19.23	19.65	19.29
算术平均	14.36	14.50	12.53	13.97	17.32	14.56

资料来源：根据 WIOD 数据计算。

下降到 2009 年的 10.17%。

不同制造行业投入服务化的程度不同，造纸、印刷和出版业，电子和光学设备制造业，化学品及化学制品制造业的投入服务化系数较高，20 个代表国家的算术平均水平超过 15%，其中造纸、印刷和出版业的投入服务化系数最高，达到 18.86%，而焦炭、精炼石油和核燃料业相对较低，仅为 6.80%。不同国家采取服务化投入战略的行业不同，如 2009 年韩国的回收和其他制造业投入服务化系数达到 32.98%，远远超过其平均水平；荷兰的电子和光学设备制造业的投入服务化系数达到 41.37%；丹麦的化学品及化学制品制造业投入服务化系数达到28.19%；澳大利亚的造纸、印刷和出版业的投入服务化系数达到 25.46%（见表 2）。

表2　不同行业制造业投入服务化强度对比（2009年）

单位：%

国家	食品、饮料及烟草业	纺织原料及纺织品业	皮革制品和制鞋业	木材产品及软木纸浆业	造纸、印刷和出版业	焦炭、精炼石油和核燃料业	化学品及化学制品制造业	橡胶和塑料	金属制品业	机械制造业	电子和光学设备制造业	交通运输设备制造业	回收和其他制造业
澳大利亚	15.07	15.12	16.85	19.41	25.46	7.51	22.24	23.39	10.12	16.69	13.04	17.83	12.06
巴西	9.54	6.96	6.53	5.82	11.71	5.04	14.26	9.44	9.94	10.56	12.54	10.07	5.18
加拿大	13.91	11.15	13.53	10.72	20.71	9.56	16.60	12.14	10.24	13.10	15.90	12.10	11.20
中国	9.30	8.35	7.72	8.22	10.16	5.29	11.39	7.68	8.96	11.48	12.04	11.00	8.29
德国	20.76	10.91	5.58	13.86	24.73	22.96	25.48	16.81	11.85	14.51	17.17	14.33	16.52
丹麦	12.49	11.80	27.32	8.99	21.31	2.82	28.19	10.28	8.32	10.37	9.27	11.30	12.37
西班牙	18.63	19.28	16.51	15.98	23.26	8.29	22.91	18.70	14.20	14.83	13.51	13.50	14.70
芬兰	17.16	15.62	12.56	12.02	19.27	3.45	15.62	11.45	9.15	14.08	31.94	12.64	15.04
法国	17.88	21.45	14.37	12.00	24.09	14.55	23.75	17.30	15.54	19.04	22.32	14.54	18.17
英国	14.24	17.04	17.23	13.30	18.55	3.97	16.11	13.20	10.02	11.20	12.66	11.82	14.37
印度尼西亚	3.93	6.19	7.98	10.39	9.01	0.47	4.89	5.54	7.47	5.35	10.85	6.24	9.13
印度	7.77	11.09	8.69	9.49	8.33	5.05	6.62	6.21	6.60	12.54	12.01	14.44	11.96
意大利	14.84	15.85	14.33	12.13	19.88	3.02	12.21	17.88	14.55	16.33	17.09	14.36	14.16
韩国	15.91	20.68	23.75	21.65	19.63	5.99	20.13	19.47	17.08	19.72	19.95	11.56	32.98
日本	14.26	14.85	16.69	13.05	17.73	7.26	11.28	11.11	8.85	11.60	11.43	7.13	14.30
墨西哥	19.01	16.11	15.21	14.59	20.59	10.31	17.00	21.80	15.79	18.83	10.87	18.54	13.95
荷兰	12.86	16.46	22.06	20.86	23.03	4.54	14.74	15.47	17.47	22.84	41.37	16.03	14.81
俄罗斯	3.53	3.84	6.83	3.72	6.01	2.76	4.64	5.33	3.24	5.85	4.30	4.20	5.06
瑞典	19.06	20.86	—	21.30	26.85	6.56	22.81	14.29	12.95	18.57	28.14	22.85	16.43
美国	19.06	20.86	—	21.30	26.85	6.56	22.81	14.29	12.95	18.57	28.14	22.85	16.43
算术平均	13.96	14.22	14.10	13.44	18.86	6.80	16.68	13.59	11.26	14.30	17.23	13.37	13.85

资料来源：根据WIOD数据计算。

（二）制造业产出服务化

制造业产出服务化包括产品服务系统、整体解决方案和服务化转型等。本文基于投入产出表中的供给表来构建制造业服务化指数，以衡量制造业服务化强度。某制造部门i的服务化系数可表示为：$PSI_i = \frac{\sum S_i^j}{\sum Y_i}$。其中，$S_i^j$表示产业i提供的服务产品j的数量，j为贸易维护和修理服务、零售服务、酒店及餐饮服务、交通运输及旅游代理服务、邮政和电信服务、金融中介服务、不动产服务、机械和设备租赁服务、计算机及相关服务、研究和开发服务、商务服务、教育服务、俱乐部服务以及文化娱乐和体育服务等服务产品。Y_i 表示 i 产业的全部产出，包括提供的所有涉及工业、农业、服务业的最终产出。主要选取食品、饮料及烟草业，纺织原料及纺织品业，皮革制品和制鞋业，木材产品及软木纸浆业，造纸、印刷和出版业，焦炭、精炼石油和核燃料业，化学品及化学制品制造业，橡胶和塑料业，金属制品业，机械制造业，电子和光学设备业，交通运输设备制造业以及回收和其他制造业等行业作为研究对象，根据全球投入产出数据库提供的各国投入产出表的供给表可以计算出制造业服务化系数。

从表 3 可以看出，全球制造业服务化总体水平不高。代表性国家的制造业服务化系数一般在 10%以下，仅有芬兰、荷兰和瑞典几个国家的个别年份超过 10%，如芬兰 2007 年制造业服务化系数达到 10.80%，2009 年进一步上升到 11.44%；荷兰在 2002 年制造业服务化系数达到 10.15%，瑞典在 2009 年制造业服务化系数达到 10.07%。从纵向比较看，制造业服务化系数保持稳中有升，16 个代表国家的算术平均水平从 1995 年的 3.53%上升到 2009 年的 4.14%。美国、日本、西班牙、丹麦等国家的制造业服务化系数基本保持稳定，如美国 1995 年的制造业服务化系数为 3.11%，2009 年为 3.22%；而芬兰、澳大利亚等国家的制造业服务化系数则快速攀升，芬兰从 1995 年的 4.39%上升到 2009 年的 11.44%，澳大利亚从 1995 年的 0.54%上升到 2009 年 5.32%，而印度、巴西等发展中国家的制造业服务化系数则出现了下降。

表 3　主要国家制造业产出服务化系数

单位：%

国家＼年份	1995	2000	2002	2005	2007	2009
澳大利亚	0.54	2.79	4.31	4.95	4.91	5.32
巴西	0.30	0.23	0.14	0.12	0.10	0.11
加拿大	5.03	6.03	6.33	6.41	6.19	6.60
德国	4.94	5.11	5.34	4.90	4.91	4.89
丹麦	1.45	1.41	1.29	1.61	1.55	1.40
西班牙	3.73	3.47	3.66	3.82	4.05	3.84
芬兰	4.39	6.53	9.21	9.65	10.80	11.44
法国	0.37	0.54	0.50	0.49	0.46	0.43
英国	5.58	6.90	6.96	7.20	6.63	6.55
印度	6.91	3.86	1.78	0.92	0.89	0.92
意大利	3.32	4.12	3.88	4.06	4.24	4.03
日本	1.17	1.33	1.23	1.25	1.26	1.09
墨西哥	1.73	1.60	1.58	1.76	1.75	1.84

续表

国家 \ 年份	1995	2000	2002	2005	2007	2009
荷兰	8.88	9.14	10.15	9.79	9.09	8.79
瑞典	4.99	8.27	8.20	8.62	9.56	10.07
美国	3.11	3.08	3.30	2.98	3.01	3.22
算术平均	3.53	4.03	4.24	4.28	4.34	4.41

资料来源：根据 WIOD 相关数据计算。

从行业来看，不同制造行业服务化强度不同，造纸、印刷和出版业，皮革制品和制鞋业，化学品及化学制品制造业，电子和光学设备制造业，回收和其他制造业的服务化系数较高，20 个代表国家的算术平均水平超过 5%；其中电子和光学设备制造业最高，为 6.92%，而金属制品业相对较低，仅为 2.30%。不同国家采取服务化战略的行业不同，如荷兰主要是回收和其他制造业，2009 年回收和其他制造业服务化系数达到 36.17%，远远超过其平均水平；而爱尔兰的皮革制品和制鞋业的服务化系数达到 36.72%，芬兰的电子和光学设备制造业服务化系数达到 35.97%，美国的造纸、印刷和出版业的服务化系数达到 33.92%（见表 4）。

表 4　不同行业制造业产出服务化强度比较（2009 年）

单位：%

国家	食品、饮料及烟草业	纺织原料及纺织品业	皮革制品和制鞋业	木材产品及软木纸浆业	造纸、印刷和出版业	焦炭、精炼石油和核燃料业	化学品及化学制品制造业	橡胶和塑料业	金属制品业	机械制造业	电子和光学设备制造业	交通运输设备制造业	回收和其他制造业
澳大利亚	2.96	18.17	18.17	4.50	2.47	6.20	10.22	7.33	3.47	9.71	9.71	4.17	11.78
巴西	0.05	0.12	0.05	0.11	0.38	0.25	0.07	0.10	0.08	0.14	0.08	0.04	0.15
加拿大	6.36	6.43	6.39	4.53	22.48	2.96	7.81	4.37	3.13	9.31	6.28	3.69	6.03
德国	3.97	4.29	3.64	2.49	3.08	9.99	8.55	4.84	2.51	3.36	6.49	4.93	3.97
丹麦	0.82	0.40	2.53	0.32	2.08	0.04	1.73	1.05	0.27	2.74	1.45	0.40	3.83
西班牙	3.53	2.75	0.86	1.48	8.65	0.72	6.41	5.35	1.67	5.65	5.07	2.06	6.41
芬兰	6.13	2.64	4.21	2.29	9.33	1.62	7.90	6.05	2.54	5.25	35.97	1.68	6.50
法国	0.00	0.00	0.00	0.00	7.41	0.00	0.00	0.00	0.00	0.00	0.00	0.00	0.38
英国	5.11	6.65	5.42	4.93	18.77	4.83	8.16	3.57	2.66	5.09	6.25	8.29	5.35
印度	0.50	0.79	0.67	3.63	0.46	0.06	0.83	0.77	0.57	1.45	1.49	2.06	2.26
意大利	3.28	2.67	3.63	5.52	2.08	0.70	7.97	4.11	1.53	3.19	5.80	10.74	3.89
日本	0.00	0.11	0.21	0.20	0.15	0.00	0.05	0.12	1.49	5.75	2.38	0.37	0.00
墨西哥	1.74	0.63	0.38	0.61	1.76	6.04	3.52	1.23	1.26	2.11	0.61	1.05	0.94
荷兰	4.59	6.96	8.66	4.91	4.77	3.30	7.00	4.96	11.90	9.96	23.85	6.74	36.17

续表

国家	食品、饮料及烟草业	纺织原料及纺织品业	皮革制品和制鞋业	木材产品及软木纸浆业	造纸、印刷和出版业	焦炭、精炼石油和核燃料业	化学品及化学制品制造业	橡胶和塑料业	金属制品业	机械制造业	电子和光学设备制造业	交通运输设备制造业	回收和其他制造业
瑞典	6.65	9.01	—	2.31	4.13	0.42	19.49	4.04	2.20	10.06	19.44	16.89	4.80
美国	0.00	0.02	0.00	0.00	33.92	0.00	0.00	0.12	0.05	0.05	0.45	0.00	1.60
葡萄牙	1.72	1.04	0.61	2.02	0.65	1.63	1.24	1.49	2.46	1.17	1.64	1.02	1.42
爱尔兰	5.30	7.93	36.72	1.05	4.95	2.91	3.42	2.77	2.38	1.81	1.65	5.65	8.31
希腊	3.10	2.25	2.32	2.91	2.65	1.86	5.24	3.65	2.39	1.52	6.01	3.41	1.80
波兰	4.80	7.06	2.38	2.53	6.71	5.55	6.63	2.57	3.40	1.72	3.85	3.27	1.73
算术平均	3.03	4.00	5.10	2.32	6.84	2.46	5.31	2.92	2.30	4.00	6.92	3.82	5.37

资料来源：根据 WIOD 相关数据计算。

三、制造业服务化与制造业升级的实证分析

（一）基本假设

1. 服务化与制造业节能减排

制造业投入服务化提高了资源使用效率，减少了资源能源依赖，降低了能耗和排放；而制造业产出服务化减少了厂商多生产产品的冲动，进而减少了资源能源消耗。

假设 1： 制造业投入/产出服务化强度与制造业能耗和污染物排放强度成反比，即服务化系数越高，单位产出耗能和排放量越小。

2. 服务化与生产率

制造业投入服务化通过技术外溢、人力资本培育等提高了服务效率，通过专业化服务、规模效应促进了制造业生产率的提高；而产出服务化服务则通过价值网络、知识共享促进了服务效率的提升；通过差异化竞争优势、顾客忠诚度提升等促进了制造业发展。

假设 2： 制造业投入/产出服务化强度与制造业、服务业生产率成正比，即服务化系数越高，制造业、服务业生产率越大。

3. 服务化与产业结构优化

制造业投入服务化作为需求拉动了服务业发展；而产出服务化催生了新兴服

务业态甚至直接增加服务供给；同时，企业作为服务的高端需求方，有利于提升服务的竞争力。

假设 3：制造业投入/产出服务化强度与服务产出比例、服务业国际竞争力成正比，即务化系数越高，服务产出占比越高、服务业国际竞争力越强。

（二）数据选取

1. 节能减排

由于能源消耗的最终表现就是 CO_2 排放，因此我们用单位产出的 CO_2 排放量来衡量能源消耗情况；用单位产出的其他有机物排放量、硫氮化合物排放量来衡量环境绩效，根据国际投入产出表的 AIR 表和 WDI data 数据计算可得。①

2. 生产率

生产率利用增加值/从业人员计算，增加值以 WDI data 的 2000 年不变价美元计算，从业人员来自国际投入产出数据。②

3. 产业结构优化

利用投入产出表的增加值占比来计算服务产出占总产出的比重。③

4. 时间和国家的选取

我们选择 1995~2009 年作为时间跨度，并以 2009 年制造业规模排名前 20 位的制造业国家为样本，但是由于中国、韩国、印度尼西亚、俄罗斯的产出服务化数据不可得，所以用 16 个国家的数据进行分析。④

根据上面分析，建立环境、生产率、服务业比重与制造业服务化之间的回归模型：

$$Y_{i,t}^{CO_2} = a_0 + a_1PSI_{i,t},\ Y_{i,t}^{CP} = a_0 + a_1PSI_{i,t},\ Y_{i,t}^{SN} = a_0 + a_1PSI_{i,t},$$

$$Y_{i,t}^{PRO_M} = a_0 + a_1PSI_{i,t},\ Y_{i,t}^{SS} = a_0 + a_1PSI_{i,t},$$

$$Y_{i,t}^{CO_2} = a_0 + a_1SII_{i,t},\ Y_{i,t}^{CP} = a_0 + a_1SII_{i,t},\ Y_{i,t}^{SN} = a_0 + a_1SII_{i,t},$$

$$Y_{i,t}^{PRO} = a_0 + a_1SII_{i,t},\ Y_{i,t}^{SS} = a_0 + a_1SII_{i,t}$$

其中，$Y_{i,t}^{CO_2}$为制造业单位产出 CO_2 排放量，$Y_{i,t}^{CP}$ 为制造业单位产出其他有机物的排放量，$Y_{i,t}^{SN}$ 为制造业单位产出硫氮化合物的排放量，$Y_{i,t}^{PRO_M}$ 为制造业劳动生产率，$Y_{i,t}^{SS}$ 为服务产出占总产出的比重，$t\in[1999,2009]$，i = 1，2，…，20，分别表示 20 个样本国家，a 为系数。

①②③ 数据来源：http：//www.worldbank.org，http：//www.wiod.org。

④ 这些国家包括：澳大利亚、巴西、中国、加拿大、德国、丹麦、芬兰、法国、印度尼西亚、印度、意大利、日本、韩国、墨西哥、荷兰、西班牙、俄罗斯、瑞典、英国、美国。

（三）回归结果

本文分析研究的重点是找出制造业服务化与制造业转型升级的共性特征，而不是每个国家的个性特点，所以使用混合数据回归，同时由于数据的量级不同，我们先取自然对数，然后进行回归分析。在进行直接混合数据回归后，Jarque-Bera 统计量值较大，存在异方差，因此在回归中使用截面加权（Cross-section Weight）回归，并使用怀特检验［White（diagonal）］进行稳健性检验，回归结果如表 5 所示：

表 5　所有样本面板数据估计结果

因变量	自变量					
	投入服务化（SII）			产出服务化（PSI）		
	系数	置信水平	F 统计量	系数	置信水平	F 统计量
制造业单位产出 CO_2 排放量（Y^{CO_2}）	-0.9567	0.0000	324.25	-0.0663	0.0000	104.80
制造业单位产出其他有机物排放量（Y^{CP}）	-1.4674	0.0000	431.74	-0.6869	0.0000	199.46
制造业单位产出硫氮化合物排放量（Y^{SN}）	-0.9788	0.0000	269.63	-0.2665	0.0000	51.92
制造业劳动生产率（Y^{PRO_M}）	1.5101	0.0000	893.68	0.2948	0.0000	213.33
服务产出占比（Y^{SS}）	0.1887	0.0000	67.87	0.0199	0.0000	47.42

（1）制造业单位产出 CO_2 排放量、制造业单位产出其他有机物排放量、制造业单位产出硫氮化合物排放量与制造业投入服务化系数和制造业产出服务化系数都成反比，实证结果支持了假设 1。这一结果不仅呼应了饶畅（2013）关于制造业投入服务服务化可以提高制造业的碳生产率结论；也与 Manzini & Vezzoli（2002）的制造业产出服务化战略可以减少企业的直接/间接资源消耗的结论一致。目前，中国面临严峻的资源环境问题，其主要原因是制造业发展模式和投入、产出结果失衡导致的，缓解资源能源压力，其关键还是推动制造业转型升级，改变制造业盈利模式，加大投入/产出服务化强度。

（2）制造业劳动生产率与制造业投入服务化系数和制造业产出服务化系数都成正比，实证结果支持了假设 2。这一结论与 Arnold 等（2007）的不管是发达国家还是发展中国家，生产性服务业的发展对制造业升级、全要素生产率的提高都有促进作用的结论一致；也呼应了 Gebauer & Friedli（2005）的制造业服务化战略能够获得稳定、高边际利润的收入分析结果。提升劳动生产率是推动经济持续发展的关键，中国目前经济增速放缓，需要提升制造业、服务业生产率来实现快速发展，推动制造业服务化有利于经济平稳快速增长。

（3）服务产出占比与制造业投入服务化系数和制造业产出服务化系数都成正

比，实证结果支持了假设 3。目前中国推动结构转型的关键就是大力发展服务业，同时，中国面临着制造产品出口增速放缓和贸易摩擦升级的局面，提升服务业竞争力，有利于参与国际竞争。

为了分析结论更能接近发展中国家的现实，对于投入服务化，选取中国、印度、印度尼西亚、墨西哥、巴西、俄罗斯等发展中国家进行面板数据分析，对于产出服务化，选取印度、印度尼西亚、巴西等发展中国家进行分析，回归结果如表 6 所示。

表 6　发展中国家样本面板数据估计结果

因变量	自变量					
	投入服务化（SII）			产出服务化（PSI）		
	系数	置信水平	F 统计量	系数	置信水平	F 统计量
制造业单位产出 CO_2 排放量（Y^{CO_2}）	−0.4906	0.0206	89.12	0.0366	0.2443★	164.64
制造业单位产出其他有机物排放量（Y^{CP}）	−0.8304	0.0221	15.18	−0.1758	0.0413	25.51
制造业单位产出硫氮化合物排放量（Y^{SN}）	−1.9966	0.0000	19.32	−0.1773	0.0000	327.03
制造业劳动生产率（Y^{PRO_M}）	0.8273	0.0035	44.56	0.1593	0.0002	10.05
服务产出占比（Y^{SS}）	0.0831	0.0253	288.3	−0.0811	0.0000	48.38

注：★解释变量不显著。

从分析结果来看，投入服务化对制造业排放、生产率的影响与总体样本的结果一致；但是产出服务化对制造业单位产出 CO_2 排放量影响不显著。同时，产出服务化与服务产出占比成反比，其主要原因可能是发展中国家的服务部门不能满足制造的需求，制造企业为了提升竞争力只能多提供服务（黄群慧、霍景东，2014）。

四、制造业服务化的典型案例及衍生的生产性服务业态分析

（一）制造业服务化的典型案例

1. 阿尔法工程技术行业的整体解决方案

阿尔法公司是以经营离心分离、热交换、流体处理等资本品（Capital Goods）为主的跨国企业，该公司生产高速分离器、卧螺离心机（离心机）及过滤器、板

式和螺旋式热交换器、热交换泵等一系列产品，客户群包括天然气、石油、能源产品、海洋、食品加工和饮料、生物技术、制药、供水和污水处理等行业。阿尔法公司推进服务化战略，提供行业整体解决方案，为众多行业提供了整体解决方案。在污泥项目中，污水处理厂需要固化污泥以减少污泥处理成本，阿尔法公司开发脱水过程的具体知识流程，增加与其他程序交互的知识，并提供集成软件和系统，客户按照初始安装费用和节约费用的一定比例付费。在污泥项目中，主要的参与者包括阿尔法公司、顾客（废水处理工厂）、软件提供商、研发机构以及商务咨询机构等（见图 3），通过与生产性服务企业构建共同价值网络实现制造业的服务化。为了提供整体解决方案，阿尔法公司高度依赖于软件提供商，因为阿尔法公司本身不具有软件开发能力，而软件是集成解决方案的核心，因此与软件提供商的关系是强有力的，且一直贯穿于整个项目；研发机构将污泥项目变为荷兰立法鼓励的项目，主要在项目前期发挥作用；而商务咨询机构更多的是通过对研究机构和阿尔法公司的高层管理人员间接发挥作用。

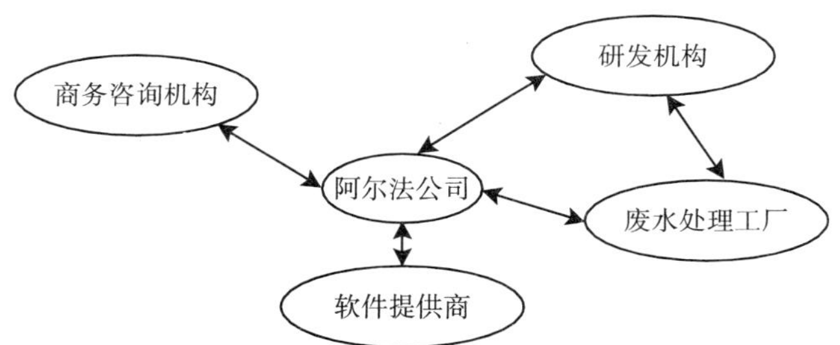

图 3　阿尔法公司污泥项目的价值网络示意图

2. 特锐德能源互联网服务化转型

青岛特锐德电气股份有限公司是箱式电力设备系统集成制造商。2014 年成立汽车充电有限公司，主要从事汽车充电系统及设备研发、设计、安装，汽车充电服务，电动汽车采购、销售、维修服务，汽车配件销售及电动汽车租赁服务；采用基于移动互联网技术的智能手机应用的人机交互方式，实现充电站（桩）无人值守，通过云管理平台对充电设施管理、监控，实现“车充互感”、智能充电。同时，特锐德引入互联网思维，深入推进以效益为基准获取收益的服务化模式，实施设备免费、建设免费、运营免费、管理免费的电动汽车充电服务商业运营模式，而通过收取充电服务费获得收益；同时，通过分时租赁、4S 增值服务，利用互联网、云管理平台和移动终端 APP 将企业、用户、设备连接在一起，获取产业生态利润。

（二）中国制造业服务化主要方向与合作伙伴

根据《2014 中国装备制造业服务创新调查》，装备制造企业主要提供安装、维修、培训、设计、系统集成、工程总包、软件开发、租赁等服务。在调查中，有91%的受访企业为客户提供产品安装和操作服务，88%的受访企业提供包括远程检测与诊断的维修服务，65%的企业提供培训和设计咨询服务，仅有28%的企业为客户提供系统集成、整体解决方案或交钥匙工程服务（见图4）。

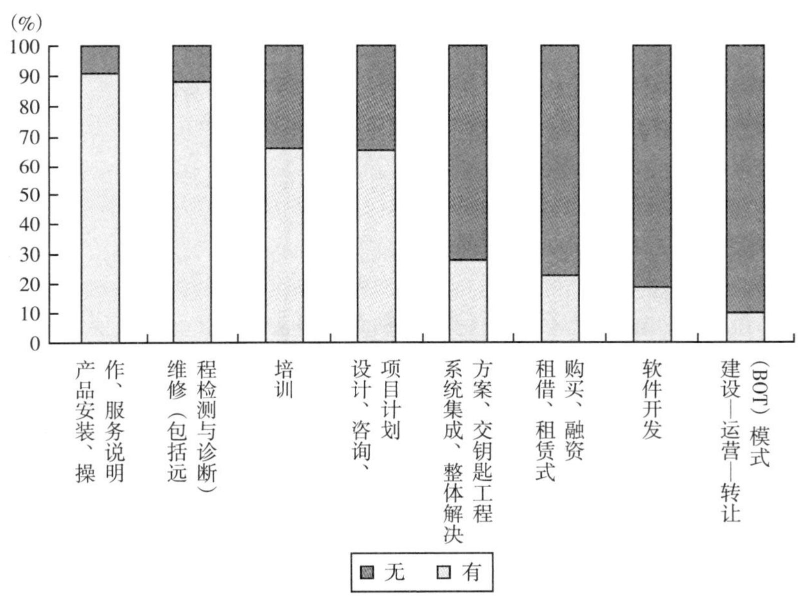

图4　装备制造企业所提供的主要服务及普及度

资料来源：《2014 中国装备制造业服务创新调查》。

根据企业创新理论，用户创新、制造商创新和供应商创新是企业创新的动力和源泉。根据《2014 中国装备制造业服务创新调查》，中国装备制造企业服务创新的合作伙伴主要包括客户，大学或其他高校，咨询公司、商业实验室或创新机构，行业内其他公司（供应商、分销商、竞争对手等）和政府或公共研究机构，但是利用的比例相对较低，有52%的企业和客户是创新伙伴关系，而基于政府和公共研究机构的服务创新仅为12%，说明中国装备制造企业利用外部资源创新的能力不足，或者说外部合作商对于装备制造业服务化战略支撑不足，需要加快发展（见图5）。

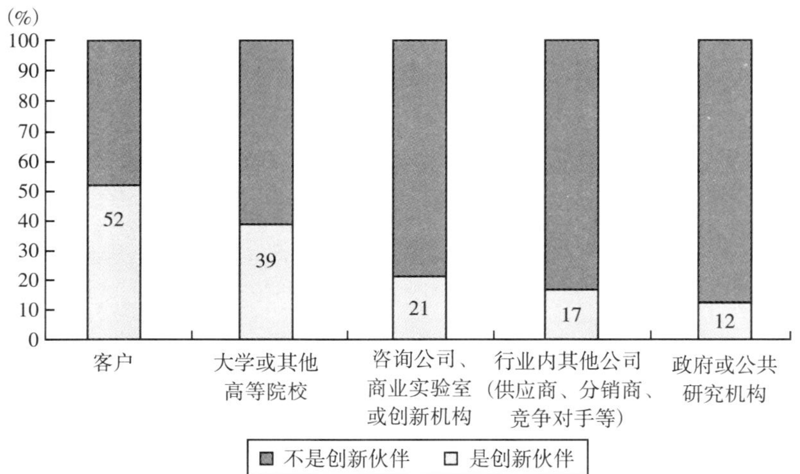

图 5 装备制造企业服务化的主要合作伙伴

资料来源：《2014 中国装备制造业服务创新调查》。

（三）制造业服务化衍生（支撑制造业服务化）的服务业态分析

1. 研发设计服务

研发设计服务是制造业的“大脑”，是制造业转型升级的“发动机”，在推动制造业服务化中具有重要的支撑作用，如华为科技、青岛海尔的制造业服务化都离不开研发支撑，而家居（尚品家居）、衣饰（红领集团）等行业的订制化服务更离不开工业设计。

（1）技术研发服务。技术研发是指为了实质性改进技术、产品和服务，将科研成果转化为质量可靠、成本可行、具有创新性的产品、材料、装置、工艺和服务的系统性活动。2014 年，全国研究与试验发展（R&D）经费支出 13312 亿元，占国内生产总值的 2.09%。截至 2014 年底，全国共有产品检测实验室 27051 个。

（2）工业设计。工业设计是以工学、美学、经济学为基础对工业产品进行设计，可以分为产品设计、环境设计、传播设计、设计管理；包括造型设计、机械设计、电路设计、服装设计、环境规划、室内设计、建筑设计、UI 设计、平面设计、包装设计、广告设计、动画设计、展示设计、网站设计等。以 IC 设计产业为例，2014 年中国 IC 设计产业实现收入 1099 亿元，较上年增长 11.5%，是 2007 年 171 亿元的 6 倍多（见图 6）。另外，根据全球半导体联盟（GSA）的统计数据，2014 年中国 IC 设计产业规模占全球的比重达到 18.8%，较上年提高 2.1 个百分点，中国集成电路设计业在全球产业中的地位得到了进一步巩固，在美国和中国台湾地区之后稳居第三位。

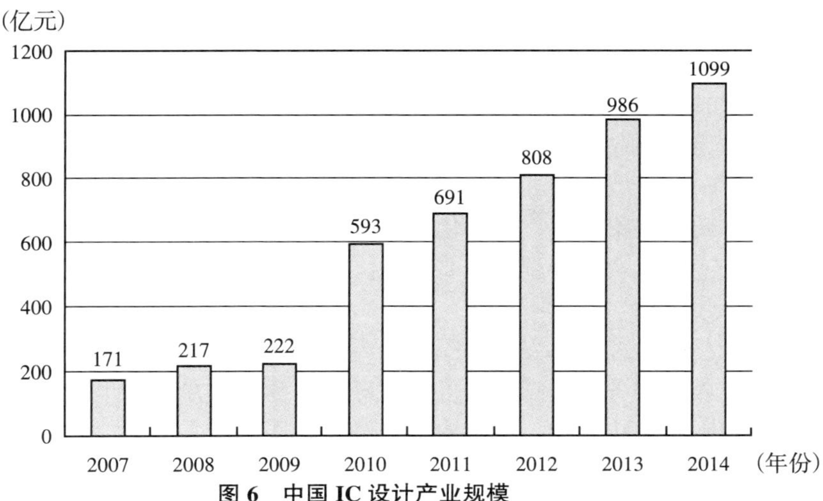

图 6 中国 IC 设计产业规模

资料来源：工业和信息化部。

表 7 我国主要工业设计园区一览

序号	名称	序号	名称
1	北京 DRC 工业设计创意产业基地（北京）	13	厦门 G3 创意空间（福建）
2	中国（大兴）工业设计产业基地（北京）	14	广东工业设计城
3	上海国际工业设计中心（上海）	15	广东广州经济技术开发区（广东）
4	大连工业设计产业园（辽宁）	16	深圳设计产业园（广东）
5	青岛创意 100 产业园（山东）	17	中国（深圳）设计之都创意产业园（广东）
6	无锡（国家）工业设计园（江苏）	18	深圳 F518 时尚创意园（广东）
7	南京模范路科技创新园区（江苏）	19	成都红星路 35 号工业设计园区（四川）
8	江苏（太仓）工业设计园（江苏）	20	郑州金水文化创意园（河南）
9	宁波和丰创意广场（浙江）	21	南京紫东国际创意园（江苏）
10	中国轻纺城名师创意园区（浙江）	22	武汉新工厂工业设计园（湖北）
11	杭州经纬国际创意广场（浙江）	23	浙江富阳银湖科创园（浙江）
12	杭州和达创意园（浙江）		

2. 融资租赁

融资租赁是集金融、贸易、服务为一体的营销模式，是工程机械行业企业赢得未来的重要战略，从国际上来看，北美、欧洲、日本等发达国家通过融资租赁销售占当地市场的 65%以上，而国内工程机械融资租赁销售不到工程机械总销售量的 10%，与国际水平存在巨大的差距，目前柳工、中联重科等企业采取融资租赁销售产品。截至 2013 年底，全国在册运营的各类融资租赁公司（不含单一项目融资租赁公司）共 1006 家，较上年增长 79.60%，注册资金达到 3040 亿元，较上年增长 64.30%；全国融资租赁合同余额约为 21000 亿元，较上年增长 35.50%。[①]

3. 信息服务

信息服务是制造业服务化的重要支撑，因为不管是哪种制造业服务化模式，几乎都离不开信息收集、处理、挖掘和使用。而且据 e-works 与 IBM 共同调查发现，63%的调查对象认为，信息化技术能够促进制造企业转型升级，32%的调查对象认为信息化是实现转型的必要条件。信息服务业的业态非常丰富，对于制造业服务化来讲主要包括以下方面：

（1）IT 技术系统解决方案。围绕制造业服务化的信息需求，大力发展面向制造业的信息技术服务，提高重点行业信息应用系统的方案设计、开发、综合集成能力，提供包括系统分析、系统构架的整体解决方案。

（2）3D 虚拟仿真设计服务。一些行业涉及订制化产品，需要虚拟设计支撑。3D 虚拟设计是在虚拟环境中进行设计，主要表现在设计者可以用不同的交互手段在虚拟环境中对参数化的模型进行修改。虚拟设计系统具备三个功能：3D 用户界面、选择参数、数据传送机制。

（3）大数据、云计算与平台服务。制造业服务化的重要功能就是从提供产品向提供价值转变，这就需要获得客户准确的需求信息。大力发展大数据产业，提供精准化生产营销服务，鼓励互联网等企业发展移动电子商务、在线定制、线上到线下等创新模式，积极发展对产品、市场的动态监控和预测预警等业务，实现与制造业企业的无缝对接，创新业务协作流程和价值创造模式。

（4）电子商务。电子商务通常是指在全球各地广泛的商业贸易活动中，在互联网开放的网络环境下，基于浏览器/服务器应用方式，买卖双方不谋面地进行各种商贸活动，实现消费者的网上购物、商户之间的网上交易和在线电子支付以及各种商务活动、交易活动、金融活动和相关的综合服务活动的一种新型的商业运营模式。2014 年中国电子商务交易总额 13.4 万亿元，较上年增长 31.4%，占国内生产总值比重为 21.1%。电子商务服务企业从业人员超过 250 万人，第三方支付交易规模达到 80767 亿元，较上年增长 50.3%。全国网络购物用户达到 3.8 亿人，较上年增长 21.8%。

4. 专业咨询服务

专业咨询服务是制造业服务化特别是提供整体解决方案的重要支持。从事专业服务，一般需要掌握较高水平的专业技术或专业知识，并经过专门培训，为各种产业或个人家庭提供专门的服务，包括法律服务、会计服务、建筑工程与专业设计、计算机系统设计及相关服务、咨询、研究、广告、摄影、翻译与口译及其

① 数据来源：《2014 年中国融资租赁业发展报告》。

他专业科技服务等。对于制造业服务化来讲特别要推动服务化转型辅导、咨询业发展。

5. 教育培训

主要是针对服务化转型中企业家、中层管理者以及一线员工的教育培训。

五、推动生产性服务业与制造业融合发展的政策建议

制造业服务化是推动转变发展方式的关键，有利于节能减排、带动服务业发展、提高劳动生产率等，推动制造业发展主要做好以下几个方面：

（一）树立现代制造业与现代服务业“双轮驱动”、融合发展的理念

政府作为市场经济条件下宏观调控的主体，必须发挥其在推进制造企业实施服务化的积极作用。中国是世界上最大的加工厂，也是重要的制造业基地之一，然而中国服务业的发展还存在不少差距，不能满足制造业转型升级的需要。在信息技术革命不断深化的背景下，制造业和服务业的边界逐渐模糊，而消费者也越来越需要将产品和服务捆绑在一起的解决方案，只依靠制造或服务很难满足需求。因此，要树立制造和服务融合发展的理念，并将制造业服务化作为产业优化升级的方向。

（二）推动服务业创新，提高服务业效率

1. 改革服务业体制，提升服务业效率

推进国有服务型企业改革。建立起激励约束相容的公司法人治理结构，降低经营成本，提高企业效率。同时，要减少政府对国有企业的直接干预，强化出资人对国有企业的监督，建立企业家的公平竞争机制。加快事业单位改革。事业单位吸引了大量的优秀人才，而且许多事业单位从事高端服务提供，但是由于机制体制的弊端，事业单位的优秀人才并没有发挥应有作用，要把事业单位产权制度改革与单位内部配套改革、管理有机结合起来，以产权制度改革为重点，深化人事制度和分配制度改革，形成竞争合作、精简高效的用人制度和按劳分配与按生产要素分配相结合的分配制度。加快垄断行业改革，放宽市场准入，建立多元化的投资主体，打破行业的垄断。

2. 推动服务业创新，做实服务业

完善服务业收益获取模式，建立基于价值创造的收益获取模式，而建立基于价值创造的收益获取模式的核心是减少政府对于金融、房地产、通信、交通等的

保护，建立公平、透明的市场体制；加大服务业研发创新力度，提升为实体经济服务的能力。和制造业研发相比，服务业研发的内容非常广泛，它涵盖了技术性的 R&D、人文社会科学的 R&D，甚至包括流程和组织构架的研发，而且往往是产品、过程、组织研发交互进行，这就加大了服务业创新的力度，也加大了政府识别服务业创新的难度。因此，要从更加宽泛的视角去认识服务业研发，同时要加大税收、财政、科技专项的支持力度。

3. 培育新兴服务业态

从制造业导入服务类型来看，主要是集中在工程总承包、系统集成、提供整体解决方案、供应链管理优化、融资租赁、再制造、增值服务等服务，同时，制造业服务化衍生出 IT 技术系统解决方案、3D 虚拟仿真设计、逆向信贷等新兴服务业态，要加大支持力度。

（三）选取潜力行业，进行重点突破

从制造业服务化的典型案例和发展趋势来看，重点是装备制造业、白色家电制造业、电子信息消费品制造业以及衣饰家具制造业等行业。对于装备制造业服务化转型的路径主要有三条：一是大力发展融资租赁服务，依托企业在国内外市场上的品牌优势、渠道优势、资金优势、人才优势、广泛的客户资源和营销网络，联合金融服务机构，共同为客户提供专业化的工程机械融资、租赁等服务。二是发展整体解决方案，除为客户提供自产主体设备外，还提供设备成套（包括系统设计、系统设备提供、系统安装调试）和工程承包（包括基础、厂房、外围设施建设）等，同时向客户提供专业化维修改造服务，由设备的制造厂商提供设备的维修、检修、升级、改造，并向客户提供专业化远程设备状态管理服务，对客户装置实施全过程，全方位、全天候的状态管理。三是发展供应链管理服务，为每一位客户度身定制一步到位、全方位的运输解决方案。对于白色家电制造业，重点是发展提供设计、制造、维修、回收等全生命周期服务；对于衣饰和家具行业，重点发展客户参与的大规模定制服务等；电子信息消费品行业服务化的方向是“线下产品+线上服务”相结合，提供智慧生活服务。

（四）完善产业政策，降低交易成本

1. 完善税收制度

对于间接税，要加快“营改增”步伐，在试点的基础上，尽快在全国推行；并在税率设计上，鼓励发展商务服务、金融服务等生产性服务行业，适当降低生产性服务业税率；对于所得税，要调整服务企业无形资产的折旧政策，放宽无形资产的折旧标准；同时允许服务企业抵扣研发费用，如果服务企业确实有研究开发活动，不论是自然科学领域，还是人文社会科学领域，均可享受研发费用抵扣政策。

2. 要完善土地制度

采取协议出让的方式，降低服务业用地成本。

3. 完善金融体系

解决服务企业融资难的问题，建立以中小金融机构为主体的产业组织体系，尽快培育一批中资中小银行，为具有比较优势的中小企业和民营经济提供金融服务；大力发展风险投资、担保等金融机构；加快推进多层次资本市场的建设力度，如创业板市场等，构建完善的融资服务体系。

（五）完善教育培训体系，提升人力资本水平

产品服务系统整体解决方案主要是依托高新技术以及现代经营方式和组织形式而发展起来的，是知识密集型、技术密集型产业。在制造企业导入服务的过程中，面向现代物流、电子商务、金融租赁、在线维护、研发设计、成套集成等高端服务，面向转型工程中新的商业模式（安筱鹏，2012），要求供应商既要对自己产品设备的特点、工艺流程、生产布局以及项目管理等有深入的了解，还要精通现代服务理念、服务模式。同时由于服务具有无形性、同步性、异质性和不可储存性，需要从业人员具有良好的团队协作能力和服务意识、良好的沟通应变和实践技能。但是，中国现有的教育体系还是面向制造业或服务业的专业人才，还没有高等学校设立制造服务化方面的专业，人才培养模式和课程设计与制造业服务化的发展需求相脱节。因此，应调整高等教育、职业教育的发展重点和教育模式，大力发展实训基地，为制造业服务化提供合适的人才。同时，企业要制订符合自己特点的人才培养计划，并制定吸引人才、留住人才的制度、措施和机制，为服务化转型提供人才支撑。

（六）打造生产性服务业集聚区

制造企业服务化是大势所趋，但是，在现代市场经济体系里，服务业发展更以集聚特别是在园区集聚发展为重要特征。因此，要以中心城区为枢纽，建立专门为制造业服务的生活服务功能区。在已有的制造业产业集群内部或者附近，建立起各种为其服务的公共平台，以降低制造业集群的交易成本，优化投资环境；在各种高技术园区，或者知识密集型制造业的集群内部或者周边，建立为其服务的研发平台以及法律、工程、融资、信息、咨询、设计、租赁、物流和政策支撑体系。这样做，既鼓励了生产性服务业发展，也促进了制造企业的专业化与分工，要么专注于制造业发展，要么向服务企业转型。

参考文献

[1] Arnold, Jens Matthias Beata Javorcik and Aaditya Mattoo. The Productivity Effects of Services Liberalization: Evidence from the Czech Republic, World Bank Policy Research Working Paper 4109, 2007.

[2] Dirk Pilat and Anita Wölfl.Measuring the Interaction between Manufacturing and Services, 2005/5.

[3] Gebauer H. and Friedli T. Behavioural Implications of the Transition Process from Products to Services, Journal of Business & Industrial Marketing, 2005, Vol. 20 No. 2, pp. 70–80.

[4] Manzini, E., Vezzoli, C., Product–servicesystems and sustainability, http: //www.unep.fr/scp/design/pdf/pss–imp–7.pdf, 2002.

[5] Porter. Competitive Advantage: Creating and Sustaining Superior Performance. New York: Free Press, 1985.

[6] Vandermerwe S. and J. Rada.Servitization of Business: Adding Value byAdding Service. European Management Journal, 1998, Vol. 6, pp.314–324.

[7] 安筱鹏:《制造业服务化路线图:机理、模式与选择》,商务印书馆2012 年版。

[8] 黄群慧、霍景东:《全球制造业服务化水平及其影响因素——基于国际投入产出数据的实证分析》,《经济管理》2014 年第 1 期。

面向“十三五”的中国服务业空间格局：演化及趋势

刘　奕*

摘　要：本文在对国外服务业空间演化规律的相关文献进行评述的基础上，使用空间基尼系数对近年来中国服务业发展的空间格局进行了定量描述和趋势检验。结果表明，2003~2013 年，中国服务业增加值和就业的空间格局总体上保持稳定，其中，生产性服务业出现了微弱的集中趋势，社会型服务业、个人型服务业和分配型服务业则呈明显的空间扩散。总体上看，中国服务业的地理集中水平仍然相对较低，绝大多数服务行业特别是生产性服务业集聚发展上还有进一步提升的空间。ESDA 分析进一步显示，中国服务业区域间差异性大、空间分布不集中。租赁和商业服务业，信息传输、计算机服务和软件业，文化、体育和娱乐业、交通运输、仓储和邮政业等行业空间溢出效应较强，区域集聚的空间态势较为明显；金融业，水利、环境和公共设施管理业等行业的空间溢出效应也较为显著。“十三五”时期，中国服务业发展依托的基本区域背景预期将有六方面的重大转变，并将引发服务业空间格局的相应调整。为促进服务业尽快形成布局科学、分工合理的区域空间发展格局，应以整合区域空间和创新区域一体化政策为前提，以都市区空间协调管制和战略性服务设施布局为抓手，积极推进以都市圈、城市带为依托的区域服务业发展格局；改革完善服务业用地管理制度，推动土地差别化管理与引导服务业供给结构调整相结合；研究制定挖潜盘活的城镇存量土地和城乡建设用地的政策措施；编制和调整土地利用总体规划和城乡规划时，应充分考虑相关服务业项目、设施的建设用地需求。

关键词：服务业发展　空间格局　演化趋势　政策建议

---

* 刘奕，中国社会科学院财经战略研究院服务经济研究室副主任、副研究员，主要研究方向为服务经济理论与政策。

一、引　言

与产业结构相比，空间结构更能体现趋势性的影响，因而对地方发展的意义也更为长远；同时，对产业空间布局的谋划，也是政府宏观调控职能的重要抓手和集中体现。“十二五”期间，中国服务业空间格局面临着区域功能布局和分工不合理、分散性布局导致同质化凸显、中心城市集聚辐射能力偏弱等突出问题。国家发改委《关于“十三五”市县经济社会发展规划改革创新的指导意见》中明确指出，“十三五”规划改革创新的主要任务，就是要强化空间布局，优化产业发展的空间结构，将经济社会发展与优化空间布局融为一体。这不仅对“十三五”期间服务业发展空间布局的顶层设计提出了新的更高的要求，也有望从根本上改变以往服务业发展中将时序与空间、发展与布局割裂甚至对立的情况。

服务业的地理集聚和空间模式同制造业相比有较大差别（O’Donoghue & Gleave，2004），服务业更依赖于信息外部性和面对面的交流，因而空间模式对于服务业增长非常重要（Antoniertti & Cainelli，2011）。“十三五”期间，不仅要加强对服务业发展方向的引导，更需要强化对服务业空间布局的导向和约束，优化服务业发展的空间结构，科学谋划总体布局。基于此，本文在归纳总结国外服务业空间演化规律的基础上，使用 Krugman（1991）和 Amiti（1999）提出的空间基尼系数，对中国近年来服务业发展的空间格局及其演变进行定量描述，并找出趋势性规律。着眼于空间关联模式，运用 ESDA（Exploratory Spatial Data Analysis）方法对中国各服务行业的区位分布进行进一步分析和辨识。最后，结合“十三五”时期将对中国服务业空间格局产生重大影响的区域性战略和发展主线，提出新的发展时期有利于中国服务业形成层次分明、功能协调空间发展结构的政策建议。

二、服务业的空间演化规律：基于文献

（一）国外服务业发展的空间格局及其演化

囿于生产和消费的同步性带来的数据缺乏等原因，服务业空间格局及演变问题，在已有文献中并未深入讨论。如果将现有刻画服务业活动空间特征的研究分为经济和地理两个维度，经济维度是在特定的区域运用特定的方法来定义服务业的产出结构，特别是专业化（Specialisation）；地理维度则是对特定区域或经济体服务业分布是否均质的观察，特别是对服务业集中和分散现象的实证描述。目前相关文献主要集中于后者，典型的如 Braunerhjelm & Borgman（2004）对于瑞典的研究、Brülhart & Traeger（2005）对于欧盟的研究、Fingleton 等（2004）关于英国的研究。前者有代表性的如 Antoniertti & Cainelli（2011）对于知识密集型服务业的研究、Shearmur & Doloreux（2008）关于高端生产性服务业的研究等。以上研究并未使用同样的衡量方法[①]，因而很难对研究结果进行直接比较；由于服务业空间演化蕴含着较强的地域属性，关于服务业空间演化规律的讨论也远未达到一致。

Midelfart-Knarvik 等（2000）运用区位基尼系数计算了欧洲 36 个制造行业和 5 个服务行业的地理集中情况，结果显示在 1982~1995 年，服务业总体上看比制造业更加趋于分散；作者由此得出，随着产业结构由制造业向服务业转型，具有初始规模较小服务业部门的贫穷地区，其追赶效应将加速这种空间扩散。Krenz（2010）运用 Balassa 指数对 14 个欧洲国家服务业空间变化进行了研究，并对其线性趋势进行了检验（见表 1）。结果表明，服务行业的地理集中在 1970~2005 年呈现出了一种下降态势，降幅为 22%左右，其中大部分服务行业的集聚水平均呈现显著下降；只有零售贸易、水上交通、金融中介在集聚水平上显示出了显著的增加，但总体集聚水平依然不高。Braunerhjelm and Borgman（2004）运用 EG 指数和区位基尼系数对瑞典 1975~1993 年四位数产业（143 个行业）的研究同样发现，制造业在雇用更少劳动力的情况下变得越发集中，服务业则在就业增长的同时倾向于地理分散。

表 1　1970~2005 年欧洲服务业地理集中的演变

产业	1970 年	1980 年	1990 年	1995 年	2000 年	2005 年	变化幅度[②]	趋势检验 β
服务业	0.186	0.1804	0.1653	0.1575	0.1513	0.1458	−0.2161	−0.0012**
摩托车销售维护维修	0.0723	0.0897	0.095	0.0764	0.078	0.0844	−0.0658	0.0001
批发贸易和委托贸易	0.1123	0.0922	0.0832	0.0902	0.0862	0.0845	−0.2476	−0.0006**
零售贸易	0.0445	0.0778	0.0635	0.0783	0.0821	0.0784	0.7618	0.0007**

① 文献中有多种方法可以测量产业地理集中和专业化，如赫芬代尔系数（H）、赫希曼—赫芬代尔系数（HHi）、胡弗区位化系数（Hoover）、熵指数、泰尔系数和基尼系数等。

② 变化的时间区间是 1970~2005 年或 1995~2005 年。

续表

产业	1970年	1980年	1990年	1995年	2000年	2005年	变化幅度	趋势检验β
酒店与餐饮	0.1347	0.155	0.1441	0.1407	0.1437	0.1495	0.1099	-0.00004
其他国内交通	0.0838	0.0971	0.0895	0.0749	0.0785	0.0755	-0.099	-0.0003**
其他水上运输	0.3521	0.3351	0.3275	0.3873	0.3817	0.3849	0.0932	0.002**
其他航空运输	0.2042	0.2166	0.1806	0.1984	0.1901	0.1784	-0.1263	-0.0004**
其他支持性和辅助性交通活动，旅行社	0.1663	0.1367	0.1368	0.1084	0.0949	0.0813	-0.5111	-0.0022**
邮政和通信	0.0857	0.0789	0.0805	0.0768	0.0806	0.0923	0.077	0.00001
金融中介①				0.0545	0.0635	0.0795	0.4587	0.0022**
保险和养老基金②				0.1852	0.1813	0.1733	-0.0643	-0.0018**
与金融中介相关活动				0.1686	0.1527	0.1344	-0.2028	-0.0023**
不动产活动	0.2371	0.2614	0.2257	0.1879	0.1782	0.1831	-0.2278	-0.0027**
机器和设备租赁	0.4578	0.42	0.333	0.2749	0.2446	0.1891	-0.5869	-0.0082**
计算机及相关活动	0.3068	0.2746	0.2709	0.2524	0.2241	0.2008	-0.3455	-0.0025**
研发	0.4126	0.4106	0.3746	0.3559	0.3556	0.346	-0.1614	-0.0023**
其他商务活动	0.1898	0.1772	0.1434	0.1285	0.108	0.0925	-0.5126	-0.003**
公共管理及防务	0.1176	0.1003	0.1134	0.1101	0.1224	0.1143	-0.0281	0.0002
强制性社会安全								
教育	0.1047	0.0968	0.0961	0.0901	0.0802	0.0822	-0.2149	0.0006**
健康及社会工程	0.1508	0.1472	0.142	0.1294	0.1226	0.1287	-0.1466	-0.0009**
其他社区、社会个人服务	0.1147	0.0807	0.0761	0.074	0.0719	0.0078	-0.32	-0.0007**
私人家庭养老保险				0.5017	0.493	0.4875	-0.0283	-0.0014**
运输和仓储	0.0566	0.0758	0.0775	0.0614	0.0552	0.0502	-0.1131	-0.0005**
金融中介	0.1135	0.0645	0.08	0.0676	0.076	0.0869	-0.2344	-0.0008**
机器和设备租赁其他	0.1922	0.1865	0.1385	0.1171	0.0995	0.0835	-0.5656	-0.0036**

资料来源：Krenz A.，Service Sectors'Agglomeration and its Interdependence with Industrial Agglo-meration in the European Union，2010，Cege Discussion Paper No.107，Gottingen.

然而，Jennequin（2008）的研究却指出，虽然自1986年以来欧洲服务部门集中程度一直不太高，但在地理上呈现出轻微集中的趋向，其中FIRE③是集聚程度最高的部门；虽然水上交通由于自然禀赋的原因成为1991~1999年集聚度增长

① 不包括保险和养老金。
② 不包括强制性社会保险。
③ 指的是金融、保险、不动产和商务服务。

最快的行业，交通、仓储和通信等部门整体上看则最为分散。De Dominicis 等（2006）运用 EG 指数和莫兰指数对 1991~2001 年意大利 NUTS-3 和 NUTS-2 地区两位数产业（包括 24 个制造行业和 17 个服务行业）的研究，发现 1991 年制造业比服务业更为集中，但到了 2001 年，制造业扩散的趋势非常明显，而服务业则变得越发集聚。Ruiz-Valenzuela 等（2007）运用灵敏度分析方法研究了 1991~2001 年西班牙加泰罗尼亚地区服务业和制造业的地理分布情况，发现知识密集型服务业比其他服务业更为集中，但具有中等技术含量的制造业却显现出最低的地理集中度。Desmet & Fafchamps（2005）对美国各郡产业发展数据的 β 和 σ 收敛性检验也表明，13 个产业部门中，大部分的服务行业都在 1970~2000 年更为集中，而制造业和农业则显现出分散的趋势。Perez-Ximenez & Sanz-Gracia（2007）运用泰尔指数对美国各州三位数服务行业的分析结果表明，除了个别服务行业如批发服务趋于分散外，整体服务业集中度在 1969~2000 年基本保持稳定，但不同服务子行业的地理集中并不具有统一的趋向和模式，如水上交通、商品抵押经纪、博物馆、动画制作、酒店、教育、法律和保险服务均具有很高的集中度①。

（二）生产性服务业空间演化规律：共聚及高等级城市的作用

在生产性服务业的空间分布中，高等级城市起着重要的决定作用。接近高等级城市，意味着更加靠近投入产品和消费市场（Rosenthal & Strange，2004），接近熟练的劳动力（Simon & Nardinelli，2002），有利于吸收来自企业、供给方和需求方的正向知识溢出等（Maine 等，2010）。Liu 等（2011）对中国的实证研究表明，高等级城市对周边地区增长会产生正向净影响，这与 Partridge & Richman（2008）等对美国的研究结果是一致的；而且，相关研究结果也表明，距离因素对各生产性服务业各行业的作用机制和作用效果是不尽相同的。此外，大都市的快速增长和激烈竞争也会将腹地产品、服务和人力资本抽离，从而导致增长的负向溢出即光影效应（Dobkins & Ioannides，2001）；光影效应大小，部分取决于区域所处的发展阶段。在工业化初期，区域中心逐渐形成，光影效应会比较微弱；在腹地人口扩张并供给区域中心农产品的发展时期，中心地和腹地齐头并进②；在工业化和城市化过程中，随着区位不平衡发展模式不断巩固，光影效应不断加强③。接近大都市的净效应，决定于增长溢出效应和集聚光影效应二者谁占主导地位。

---

① 其中教育、法律和保险服务具有较高的地形学集中度。

② M.Fujita，P. Krugman and A.J. Venables，The Spatial Economy，MIT Press，1999.

③ 参见 Tervo（2011）对芬兰战前和战后区域结构演进的实证分析，H. Tervo，Cities，Hinterlands and Agglomeration Shadows：Spatial Developments in Finland During 1880-2004，Explorations in Economic History，2010，Vol.47，pp. 476-486。

生产性服务业的另一个重要的空间分布规律则是与其他产业之间的互动与共聚（Co-Agglomeration）。同 Perez-Ximenez & Sanz-Gracia（2007）的结论类似，Kolko（2000）的研究指出，虽然服务业比制造业的城市化水平更高，服务业却比制造业在单一地点或几个地点集聚的可能性更低。表 2 显示了 EG 指数计算的制造业集中度比生产者服务业和消费性服务业更高；而在部门层面，生产性服务业比制造业更倾向于在地理上接近同一领域的其他产业，也就是说，生产性服务业的共聚程度比其他两个产业都要高。

表 2　1995 年产业的地理集中与共聚

	制造业	生产性服务业	消费性服务业
行业层面的地理集中	0.0129	0.0064	0.0023
产业部门层面的地理集中	0.0005	0.0010	0.0001
行业和部门间的共聚	0.025	0.119	0.023

资料来源：Kolko J.，Can I Get Some Service Here? Information Technology，Service Industries and the Future of Cities，Working Paper，Public Policy Institute of California，2000.

Kolko（2007）的研究指出，服务业选择与其他产业共聚，源于其将使得不同产业之间和同一产业的不同企业之间劳动力池、知识外溢和投入共享成为可能，从而更好地发挥集聚力的作用；如当法律服务业与管理咨询服务业共聚时，法律从业者就能得到更好的从业机会。此外，贸易关系、运输成本对服务业的影响也为解释生产性服务业共聚现象提供了有用的信息。通过在 EG 指数的基础上构建 EG 共聚指数，Kolko（2007）发现服务业的共聚原因同制造业有着相似之处，如知识外溢只在很小的地理范围内起作用，在省和国家等较大的地理范围内作用不显著；人口特征则在更大空间尺度上对产业共聚发生着正向影响。与制造业不同的是，由于服务业比制造业更加依赖于城市化经济，更大的劳动力市场一方面使从业者免受锁定在特定企业的冲击，同时也使得某一行业的劳动力水池效应获益减少，劳动力水池效应对服务业共聚的影响无论在哪个空间尺度都是不显著的（Kolko，2000）。对于投入—产出关系而言，其对于服务业共聚的影响机制与制造业是完全不同的。消费者的相似性对于服务业在邮政编码地区水平上和国家层面都有显著的正向影响，而对制造业却没有；直接交易联系的强度对同样服务业在这两个空间尺度上的共聚具有显著的负向影响，这与直接贸易对于制造业共聚在国家层面的显著正向影响机制是完全相反的，这主要是源于制造业和服务业完全不同的运输成本结构。对于服务业来说，服务企业之间的直接贸易在较短距离内会因为运输成本较低而受益，但在较长距离内其运输成本几乎是不变的。此外，直接贸易与信息技术强度互动这样一个影响因素，在邮政编码区域水平上对服务业共聚产生正向影响，但却在国家层面产生负向影响，这也就是说，依托信息技术的服务企业在小范围内倾向于共聚，但在较大的地理范围内却彼此排斥，这与制造业的作用机制是完全不同的，这也表明，不能将信息技术看作面对面交流的替代。

（三）生活性服务业空间演化规律：需求引致分散？

生活性服务业的地理分布较大程度上取决于消费需求的分布，与制造业和生产性服务业相比，生活性服务业在行业层面的地理集中度是最低的（Kolko，2000）。正如克鲁格曼在其开启新经济地理学先河的著作《地理与贸易》中提到的，“在 20 世纪后半叶，美国有许多劳动力从事服务业，而不生产商品。这些服务中许多是不可贸易品，与生产商品的人口的地理分布相同——快餐批发商店、日托儿所、离婚律师等行业的区位基尼系数肯定非常接近于零”。Jennequin（2008）的研究也表明，出于靠近需求的原因，邮政、地面交通和教育等产业在地理上表现得最为分散。

然而，一些文章指出，随着城市化的推进特别是人口在高等级城市的集聚，生活性服务业的分布也将逐渐趋于集中。Brülhart & Traeger（2005）认为传统的产业集中度衡量方法得出的结论对于区域单元的选择是非常敏感的，数据的统计分析结果会随着空间尺度的从大到小而变化[①]。故此，他们将地理集中分为地形学上的集中（Topographic Concentration）和相对集中（Relative Concentration）[②]两个维度，并据此对 1975~2000 年西欧 17 国就业区位模式及其演变进行了分析。研究表明，除了交通运输服务业之外，其他各服务行业的相对集中度在此期间没有显著变化，而制造业呈现出显著的集中态势，服务业的相对集中度比制造业和农业更低。而对于地形学集中度而言，服务业的集中度远高于制造业和农业；整个产业的地形学集中度完全由服务业集中度的变化决定，非市场化服务（公共服务部门）为整个产业集中度的变化和不平衡发展的经济活动格局贡献了最多的份额；制造业对于整个就业地形集中度的贡献由 1975 年的 26%缩小到 2000 年的 13%（见表 3）。造成这种结果的原因是，服务业倾向于集中于高密度的城市区域，而农业则集中在低密度的农村，制造业则介于二者之间[③]；制造业在地形集

① 关于服务业空间格局的相关研究虽然使用了不同的指数，但在衡量产业地理集中与专业化时，多种方法的计算结果应是高度相关的（如贺灿飞，2009）。然而，现有产业集中度衡量方法的隐含假设是，被观察的基本地理单元必须是对等的，不考虑这些区域的经济规模或土地面积（Combes & Overman，2004），故也被称为“绝对”集中度指数（Aiginger & Pfaffermayr，2004）。

② 相对集中度加入了反映总体经济活动规模的权重；地形学上的集中度加入了反映地理单元土地面积的权重。

③ Bond（2013）的研究表明，美国有超过 68%的郡，其 20%以上的制造业收入来自农村；27 个州的 181 个郡（占制造业就业的 20%），其 80%的制造业都位于农村。

中度下降的同时相对集中度持续上升，意味着制造业在此期间由高密度地区转入了低密度地区。正是对地形学集中度和相对集中度选择的不同，造成了许多研究对于欧洲产业地理集中度衡量结果的差异①。

表 3 1975~2000 年各产业地形学集中度

行业	Avg GE(1)[a]	ΔGE(1)$_{75-00}$[b]
其他市场化服务	1.039	−0.016
交通运输与通信服务业	1.028	−0.148**
银行与保险	1.008	−0.024
分销	0.938	−0.052
非市场化服务	0.890	−0.140*
制造业，能源	0.868	−0.161***
建筑业	0.738	0.008
农业	0.490	0.104**
总就业	0.810	−0.002

注：a 代表 1975~2000 年用面积加权的 GE（1）指标的平均值。b***/**/* 分别代表 99%/95%/90%置信区间拒绝零假设，即 ΔGE(1)=0。就业数据为 236 个地区。

资料来源：Brülhart M. and Traeger R., An Account of Geographic Concentration Patterns in Europe, Regional Science and Urban Economics, 2005, Vol.35, pp. 597-624.

三、中国服务业空间格局及演化趋势：基于空间基尼系数的分析

（一）研究方法

Krugman（1991）和 Amiti（1999）最早将空间基尼系数的方法用于产业空间格局方面的研究。其原理是将某产业分布与其他产业对比，目前已成为使用最广泛的产业地理集中衡量方法之一②。空间基尼系数计算公式如下：

$$G_i = \frac{1}{2n^2\mu} \sum_j \sum_k |s_{ij} - s_{ik}| \tag{1}$$

① 比如，Overman 等（2003）采用了相对集中度的方法对调研数据进行分析，得出欧洲制造业集中度持续上升；而 Aiginger & Pfaffermayr（2004）基于地形集中度的方法，却得到了相反的结论。

② 如 Audretsch & Feldman，1996；Amiti，1997；Haaland 等，1999；Midelfart Knarvik 等，2000；Brülhart，2001；Kim 等，2000 等都将此系数用于实证研究。

其中，s_{ij} 和 s_{ik} 是产业 i 在区域 j 和 k 的比重，μ 是产业在各个区域比重的平均值，n 为区域个数。空间基尼系数等于 Lorenz 曲线与 45°线之间面积的 2 倍，其原理是将 Lorenz 曲线基于 s_{ij} 递增排序，并将累计 s_{ij} 置于纵轴，累计的区域数置于横轴绘制而成的。如果产业在各区域平均分布，基尼系数为 0，如果产业集中在一个区域，基尼系数为 1。

（二）数据来源

根据刘奕（2013）的研究，空间尺度的选择将对服务业地理集中的研究结论产生显著影响，更小的空间尺度对于服务业空间模式研究更为适合，故此处采用 2003~2013 年 278 个地级以上城市数据。需要注意的是，2002 年国家统计局对中国国民经济行业分类做出了较大调整，服务业统计口径由此发生了较大变化，由原有的 10 个部门变为 14 个部门①。为保持统计数据的可比性和一致性，在计算服务业地理集中和省区专业化的变化趋势时，利用了 2003~2013 年服务业整体及 14 个服务行业的就业及增加值数据。所有数据来自历年《中国城市统计年鉴》。

（三）中国服务业空间格局的描述性分析

1. 服务业空间格局总体演进趋势

用空间基尼系数表示的 2003~2013 年中国服务业地理集中及变动趋势如图 1 所示。总体上看，11 年间中国服务业增加值和就业的空间格局基本保持稳定。2013 年，中国服务业增加值和就业的空间基尼系数分别为 0.078 和 0.06，增加值趋于集中、就业趋于分散，但 P 值显示二者变化均不显著。虽然国外许多发达国家的服务业均趋于扩散，但同表 1 显示的欧洲情况相比，中国服务业的地理集中水平仍然相对较低。

2. 各服务行业空间格局及演进趋势

如果将服务业分为生产性服务业、分配型服务业、个人型服务业和社会型服

---

① 其中，有些行业为新增的统计项目，如信息传输计算机服务和软件业、租赁和商务服务业在 2003 年前没有统计；有些行业的名称发生变化，如金融业在 2003 年之前统计为金融保险业，交通运输、仓储和邮政业在 2003 年之前统计为交通仓储邮电业；有些行业之前为合并统计，后来单独统计，如住宿餐饮业在 2003 年之前合并到批发零售贸易业中统计，而教育在 2003 年之前合并统计到教育文化广播管理业；有些产业的统计范围进行了扩充，如卫生社会保障和社会福利业在 2003 年之前统计为卫生与体育福利业；有些产业的统计口径在 2003 年之后出现了交叉，如科学研究技术服务和地质勘查业在 2003 年之前统计为科研综合技术服务业，水利环境和公共设施管理业 2003 年之前统计为地质勘查水利管理业，文化、体育和娱乐业在 2003 年之前统计为教育文化广播管理业；有些产业统计范围进行了较大精练，如居民和其他服务业在 2003 年之前统计为社会服务业。

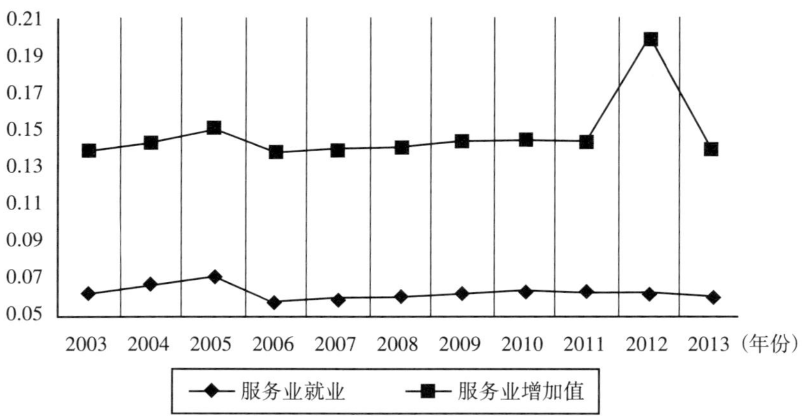

图 1　2003~2013 年中国服务业增加值及就业地理集中度变动情况

务业[①]，由图 2 可知 2003~2013 年，中国生产性服务业的空间基尼系数从 0.0856 增长到 0.0929，显示生产性服务业出现了微弱的集中趋势。社会型服务业空间基尼系数则从 0.0413 下降到 0.0404，显示集中度有所下降。随着城镇化的推进和人口在城市的集聚，个人型服务业在近年间并未随之出现许多国外文献所反映的地理集中现象，反而呈现出显著的扩散趋势。伴随着制造业重心从沿海向内地的转移，分配型服务业也呈现出明显的空间扩散，P 值为 0.079。在四大类产业中，生产性服务业在中心地集聚的属性决定了其拥有最高的地理集中度，其次是分配型服务业，个人型服务业和社会型服务业则在空间上最为分散。

从各服务行业看，2013 年中国信息传输的地理集中度最高，达到了 0.12，其次是租赁商业和科学研究技术服务，空间基尼系数分别为 0.11 和 0.09，此外交通运输、房地产和文体娱乐的地理集中度也都在 0.08 以上。相对地，公共管理、教育、卫生社保、水利环境等具有公共产品性质的服务行业则拥有最低的地理集中度（见图 3）。除产业口径选择对结果的影响外，同表 1 相比，中国绝大多数服务行业的绝对地理集中度比欧洲更低，其中科技研发、信息服务、商务服务的空间基尼系数比欧洲低很多，显示为达到规模效应，绝大多数服务行业特别是生产性服务业集聚发展上还有进一步提升的空间。

① Browning 和 Singelmann（1975）将服务业按功能分为四类：生产性服务业（Producer Services）、分配型服务业（Distributive Services）、社会型服务业（Social Services）和个人型服务业（Personal Services）。计算中为了与常识及统计口径保持一致，将信息传输计算机服务和软件业、金融业、租赁和商业服务业、科学研究与地质勘查四大行业纳入生产性服务业，将交通运输仓储邮政业和批发零售业纳入分配型服务业，将卫生社保、教育、文化体育娱乐、公共管理和社会组织纳入社会型服务业，个人型服务业即居民及其他服务。

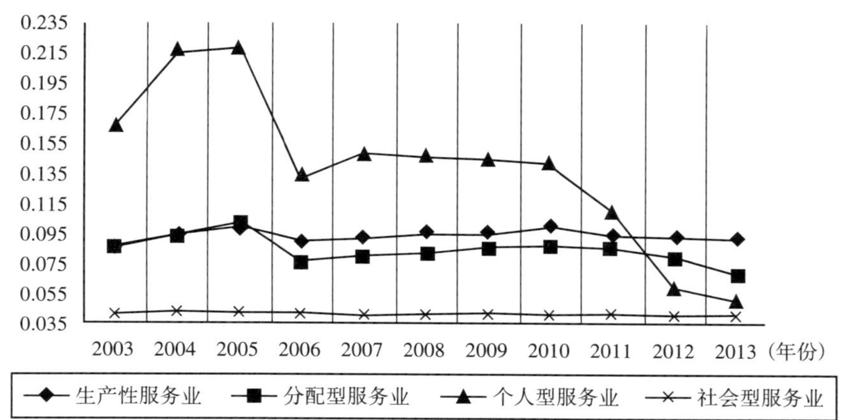

图 2　2003~2013 年中国四大类服务业地理集中度变动情况

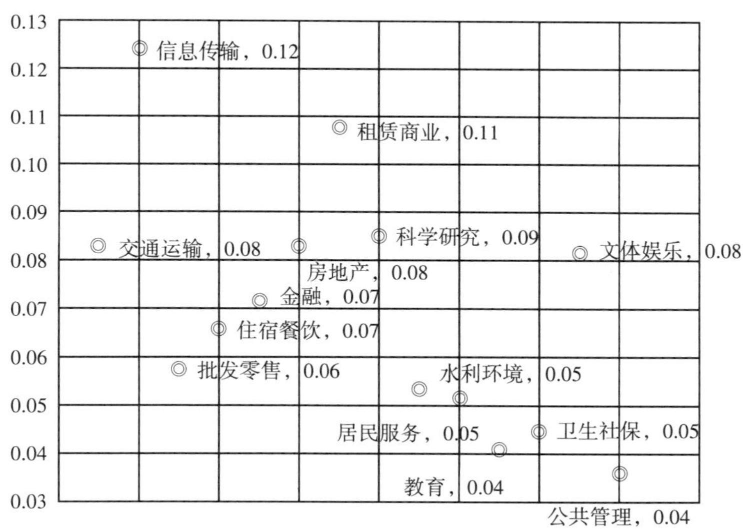

图 3　2013 年 14 个服务行业的空间基尼系数

从变化趋势上看，近 11 年间交通运输、仓储和邮政业，信息传输计算机服务和软件业、金融业出现了显著的地理集中趋势，其中金融业的空间基尼系数从 0.0561 上升至 0.0715，集中趋势在 1%的水平上显著；信息传输、计算机服务和软件业集中度比 2003 年提升了 41.78%。而批发和零售业，住宿餐饮业，房地产业，租赁和商业服务业，水利、环境和公共设施管理业，居民服务和其他服务业，教育文化广播影视业，卫生体育福利业等服务业都呈现出显著的地理分散趋势，其中房地产业、居民服务和其他服务业、住宿餐饮业的降幅均超过 25%，且扩散趋势在1%的水平上显著（见表4）。科学研究技术服务和地质勘查业、公共管理和社会组织的空间基尼系数均较2003年的水平有所下降，文化、体育和娱乐业则有略微上升，但趋势均不显著。

表4　2003~2013年14类服务行业空间基尼系数变化及趋势检验

	2003年	2004年	2005年	2006年	2007年	2008年	2009年
交通运输、仓储和邮政业	0.0907	0.0927	0.0937	0.0850	0.0878	0.0894	0.0898
信息传输、计算机服务和软件业	0.0875	0.1149	0.1044	0.0895	0.1029	0.1092	0.1090
批发和零售业	0.0857	0.0944	0.1151	0.0690	0.0724	0.0774	0.0817
住宿餐饮业	0.1142	0.1138	0.1193	0.0877	0.0907	0.0969	0.1011
金融业	0.0561	0.0565	0.0585	0.0613	0.0628	0.0643	0.0642
房地产业	0.1080	0.1177	0.1092	0.0929	0.0946	0.0988	0.0984
租赁和商业服务业	0.1252	0.1448	0.1532	0.1260	0.1276	0.1281	0.1324
科学研究技术服务和地质勘查业	0.1069	0.1077	0.1033	0.1047	0.1064	0.1119	0.1142
水利、环境和公共设施管理业	0.0584	0.0582	0.0569	0.0554	0.0553	0.0550	0.0551
居民服务和其他服务业	0.1666	0.2165	0.2183	0.1336	0.1480	0.1474	0.1461
教育文化广播影视业	0.0414	0.0424	0.0420	0.0407	0.0405	0.0406	0.0408
卫生体育福利业	0.0487	0.0493	0.0501	0.0481	0.0476	0.0478	0.0471
文化、体育和娱乐业	0.0784	0.0889	0.0991	0.0800	0.0800	0.0801	0.0830
公共管理和社会组织	0.0360	0.0357	0.0361	0.0358	0.0355	0.0353	0.0358
	2010年	2011年	2012年	2013年	斜率β	P-value	显著性
交通运输仓储邮政业	0.0914	0.0902	0.0869	0.0828	0.00036	0.0151	**
信息传输计算机服务和软件业	0.1142	0.1153	0.1098	0.1241	0.00228	0.0188	**
批发和零售业	0.0851	0.0831	0.0763	0.0578	-0.0024	0.0824	*
住宿餐饮业	0.0993	0.0922	0.0768	0.0658	-0.004	0.0022	***
金融业	0.0658	0.0686	0.0701	0.0715	0.00157	<0.0001	***
房地产业	0.0949	0.0946	0.0882	0.0830	-0.0025	0.0011	***
租赁和商业服务业	0.1347	0.1206	0.1132	0.1076	-0.0026	0.0227	**
科学研究技术服务和地质勘查业	0.1170	0.1104	0.1079	0.0850	-0.0005	0.5565	
水利环境	0.0556	0.0548	0.0545	0.0534	-0.0004	0.0002	***
居民服务及其他	0.1434	0.1111	0.0594	0.0519	-0.0137	0.0007	***
教育	0.0409	0.0410	0.0411	0.0409	-9E-05	0.0973	*
卫生社保	0.0471	0.0469	0.0457	0.0451	-0.0004	<0.0001	***
文体娱乐	0.0809	0.0805	0.0822	0.0815	-0.0006	0.347	
公共管理和社会组织	0.0358	0.0362	0.0363	0.0358	2.1E-05	0.4619	

注：*、**、***分别表示在10%、5%、1%的水平上显著。

3. 服务业空间格局的区域性变动特征①

从四大类服务业看，2003~2013 年，生产性服务业在长三角和珠三角的集中趋势最为突出，其中江苏、浙江、广东、湖南四省的空间基尼系数增幅都在 30%以上，此外福建、江西、广西的集聚趋势也较为明显；而山西、贵州等地则呈现趋势下降。分配型服务业除了在长三角、珠三角继续呈现集聚态势外，随着制造业的转移向中西部集聚的态势也较为明显，其中安徽、四川的分配型服务业集中度增幅达到 80%左右，湖南、河南、福建等地的分配型服务业集中度也有显著增长，在资源型产业大省如山西、内蒙古的分配型服务业集中度则趋于下降。社会型服务业在东部及中部人口大省、西部发达省份集中的趋势较为明显；个人型服务业除了在东部个别省份趋向集中之外总体保持稳定，欠发达地区由于人口的流出，个人型服务业的地理集中度趋于下降。

四、中国各服务行业空间联系模式：ESDA 分析

上文使用空间基尼系数描述了近年来中国服务业的地理集中程度及其总体演进趋势，但无论是绝对集中度、地形学上的集中度还是相对集中度指数都具有一个共同的弱点，即空间单元的相对位置是没有被考虑的——即便用以研究的空间单元在地理上是彼此邻近的，其在研究中也被认为是在空间上彼此独立的。基于单一维度的信息不能揭示特定区域内产业集聚的空间联系模式，故而空间集聚通常被低估，比如在图 4 表示的两种集聚情况下，虽然左边表示的是在空间上的均匀分布，右边表示的是极化分布，二者空间基尼系数的值却是没有区别的。

Czamanski 和 Ablas（1979）很早就指出，辨识产业集群需要同时考虑产业的技术联系和产业分布的空间联系，任何只考虑产业联系或空间关联的方法都是片面的；集聚力在地方层面起作用的过程是一个多样化的图景，空间关联性的存在使得某一地区的集聚形成和产业增长，得益于其周边地区的成长表现。空间基尼系数恰恰没有将这种空间关联性列入考察，也未能对服务业的空间模式特别是“在哪里集中”和“怎样集中”这样的问题给予明确的信息——而这些信息对于异质性极强的各服务行业，用以辨识其不同的集聚模式及背后的决定因素，却是非常重要的。

基于上述原因，近年来的一些研究提出，空间基尼系数和全局 Moran’s I 可

① 数据所限，因采用地级以上城市数据计算空间基尼系数，此部分结果未将四个直辖市以及青海、西藏纳入计算。

1	0	1	0
0	1	0	1
1	0	1	0
0	1	0	1

0	0	1	1
0	0	1	1
0	0	1	1
0	0	1	1

图 4　空间基尼系数相同时的两种产业空间集聚模式

资料来源：Guillain R.，Le Gallo J. and Boiteux-Orain C.，Changes in Spatial and Sectoral Patterns of Employment in Ile-de-France，1978-1997，Urban Studies，2006，Vol.43，No.11，pp. 2075-2098.

以提供互补的、有关相对集聚和空间模式两方面的信息，但很少有文献将二者同时考虑并用于实证研究。在此方面，具有代表性的文章来自 Guillain 等（2006），他们提出了将空间基尼系数与解释性空间数据分析相结合的方法，并对法国 26 个制造业和服务业部门 1999 年的区位模式进行了辨识。研究发现，空间基尼系数和全局 Moran's I 两种指数对产业集聚的判别将提供不同但互补的有用信息，而 Moran 散点图和 LISA 统计量则可以揭示不同产业空间集聚模式的多样性。

（一）ESDA 基本分析原理

这部分我们将综合传统和空间两种衡量方法，探讨中国服务业及其子行业的空间关联特征及模式。Anselin（2001）指出，空间自相关包含数值相似和空间相似的关系，当某一随机变量的高值或低值倾向于在空间上集聚时，就存在正向空间自相关；当地理区域被具有不相似数值的临近地区所包围时，则存在空间负相关。全局 Moran's I 通常被用来衡量空间自相关，如果产业地理分布高度正相关意味着产业集中在相邻区域。Moran's I 相当于临近区域数值的协方差（Arbia，2001；Sohn，2004），计算方法如下：

$$I(d) = \frac{\sum_i^n \sum_{j \neq i}^n w_{ij}(x_i - \bar{x})(x_j - \bar{x})}{S^2 \sum_i^n \sum_{j \neq i}^n w_{ij}} \qquad (2)$$

其中，$S^2 = \frac{1}{n}\sum_i^n (x_i - \bar{x})^2$，$x_i$ 是产业在区位的就业人数，w_{ij} 反映两个区域的空间关系，这里采用一般权值矩阵[①]。检验 Moran's I 是否显著可以通过 Z 检验来实现，计算方法为：

① 取值方法为，若两地相邻，则取值为 1；若两地不相邻，则取值为 0。

$$Z(d)=\frac{I(d)-E(I)}{\sqrt{VAR(I)}} \tag{3}$$

当全局 Moran's I 显著为正时表明产业集中分布在相邻的区域，产业随机而独立地分布时，Moran's I 接近 0，产业在空间上比较分散时，Moran's I 为负值。上述检验需要计算 Moran's I 的期望值和方差，两者的计算取决于其分布，如果是正态分布，那么：

$$E(I)=-\frac{1}{n-1}$$

$$Var(I)=\frac{n^2w_1-nw_2+3w_0^2}{w_0^2(n^2-1)}-E^2(I) \tag{4}$$

如果是随机分布，那么：

$$E(I)=-\frac{1}{n-1}$$

$$Var(I)=\frac{n[(n^2-3n+3)w_1-nw_2+3w_0^2]-K_2[(n^2-n)w_1-2nw_2+6w_0^2]}{w_0^2(n-1)(n-2)(n-3)}-E^2(I) \tag{5}$$

其中，$K_2=\frac{n\sum_i^n(x_i-\bar{x})^4}{(\sum_i^n(x_i-\bar{x})^2)^2}$，$w_0=\sum_i^n\sum_j^n w_{ij}$，$w_1=\frac{1}{2}\sum_i^n\sum_j^n(w_{ij}+w_{ji})^2$，$w_2=\sum_i^n(w_{i.}+w_{.i})^2$。

$W_{.i}$ 和 $W_{i.}$ 分别是 W 矩阵的行和列的加总。为了反映局部的产业空间集聚模式，也就是给予服务业集聚的区位和分布信息，从而有利于更好地研究服务业集聚的机理，本文采用了区位商（LQs）的局部 LISA 集聚地图（LISA Cluster Map）的方法①。

LISA 集聚地图描述变量 z 与其空间滞后（即该观测值周围地区的加权平均值）向量 W_Z 间的相关关系，使得相邻地区的局部产业空间关联可视化，这种局部的空间关联分为四种，即 H–H（高值—高值）、L–L（低值—低值）、H–L（高值—低值）和 L–H（低值—高值），前两者代表的是相似数值集聚的正向空间自相关关系，而后两者则是相左数值集聚的负向空间自相关关系。①高—高，记为 H–H，表示高水平的区域被高水平的其他区域所包围；或者说，该区域水平较

① 区位商虽然在产业集聚研究中广为使用，但许多文献（如 Martin and Sunley，2003；O'Donoghue and Gleave，2004 等）指出，由于在理论和实践层面对于多大的区位商代表产业集聚并没有达成共识，比如 Miller et al.（2001）的研究认为是大于 1.25，而 Isaksen（1996）和 Malmbert and Maskell（2002）的研究又认为是大于 3，区位商用于衡量产业集聚从而极大地依靠作者的主观判断。基于以上考虑，我们在文章中使用了区位商的 Moran 散点图而不是直接使用区位商。

高，并且区域的空间差异程度较小；②低—高，记为L–H，表示低水平的区域被高水平的其他区域所包围，意味着该区域水平较低，并且区域空间差异程度较大；③低—低，记为L–L，表示低水平的区域被低水平的其他区域包围，或者说该区域的水平较低，并且区域的空间差异程度较小；④高—低，记为H–L，表示高水平的区域被低水平的其他区域所包围，意味着该区域的水平较高，并且区域的空间差异程度较大。H–H和L–L正的空间自相关关系表示相似观测值之间的空间联系，显示存在相似值的集聚，而H–L、L–H负的空间自相关关系则表示不同观测值之间的空间分散联系，如果观测值四种情况均匀分布，则表明地区之间不存在空间自相关性。

（二）中国服务业的空间集聚模式：ESDA分析

为了得到Moran'I，我们首先对2012年中国288个地级以上城市服务业及各服务行业从业人数的原始数据进行处理，分别计算每个城市每个产业的区位商，区位商的计算方法为：

$$LQ_i = \frac{s_i}{x_i} \quad (6)$$

其中，s_i表示某产业就业在区域i的比重，x_i表示区域i内总就业的比重。得到LQ的数值之后，我们用一般权值矩阵（W）给其赋权，并以此计算14个行业的全局Moran'I。总体上看，2012年中国服务业增加值的全局Moran's I为–0.002748，P值为0.482，显示增加值LQ不存在显著的空间相关关系。服务业就业人数的全局Moran's I为–0.07692，显示服务业从业人数存在空间负相关，且在1%水平上显著。也就是说，从整体上看，中国服务业就业区域间差异性大、空间分布不集中。

为了探究各个服务行业的空间相关性，继而辨别出存在服务业地理集中的热点区域，首先基于地级以上城市数据做出2012年各服务业门类的空间基尼系数和全局Moran's I并对其排序（见表5）。从左栏结果可知，空间基尼系数排名较高、地理集中度较高的服务行业，如信息传输、计算机服务和软件业，科研综合技术服务业、租赁和商业服务业、房地产业等都是与人口密度和城市等级体系相关的服务行业；排名较低、分散程度较高的服务业多属于具有公共产品属性的服务行业，如公共管理和社会组织、教育文化广播影视业、卫生体育福利业等。从表5的右栏可见，金融业，文化、体育和娱乐业，交通运输、仓储和邮政业，租赁和商业服务业等生产性和分配型服务业Moran's I较高、空间相关性较强，显示行业不但存在集聚，而且区域间具有较强的空间溢出效应；而科研综合技术服务业、住宿餐饮业、居民服务和其他服务业、卫生体育福利业、教育文化广播影视业等服务行业空间布局较为分散。

表5 基尼系数与全局 Moran's I：基于行业位序排列

	基尼系数	位序	Moran's I	P-value	位序
交通运输、仓储和邮政业	0.0869	5	0.0385	0.086	3
信息传输、计算机服务和软件业	0.1098	2	0.0189	0.194	6
批发和零售业	0.0763	8	0.01486	0.123	7
住宿餐饮业	0.0768	7	-0.0096	0.329	13
金融业	0.0701	9	0.06556	0.017	1
房地产业	0.0882	4	0.00722	0.309	8
租赁和商业服务业	0.1132	1	0.03718	0.078	4
科研综合技术服务业	0.1079	3	-0.01264	0.416	14
水利、环境和公共设施管理业	0.0545	11	0.01977	0.273	5
居民服务和其他服务业	0.0594	10	-0.005695	0.242	12
教育文化广播影视业	0.0411	13	0.004037	0.423	10
卫生体育福利业	0.0457	12	-0.002956	0.496	11
文化、体育和娱乐业	0.0822	6	0.06431	0.026	2
公共管理和社会组织	0.0363	14	0.005657	0.388	9

从全局 Moran's I 来看，除了交通运输、仓储和邮政业，金融业，租赁和商业服务业，文化、体育和娱乐业通过 Moran's I 检验以外，其他 10 个行业在 10% 的水平上均不显著，显示在总体水平上 LQ 值并不存在空间集聚的趋势，但局部范围内的就业集聚有可能存在。为了探究局部范围内的就业集聚，这里引入局部空间自相关统计量 LISA。综合考虑空间基尼系数、Moran's I 的行业排序结果和 LISA 集聚地图显示的集聚形态，可以总结出四种不同的服务业空间分布方式：

其一，有些行业不但在一些城市集聚，还会在一片相邻的城市间集聚，其判别标准为相对较高的基尼系数和 Moran's I 系数。根据研究结果，属于此类的典型行业包括租赁和商业服务业，信息传输、计算机服务和软件业，文化、体育和娱乐业，交通运输、仓储和邮政业等。这样的行业不但在地级市内部拥有较高的集聚度，还会在城市边界上出现明显的蔓延。以信息传输、计算机服务和软件业为例，其 H-H 区域与 H-L 区域不但集聚程度很高，而且集聚中心还被有较高集聚度的地区所包围，使得区域集聚的空间态势更为明显，空间溢出效应较强。

其二，有些行业倾向于集聚在一些特定的城市中，其判别标准是空间基尼系数较高而 Moran's I 较低。属于此种空间集聚模式的典型行业有房地产业、科研综合技术服务业、住宿餐饮业等。具有这样的空间基尼系数和 Moran'I 结构表明，这样的行业集聚通常不会在地级市边界出现蔓延。以科研综合技术服务业为例，LISA 集聚地图显示，其虽然在部分城市有着很高的集中程度，但总体上看，形成地理集中的地区基本上都被 L-H 甚至 L-L 的地区所包围，集聚程度高的连片区域没有形成，显示这种服务行业的集聚空间溢出效应不强。

其三，一些行业虽然在某些城市层面集聚程度不高，却能跨城市边界形成空间集聚，其判别标准是较低的空间基尼系数和较高的全局 Moran's I。本例中典型的行业包括金融业，水利、环境和公共设施管理业，公共管理和社会组织等，这些行业会在城市边界形成大片蔓延。以金融业为例，该产业的 H-H 区域和 H-L 区域相对均匀分布，较高区位商的地区在许多地方都有分布，而且蔓延成片，体现在全局 Moran's I 系数非常高。与上述两种服务行业的空间集聚模式不同，这类行业重点城市不存在明显的地理集中，但其区域间的空间溢出效应却较为明显。

其四，一些行业无论在城市内部还是城市之间都不存在空间集聚现象，表现为空间基尼系数和全局 Moran's I 均很低。计算结果可知，批发和零售业、居民服务和其他服务业、教育文化广播影视业、卫生体育福利业均属于这种空间分布模式。以居民服务和其他服务业为例，LISA 集聚地图显示 H-H 区域和 H-L 区域遍布东北、华北、华南和华东，甚至出现在西北和西南地区，随机分布的特征更为明显，因而此种产业的空间分布较前三种模式更为分散。

五、面向"十三五"的中国服务业空间格局：趋势与建议

（一）"十三五"中国服务业发展的基本区域背景和空间布局主线

从"十二五"期间国务院批复的各项区域规划来看，中国区域发展四大板块加特殊问题区域的空间架构已经基本形成（王业强、魏后凯，2015）。同过去的五年相比，"十三五"时期，中国服务业发展依托的基本区域背景预期将有如下六方面的重大转变，并将引发服务业空间格局的相应调整。

第一，有别于以往遍地开花的区域经济发展战略，"十三五"期间，伴随京津冀一体化、丝绸之路经济带、21 世纪海上丝绸之路和长江经济带等区域发展战略的实施，四大规划惠及地区无疑将成为未来中国服务业集聚发展与扩大开放的增长热点和战略重心。

第二，有别于以往区域内部相向发展和同构化竞争的格局，"十三五"期间，基于分工的区域城市间协调和共赢将成为产业发展的主旋律。适应此种变化，进一步优化空间组织模式，依托城市群形成服务业的空间梯度发展和网络化布局，将成为"十三五"期间服务业空间格局的基本框架和主线。

第三，有别于以往空间依赖的粗放式发展方式，"十三五"期间土地指标控

制的层层趋紧以及对城市新区建设的规模控制将成为常态，服务业发展重点依托的发达地区特别是区域中心城市将着重加快工业土地二次开发，土地重整基础上的精明增长将成为新时期城市发展的主流。适应此种变化，“十三五”服务业空间布局和载体规划的重点也将由片面强调做大增量，向优选增量和提升存量相结合转变；中心城区作为服务业的主要集聚地，其区位价值也将通过“退二进三”等方式而得到重新释放和挖掘。

第四，有别于以往以重大项目招商引资为主的投资驱动模式和片面追求高大上的城市产业发展倾向，“十三五”期间随着经济进入新常态、地方政府投资趋于谨慎，产业规划将以真实的市场需求为导向，更加强化微观主体在产业发展中的主导作用。适应此种变化，“十三五”服务业在发展动力上应努力实现从政府投资拉动向市场需求驱动、企业创新带动转变，服务业重点领域选择需更加突出城镇化、消费结构升级、产业融合的趋势要求，更加有利于实现可持续、包容性增长。

第五，有别于以往资源向重点区域倾斜、开发区片面侧重生产功能的产业发展倾向，“十三五”期间重点区域发展将从单一性的生产空间向多元复合型的空间形态转变，政府职能重心也将从项目开发建设向社会管理服务转型。适应此种变化，“十三五”服务业布局也应注重在人口集聚基础上的合理均衡配置，特别重视发挥居民服务、医疗健康、教育培训等服务业在调和各种发展主体、完善政府职能、促进产城融合过程中的重要作用。

第六，有别于以往依托四个自贸区和一个服务业扩大开放综合试点城市为主的服务业“点状式”对外开放空间格局，“一带一路”国家战略的深入推进，将在新的历史时期为相关城市服务业发展开辟广阔的想象空间，必将指引所涉及区域内的城市以跨区域、跨国界市场的视野重新布局本地服务业发展，从而极大地推动沿线地区服务业的开放进程，有利于形成带状的多元开放格局。

（二）面向“十三五”的服务业空间格局：在集聚中走向平衡

相关研究表明，到大城市的通达性和接近性，意味着更加靠近集聚经济带来的种种便利，与工业化、城市化等传统因素相比，在促进腹地城市服务业增长中的地位也更加重要①。“十三五”期间，从生产性服务业发展的内部条件看，高速铁路和城际铁路的加快建设将大大缩短城市间的服务递送成本，不仅有利于进一步深化服务要素的对接和流动，还将从根本上改变城镇体系中节点城市的分工协作地位，从而改变中国服务业的空间发展格局。城市群内部随着城镇体系的理顺

① Liu Yi. Centric Drive, Spatial Spillover and Service Sector Growth: An Empirical Study of China. Working Paper of CASS-FU International Conference on “Changing Economies”, Adelaide, Australia, 2013.

和组团分工的形成，高等级城市特别是城市中心在集聚高端服务业和生产性服务业的核心地位有望进一步强化；而纳入中心城市产业协作体系的周边及腹地也有望通过新功能平台的建设，如微型 CBD、会展中心、城市综合体、物流园区、专业市场、大学城、生态岛、文化创意园区、科技园等，促成生产性服务业在局部的集聚和增长，从而实现生产性服务业在区域间分工协作基础上的正向空间溢出，形成“大区域分散、小区域集聚”的多极化空间发展格局。

“十三五”是中国城镇化继续深化的时期，城镇化将经历从农村人口进入城市的非农化阶段过渡到迁移流动人口市民化的阶段（任远，2015）。农民工市民化和就地城镇化引发的对公共服务、社会保障及政府管理体系城乡平衡、区域平衡的内在要求，加之消费结构升级、服务企业模式创新和老龄化结构深化等因素的共同作用，一方面，使个人型服务业和社会型服务业在“十三五”期间的重要性极大凸显，另一方面，上述因素的叠加影响也将使得其空间布局在总体上更加分散。

（三）“十三五”适应服务业空间格局变化的政策调整①

“十三五”时期谋划服务业发展、筹划空间，不仅需要顶层设计，更需要相关政策体系的配合。为更好适应内外部发展环境的变化、促进服务业尽快形成布局科学、分工合理的区域空间发展格局，以下政策需做出相应调整。

首先，以整合区域空间和创新区域一体化政策为前提，以都市区空间协调管制和战略性服务设施布局为抓手，积极推进以都市圈、城市带为依托的区域服务业发展格局，使服务业从分散的地方性自主发展逐渐转向都市区网络化整合发展。

其次，改革完善服务业用地管理制度，推动土地差别化管理与引导服务业供给结构调整相结合，加强对服务业用地出让合同履约管理，严控打着产业名义炒作房地产或圈地的行为。

再次，研究制定“挖潜盘活”的城镇存量土地和城乡建设用地的政策措施，特别需适应中心城市产业转型升级和产业融合发展的要求，尽快制定支持综合用地“功能混合、一地多用”相关配套政策及土地出让金管理机制。

最后，编制和调整土地利用总体规划和城乡规划时，应充分考虑相关服务业项目、设施的建设用地需求，并将产业规划论证程序前置，破除城市规划在服务业发展上的黑箱效应，在科学研究的基础上确定城市各服务行业的空间布局。

① 本部分参考了刘奕：《促进区域中心城市服务业外源式增长：思路与政策建议》，《经济纵横》2015 年第 8 期的部分内容。

参考文献

［1］ Amiti M.， Specialization Patterns in Europe， Weltwirtschaftliches Archiv， 1999， Vol. 135， No.4， pp. 573-593.

［2］ Antoniertti R. and Cainelli G.， The Role of Spatial Agglomeration in a Structural Model of Innovation， Productivity and Export， Annals of Regional Science， 2011， Vol.46， pp. 577-600.

［3］ Arauzo-Carod J. and Viladecans-Marsal E.， Industrial Location at the Intra-Metropolitan Level： The Role of Agglomeration Economies， Regional Studies， 2009， Vol. 43， No.4， pp. 545-558.

［4］ Braunerhjelm P. and Borgman B.， Geographical Concentration， Entrepreneurship and Regional Growth： Evidence from Regional Data in Sweden， 1975-1999， Regional Studies， 2004， Vol.38， pp. 929-947.

［5］ Brülhart M. and Traeger R.， An Account of Geographic Concentration Patterns in Europe， Regional Science and Urban Economics， 2005， Vol.35， pp. 597-624.

［6］ Czamanski S. and Ablas L.A. de Q.， Identification of Industrial Clusters and Complexes： A Comparison of Methods and Findings， Urban Studies， 1979， Vol.16， pp. 61-80.

［7］ De Dominicis L.， Arbia G. and De Groot H.L.F.， Spatial Distribution of Economic Activities in Local Labor Market Areas： The Case of Italy， paper presented at the ERSA Conference， 2006.

［8］ Desmet K.and Fafchamps M.， Changes in the Spatial Concentration of Employment across US Counties： A Sectoral Analysis 1972-2000， Journal of Economic Geography， Oxford University Press， 2005， Vol.5， No.3.

［9］ Dobkins L. and Ioannides Y.， Spatial Interactions among U.S. Cities： 1900 -1990， Regional Science and Urban Economics， 2001， Vol.31， pp. 701-731.

［10］ Fingleton B.， Igliori D. and Moore B.， Employment Growth of Small Computing Services Firms and the Role of Horizontal Clusters： Evidence from Computing Services and R&D in Great Britain， 1991-2000， Urban Studies， 2004， Vol.4， No.4， pp. 773-779.

［11］ Guillain R.， Le Gallo J. and Boiteux-Orain C.， Changes in Spatial and Sectoral Patterns of Employment in Ile-de-France， 1978-1997， Urban Studies， 2006， Vol.43， No.11， pp. 2075-2098.

［12］ Jennequin H.， The Evolution of the Geographical Concentration of Tertiary Sector Activities in Europe， The Service Industries Journal， 2008， Vol.28， No.3， pp. 291-306.

［13］ Kolko J.， Agglomeration and Co-agglomeration of Services Industries， MPRA Paper No. 3362， 2007.

［14］ Kolko J.， Can I Get Some Service Here? Information Technology， Service Industries and the Future of Cities， Working Paper， Public Policy Institute of California， 2000.

［15］ Krenz A.， Service Sectors' Agglomeration and its Interdependence with Industrial Agglomeration in the European Union， 2010， Cege Discussion Paper No.107， Gottingen.

［16］ Krugman P.， Geography and Trade， MIT Press， Cambridge， Massachusetts， 1991.

［17］ Liu Y.， Wang X.F. and Wu J.F. Do Bigger Cities Contribute to Economic Growth in

Surrounding Areas? Evidence from County-level Data in China, CCES Working Paper, 2011.

[18] Maine E., Daniel M. and Aidan R., The Role of Clustering in the Growth of New Technology-Based Firms, Small Business Economics, 2010, Vol.34, pp. 127-146.

[19] Midelfart-Knarvik K.H., Overman H.G., Redding S.J., Venables A.J., The Location of European Industry, European Economy- Economic Papers No. 142, 2000.

[20] O'Donoghue D. and Gleave B., A Note on Methods for Measuring Industrial Agglomeration, Regional Studies, 2004, Vol.38, pp.419-427.

[21] Partridge M. and Richman D., Distance from Urban Agglomeration Economies and Rural Poverty, Journal of Regional Science, 2008, Vol.48, No.2, pp. 285-310.

[22] Perez-Ximenez D. and Sanz-Gracia F., Geographical Concentration of Service Activities across U.S. States and Counties, 1969-2000, XVII International RESER Conference, Tampere (Finland), Sep. 2007.

[23] Rosenthal S. and Strange W., Evidence on the Nature and Sources of Agglomeration Economies, In V. Henderson and J.F. Thisse (ed.), Handbook of Urban and Regional Economics, 2004, Vol. 4, pp. 2119-2171.

[24] Ruiz-Valenzuela J., Moreno-Serrano R. and Vaya-Valcarce E., Has Concentration Evolved Similarly in Manufacturing and Services? A Sensitivity Analysis, Institut de Recercaen Economia Aplicada, Documents de Treball No.8, 2007.

[25] Shearmur R. and Doloreux D., Place, Space and Distance: Towards a Geography of Knowledge-intensive Business Service Location in Canada, 1991-2001, Professional Geographer, 2008, Vol.60, pp. 333-355.

[26] Simon C. and Nardinelli C., Human Capital and the Rise of American Cities, 1900-1990, Regional Science and Urban Economics, 2002, Vol.32, pp. 59-96.

[27] Aiginger K. and Pfaffermayr M., The Single Market and Geographic Concentration in Europe, Review of International Economics, 2004, Vol.12, No.1, pp. 1-11.

[28] Anselin L., Spatial Econometrics, In: Baltagi B., A Companion to Theoretical Econometrics, Blackwell, Oxford, 2001.

[29] Arbia G., Spatial Econometrics: Statistical Foundations and Applications to Regional Convergence, Springer-Verlag, Berlin, 2006.

[30] Combes P. and Overman H., The Spatial Distribution of Economic Activities in the European Union, In Henderson V. and Thisse J.F. (eds.) Handbook of Regional and Urban Economics, Elsevier-North Holland, 2004.

[31] Bond B., The Geographic Concentration of Manufacturing Across the United States, Economics and Statistics Administration, U.S. Department of Commerce, 2013.

[32] Browning H. and Singelmann J., The Emergence of a Service Society: Demographic and Sociological Aspects of the Sectoral Transformation of the Labor Force in the U.S.A., Springfield, VA: National Technical Information Service, 1975.

[33] Overman H. G., Redding S. and Anthony J.,The Economic Geography of Trade, Production and Income: A Survey of Empirics, In: Kwan Choi E. and Harrigan J., Handbook of

International Trade，Blackwell，2003.

［34］贺灿飞：《中国制造业地理集中与集聚》，科学出版社 2009 年版。

［35］刘奕：《服务业地理集中：产业尺度和空间尺度的影响》，《中国社会科学院研究生院学报》2013 年第 6 期。

［36］任远：《“十三五”期间我国人口发展战略和政策体系应该发生根本性调整》，光明网理论频道，2015 年 7 月 7 日。

［37］上海市社会生产力发展研究中心：《“十三五”规划思路的十大转变》，中国改革论坛 2015 年 4 月 19 日。

［38］王业强、魏后凯：《“十三五”时期国家区域发展战略调整与应对》，《中国软科学》2015 年第 5 期。